TRANSACTIONS

OF THE

AMERICAN PHILOSOPHICAL SOCIETY

HELD AT PHILADELPHIA
FOR PROMOTING USEFUL KNOWLEDGE

NEW SERIES—VOLUME 65, PART 3
1975

CLASSIFICATION AND DEVELOPMENT OF NORTH AMERICAN INDIAN CULTURES: A STATISTICAL ANALYSIS OF THE DRIVER-MASSEY SAMPLE

HAROLD E. DRIVER AND JAMES L. COFFIN

Indiana University

THE AMERICAN PHILOSOPHICAL SOCIETY
INDEPENDENCE SQUARE
PHILADELPHIA

June, 1975

Library of Congress Catalog
Card Number 75–2609
International Standard Book Number 0–87169–653–3
US ISSN 0065–9746

PREFACE

This correlation analysis of the cultural data in the Driver-Massey sample includes both tribe by tribe (Q-type) and trait by trait (R-type) comparisons of 392 culture traits among 245 tribes. The tribes were chosen to match the North American part of Murdock's (1967) sample. In addition both groups of tribes and individual traits were correlated with the Voegelins' (1966) genetic language classification and with Georg Neumann's classification of physical types. Perhaps the most important finding is that most of the intertrait correlations cannot be explained or interpreted in functional or causal terms, but rather must be attributed to unknown causes, events, accidents, and agents of history.

The principal methods used are the matrix ordering and tree diagram computer programs of Jorgensen (1969). We have intentionally avoided factor analysis and other matrix reduction techniques because we believe that such methods tend to obscure more than they reveal, by compacting the data into too small a number of factors. Our purpose has been to display all of the intertribal relationships in the largest tree diagram in anthropology to date, and also to exhibit the highest individual intertrait correlations in clusters and macroclusters. We have also consulted mostly secondary archaeological sources, such as Willey (1966), Jennings (1968), and the *Handbook of Middle American Indians* (1964–1971), to obtain archaeological dates of first appearance for a minority of the culture traits that happened to be reported in such sources.

Driver was responsible for the research design and the first draft of about three-fourths of the text. Coffin decoded the bulk of the data from the 163 maps in Driver and Massey (1957), punched it on cards, steered the statistical programs through Indiana University's Research Computing Center, and wrote about one-fourth of the first draft of the text.

We wish to acknowledge our debt to Joseph Jorgensen for the computer programs, to Ora May Engle for expanding the programs to accommodate our larger number of variables and actually running them through the computers, to Rita Brown for accurately typing a difficult text bristling with numerical digits, to Nancy Coffin for checking the coded data in the appendix, and to Wilhelmine Driver for carefully editing the last draft. Without the help of these kind and faithful persons we could not have completed this study. We also wish to thank the Wenner-Gren Foundation for Anthropological Research for a modest grant for typing, drafting, photographing, Xeroxing, and otherwise preparing the manuscript for publication.

CLASSIFICATION AND DEVELOPMENT OF NORTH AMERICAN INDIAN CULTURES: A STATISTICAL ANALYSIS OF THE DRIVER-MASSEY SAMPLE

HAROLD E. DRIVER and JAMES L. COFFIN

CONTENTS

I. INTRODUCTION

1. CULTURE AREA CLASSIFICATION

All aboriginal culture-area schemes of continental scope for North America, and the other continents of the world as well, employed no more explicit method than intuition until 1972, when the first statistical classification by Driver *et al.*, based on Murdock's (1967) *Ethnographic Atlas* data appeared. Driver and Coffin (n.d.) assemble no fewer than seventeen intuitive culture-area classifications for North America alone. Most of them were produced for the practical purpose of museum displays or as pedagogical devices for packaging information on tribal and peasant societies in textbooks. Because all classification is logically quantitative, these pre-quantitative classifications are, to borrow a term from Levy-Bruhl, pre-logical, but not necessarily incorrect for that reason. The fact that the classifiers seldom agree with each other in the number of areas, not to mention the boundaries of the areas, is obvious evidence of the fluid character of such classifications. Almost any such classification is better than none at all, and for this reason all may be said to have made some contribution to the organization of the plethora of detail known about native cultures.

Driver *et al.* (1972) used the North American part of the data in Murdock's (1967) *Ethnographic Atlas,* plus additional data furnished by Murdock on punch cards. These additional data covered the same culture trait categories, but increased the total number of ethnic units to 273, from the Arctic to the Isthmus of Tehuantepec. The number of culture traits, after language and a few redundant categories were eliminated, was 279. About three-fourths of these traits were non-material culture; the material culture was principally the 27 traits on various aspects of subsistence and the 40 traits on housing. The phi coefficient was used as a measure of similarity between each combination of two ethnic units in a Q-type comparison, and the computer programs were the ones written by Jorgensen for his *Salish Language and Culture* (1969). Each culture trait is given a weight of one in these programs. The tree-diagram program provides any number of culture areas desired, in this case from 273 to one. Here we will discuss only the 10-fold classification shown on map 1.

The Hunters-Gatherers area (map 1: no. 1) includes most of the Arctic, Sub-Arctic, Plains, Plateau, Great Basin, and California. No other culture area scheme lumps anywhere near as many ethnic units into one taxon. How is it possible for so many peoples in such widely different environments to end up in one group? The most obvious characteristic shared by these societies is their low position on an evolutionary scale. They all lack class and caste stratification, slavery, strict rules of inheritance of real estate or chattels, definite rules for succession to the few public offices, compact and permanent settlements, large local communities, unilateral descent in most cases, domesticated plants, sodalities in most cases, and definite political organization for the most part. The shared absences of such characteristics are better explained as culture heritages from the prehistoric migrants to the New World or as independent ecological adaptations than as diffusions over long distances. These are all small societies lacking many of the traits of the larger farming societies.

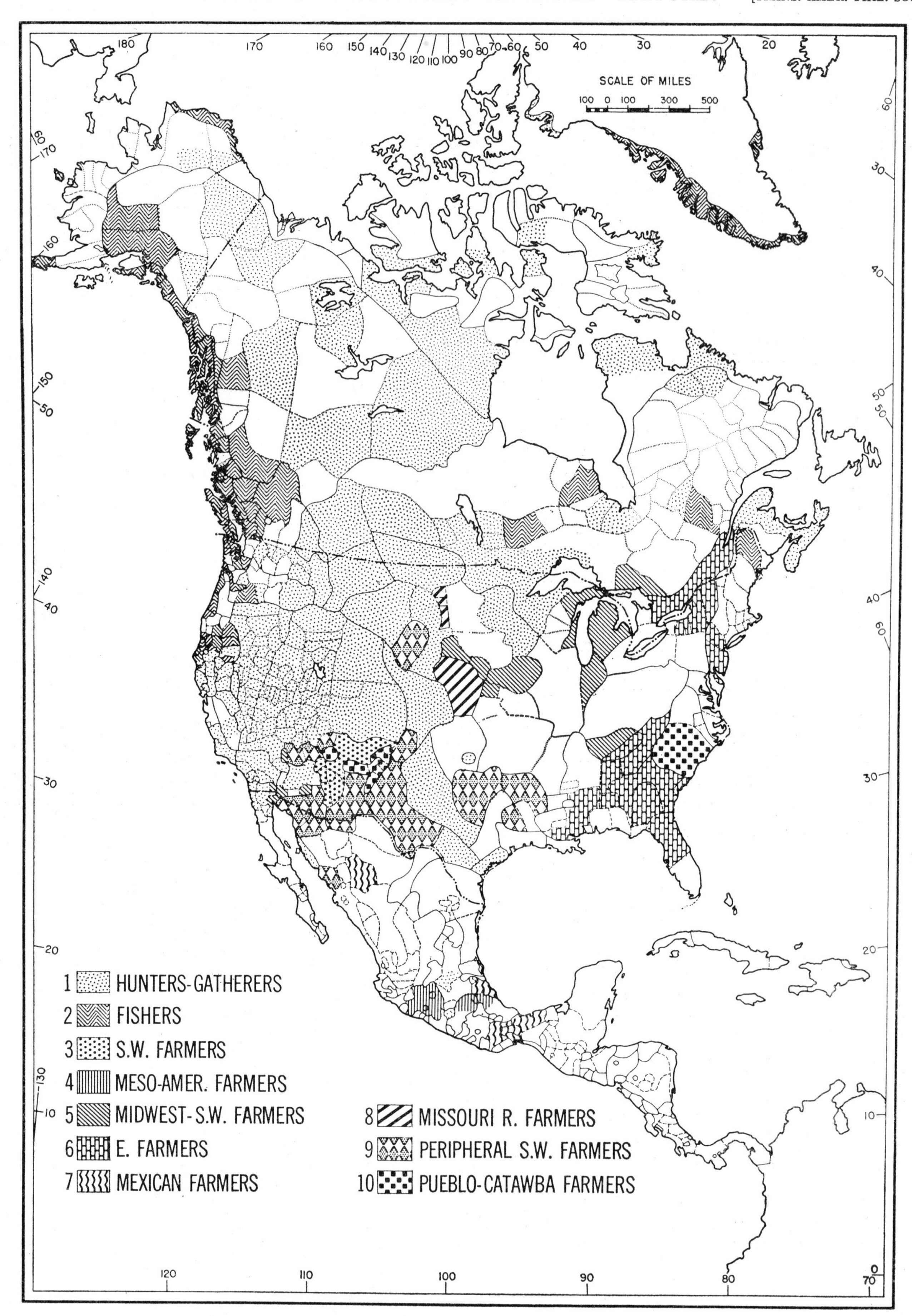

MAP. 1. Ten principal statistical groups from Murdock's 1967 sample.

The second group labeled Fishers (map 1: no. 2) are mostly on the Northwest Coast with a few outliers in the Arctic, Sub-Arctic, and Plateau. Although they, too, lacked farming, most had class stratification, sodalities, strict rules of ownership and inheritance of property, larger and more permanent settlements, more centralization of authority in the village unit, a greater abundance of wild foods, and an economy that encouraged the accumulation of wealth. In many respects, the Northwest Coast resembled farming societies more closely than any other North American non-farming area.

The fragmentation of farming peoples into eight groups, most of which fail to match any of the intuitively determined groups of the many culture area schemes mentioned above, is surprising. Group eight, Eastern Farmers, however, does match the East area of Driver and Massey (1957: map 2), Driver (1961 and 1969: map 2), and Murdock (1967). When Driver delineated his East area, he was thinking of social organization, political organization, warfare, and religious organization and beliefs, and was influenced by the excellent monograph of Knowles (1940). Although we know that the staple crops all diffused from Mexico, the split distributions of some of these farming groups, such as Midwest-Southwest (5), Mexican Farmers (7), and Pueblo-Catawba Farmers (10) are not explained by diffusion of culture traits numerous enough to throw them into the same taxon. The broad spectrum of many of Murdock's trait categories again tends to match up peoples in similar evolutionary positions on a scale of cultural complexity as often as it reflects diffusion.

Two sets of culture areas may be compared in a cross-classification table in terms of the number of ethnic units falling in the various cells. In table 1 we compare Murdock's (1967) 10 intuitive groups with the 10 statistical groups of Driver *et al.* (1972: table 4, p. 327). If the two classifications agreed exactly, there would be only one number in each row and column. Such is far from the case. The amount of agreement between the two classifications as wholes is conveniently measured by Cramér's coefficient (1946: pp. 441–445).

$$f^2 = \frac{X^2}{N\,(Q-1)}$$

where X^2 is chi-square, N the total number of cases, and Q the number of rows or columns, whichever is fewer. This measure varies from 0.00 to 1.00 and can reach unity when the number of rows differs from the number of columns, as well as when the two are the same, as in this case. The value of 0.373 (table 1) is easily significantly different from 0.000 but is, nevertheless, a low value. Therefore, a statistical classification of Murdock's (1967 and later) data gives only a low degree of agreement with his intuitive 1967 scheme.

TABLE 1

Cross-Classification of Murdock's 10 Intuitive 1967 Culture Areas with the 10 Principal Statistical Groups derived from Murdock's 1967 Data.

Murdock's 10 Culture Areas	10 Principal Statistical Groups 1	2	3	4	5	6	7	8	9	10	Total
a	28	14	0	0	2	0	0	0	0	0	44
b	3	36	0	0	0	0	0	0	0	0	39
c	31	3	0	0	0	0	0	0	0	0	34
d	58	6	0	0	0	0	0	0	3	0	67
e	16	1	0	0	0	0	0	3	1	0	21
f	0	0	0	0	8	0	0	1	3	0	12
g	0	1	0	0	0	9	0	0	0	1	11
h	1	0	2	0	5	0	0	0	3	13	24
i	2	0	0	0	0	0	3	0	3	0	8
j	1	0	0	2	0	0	5	0	0	0	8
Total	140	61	2	2	15	9	8	4	13	14	268

Chi-square = 899. Cramér's coefficient = .373.

Many other comparisons will be made below between various combinations of culture area sets and of language and physical type as well.

2. CODING

Most of the data listed in the appendix were originally coded by Driver and Massey and entered directly on maps with Mongol pencils of many colors. The only exceptions to this source of the data are the two maps coded at the end, one of physical types by Neumann (n.d.) and one of language units by the Voegelins (1966). Driver was responsible for the area north of Mexico and Massey for Mexico, Central America, and the Caribbean. However, Driver coded from most of the English sources in Spanish America and Massey overlapped Driver to some extent on English sources in the Southwest. Their coding was done from 1948 to 1953.

The aim of Driver and Massey was largely a descriptive one, to map the best known and most readily available inventories of North American Indian culture. The original plan called for a topical coverage as broad as that in Driver's (1961) *Indians of North America,* but when they were about half done and had enough material for a large publication, they decided to stop where they were and get their results published. Driver (1956) had made a statistical analysis of the social organization, and this was reprinted as a concluding chapter in the larger joint work.

When the coding was begun at the University of California in 1948, the most common question asked by the graduate students Driver met in the anthropology seminar room in the library (where many of the best North American sources were shelved) was: "Where do you get your culture traits?" The answer, of course, is from previously published sources. Driver had worked continuously for two and one-half years (January, 1935, to June, 1937) on the University of California Culture Element Survey; and, in addition to two field trips and reports for two different areas in California, had handled every one of the field reports of all thirteen of the participants in this program when he coded the data for his *Girls' Puberty Rites in Western North America.* This experience took care of the area from the Rocky Mountains to the Pacific and from Alaska to Mexico.

For the Arctic, the excellent comparative studies of Birket-Smith (1929, 1945) and Birket-Smith and de Laguna (1938) were the principal secondary sources used. For the Southeast, Swanton's (1946) work was the most useful source. For Mexico and bordering states, Beal's (1932) monograph was very helpful. Wissler's (1941) and Lowie's (1954) booklets on the Plains area were also of considerable help. For the Eastern seaboard, Flannery's (1939) comparative study was the first source consulted and proved indispensable.

In addition to regional handbooks, Driver and Massey coded from a number of comparative studies done by professionals, some of which covered larger areas. These included Davidson (1937), Hallowell (1926), Heizer (1942, 1943, 1953), O. T. Mason (1891, 1894, 1896*b*, 1899, 1901, 1904), Riley (1952), Slotkin (1955), Wissler (1908, 1914*b*, 1916, 1926*b*), and a hundred others cited in the terminal bibliography of Driver and Massey (1957). Many of these studies were illustrated, and the typologies they gave were obvious and incontestable for the most part. Culture traits on technology and material culture for the nineteenth century or earlier are definitely better reported and more objective than the non-material traits that constitute most of Murdock's (1967) inventory.

By beginning with the reports of the University of California Culture Element Survey, regional handbooks, and comparative studies by professionals, and by recording the coded data directly on maps with colored Mongol pencils, the first part of the job of coding was done in a small fraction of the time it would have taken if done from primary field reports one at a time. This initial use of secondary sources was followed by coding from primary sources on single societies, most of which were not listed in the bibliography of Driver and Massey (1957), but are given in full in the terminal bibliography of this monograph alphabetically by author. In addition we give another bibliography alphabetically by tribe, in which only the author and date of the works consulted are listed after each tribal name.

When the typescript of the Driver and Massey (1957) work was submitted to the editor of the *Transactions* of the American Philosophical Society for publication, the authors assumed that there would be only one map to an 8½ × 11 inch page. However, when the editor's consultant, G. P. Murdock, recommended four maps to a page, a compromise of two maps to a page was finally accepted, but the maps still came out too small for the data to be decoded and put on punch cards for statistical analysis as Driver had hoped. This has been done for this monograph from the original 11 × 17 inch copies of the maps, and is given in full in the appendix, where the symbols used for the codes are defined on the first pages.

To facilitate reference to the maps in Driver and Massey (1957), the culture traits in the appendix are given in the order of the map numbers. Gaps in the numerical order of the maps are due to the fact that not all the maps were used for this study. Once the coding was finished it was put on punch cards for the purpose of computerized statistical analysis: using 1 for present and 0 for absent or unreported for each of the traits represented by a letter in the appendix. A program was run to total the percentage of traits coded 0 for each ethnic unit. It was found that the percentage of traits coded 0 for each of the 245 ethnic units ranged from 34 to 74 per cent. It seemed obvious that the higher percentages of zero were due to incomplete reporting rather than true absence. In such cases recoding was felt to be in order.

Before recoding on the most deficient ethnic units could begin, an arbitrary maximum for the percentage of 0-coded traits had to be decided upon. This figure was determined to be the highest percentage belonging to ethnic units considered to be well documented with trustworthy sources. For instance, the Crow Indians, well described by Robert H. Lowie (1935), showed 59 per cent absent or unreported as did the Quinault Indians, subjects of an excellent monograph by Olson (1936). Therefore, any unit having 59 per cent or more of its traits coded 0 and a dearth of ethnographic reporting when Driver and Massey constructed their trait distribution maps was to be researched anew. This decision affected 25 of the 245 ethnic units. These tribes and the percentage of 0 entries for each follows: Polar Eskimo 67, Angmagsalik 64, Nunivak 73, Nabesna 70, Satudene 64, Dogrib 66, Naskapi 61, Sekani 65, Beaver 65, Sarsi 68, Bungi 64, Alsẹa 60, Takelma 73, Kiowa 62, Kiowa-Apache 63, Wichita 64, Karankawa 74, Timucua 60, Kiliwa 60, Seri 70, Chichimec 64, Mazateco 60, Lacandon 61, Mam 68, Quiche 70.

Updating the coding was accomplished in several ways: through reading more recent sources; reading a few older ones missed in the original mapping by Driver and Massey (1957); and, finally, as a last resort, through interpolation by Driver.

Below are listed those units whose ethnographies were reread along with the number of positive entries added, their revised percentages, and the source or sources referred to: Polar Eskimo 12, 59% (Powers, 1950); Angmagsalik 10, 57% (Skeller, 1954); Nabesna 25, 52% (McKennan, 1959); Dogrib 10, 59% (Osgood, 1931; Leechman, 1957; Helm and Lurie, 1961); Sarsi 17, 56% (Curtis, 1930); Bungi 10, 56% (Skinner, 1914*a*, 1914*b*); Timucua 9, 53% (Swanton, 1922); Seri 18, 57% (McGee, 1898); Chichimec 8, 61% (Driver and Driver, 1963); Mazateco 4, 57% (Starr, 1901); Lacandon 6, 57% (Tozzer, 1907); Mam 14, 58% (Oakes, 1951); Quiche 16, 58% (Rodas and Rodas, 1940).

For poorly reported ethnic units, Driver resorted to interpolation. His method was to code a trait present if one or more of the neighboring ethnic units of the unit in question possessed the trait, and if he saw no cause for it to be absent. Listed below are those units treated in this manner. The number of positive entries added to each and their revised percentages are included: Nunivak 32, 49%; Satudene 7, 59%; Naskapi 4, 59%; Sekani 17, 48%; Beaver 13, 56%; Alsea 11, 52%; Takelma 35, 46%; Kiowa 7, 57%; Kiowa-Apache 7, 58%; Wichita 21, 48%; Karankawa 17, 61%; Kiliwa 12, 51%.

While some of the 25 recoded ethnic units were altered substantially, overall only 342 positive entries were added out of a total 34,000 entries—a mere 1 per cent change. Of the 342 changes, Driver's interpolation was responsible for 183 or a little over one-half of the 1 per cent. This is trivial when one takes into account an estimated 10 per cent error in the reporting in most ethnographies. Driver and Coffin are confident that the interpolated changes are correct more often than incorrect, although a few errors were probably introduced by this technique.

CODING AND PHI MAXIMA

One of the weaknesses of the phi coefficient, used throughout this monograph, is that it can reach unity (± 1.00) only when the marginal totals in the two variables compared match exactly. When both variables are skewed in opposite directions, the maximum value that phi can attain is lowered in proportion to the amount of skewness. Table 2 shows the maximum value that phi can reach between two ethnic units in this study with the maximum amount of opposite skewness after the coding was updated: the northern Foothill Yokuts (listed simply as Yokuts) which have the maximum ratio of presence to absence or unreported, 66 to 34 per cent; and the Karankawa Indians which have the minimum ratio of presence to absence or unreported, 39 to 61 per cent.

TABLE 2

Lowest Phi Maximum for Tribe with Tribe Correlations in Driver-Massey Recoded Sample.

		Karankawa		
		Present	Absent	
Yokuts	Present	39	27	66
	Absent	0	34	34
		39	61	100

Phi = .57

Because all but 23 ethnic units have ratios of presence to absence ranging from 41 to 60 per cent, which gives a phi maximum of 0.69 for the most extreme opposite skewness, the conclusion is that the phi maxima in this study are high enough for a factor analysis or other complex multivariate analyses and do not produce much distortion in the statistics for this monograph.

If we had not updated the coding of Driver and Massey (1957), the original proportion of absences ranging from 60 to 74 percent in the 25 ethnic units updated would have introduced more distortion by lowering the phi maxima of the comparisons of these units with some of the others.

3. COMPARISON OF THE MURDOCK (1967) AND THE DRIVER-MASSEY (1957) SAMPLES

Although there have been a number of recent discussions of the ethnic unit and how to draw samples of ethnic units (Naroll, 1964; Naroll and Cohen, 1970; Helm, 1968; Murdock and White, 1969; McNett, 1968), there has been no comparable discussion of how to define and sample cultural and social inventory for a Q-type (ethnic unit with ethnic unit) comparison. The best known and most readily available sampling design so far for this kind of comparison is the *Outline of Cultural Materials* (Murdock *et al.*, 1961). This is the subject index of the Human Relations Area Files. A relatively good sample of the entire range of this inventory could be obtained by drawing an equal number of social and cultural variables and attributes from each of the three-digit categories that apply to the ethnic units selected for comparison. However, the categories 101–147 and 181–198 do not contain conventional cultural content and are best eliminated. A considerable number of the remaining categories, such as Chemical Industries, 381–389, do not apply to any tribal or peasant societies and will not appear in samples of their social and cultural inventory.

The following 130 Human Relations Area Files three-digit categories have been elminated because they do not appear in any North American Indian ethnic unit, including those in Meso-America: 204–207, 213–217, 228, 253–258, 265, 315, 327, 334, 336, 337, 348, 365, 367, 371, 375–379, 381–389, 391–399, 401–407, 414, 446, 447, 451–458, 467, 468, 491, 493–499, 502–504, 506–509, 528, 541–549, 642, 654, 664–669, 697, 698, 706, 707, 711–719, 741–748, 797, 811, 813, 815, 873, 875, 876.

Any two samples may be compared to each other in terms of the number of three-digit categories shared, the number present in the first but not in the second, the number present in the second but not in the first, and the number absent in both samples. For each of the two samples in the centered heading of this section we shall first list the OCM three-digit categories represented in each, and then compare the two samples. In the lists the three-digit categories will be preceded by the verbal caption and number of the two-digit category under which they are subsumed.

The OCM categories included in Driver and Massey (1957) follow. Food Quest 22: 222, 224, 225, 226, 227; Animal Husbandry 23: 231, 235, 237; Agriculture 24: 241, 249; Food Processing 25: 251, 252; Food Consumption 26: 262, 263; Drink, Drugs, Indulgence 27: 273, 276; Leather, Textiles, and Fabrics 28: 285, 286; Clothing 29: 291, 292, 294; Adornment 30: 302, 304; Exploitative Activities 31: 311; Processing of Basic Materials 32: 321, 323, 325; Structures 34: 342, 343; Equipment and Maintenance of Buildings 35: 352; Settlements 36: 361; Energy and Power 37: 372, 373; Capital Goods Industries 39: 391, 394; Tools and Appliances 41: 411, 412, 415; Labor 46: 462; Travel and Transportation 48: 481, 482; Land Transport 49: 492, 493; Water and Air Transport 50: 501; Living Standards and Routines 51: 515; Marriage 58: 582; Family 59: 591; Kinship 60: 601, 602; Kin Groups 61: 611; Military Technology 71: 714; Ecclesiastical Organization 79: 796.

The three-digit OCM categories included in Murdock (1967) are: Food Quest 22: 222, 224, 226; Animal Husbandry 23: 231, 233; Agriculture 24: 241, 242, 243, 244, 245, 246, 249; Leather Textiles and Fabrics 28: 282, 286; Exploitative Activities 31: 311; Processing of Basic Materials 32: 323, 325; Building and Construction 33: 333; Structures 34: 342; Settlements 36: 361; Property 42: 428; Exchange 43: 431; Labor 46: 462; Water and Air Transport 50: 501; Recreation 52: 524; Social Stratification 56: 563, 564, 565, 567; Marriage 58: 583, 587; Family 59: 591, 594, 595, 596; Kinship 60: 601, 602, 605; Kin Groups 61: 611, 612, 613, 614, 615, 616, 617, 618; Community 62: 621, 622, 627; Justice 69: 692; Religious Beliefs 77: 776; Sex 83: 834, 836; Reproduction 84: 846; Infancy and Childhood 85: 857; Adolescence, Adulthood, and Old Age 88: 882.

TABLE 3

Comparison of the Murdock and Driver-Massey Samples for the HRAF 3-digit Categories

		Murdock		
		Present	Absent	Total
Driver-Massey	Present	18	34	52
	Absent	38	322	360
	Total	56	356	412

Out of a total of 412 three-digit categories only 18 were included in both Driver and Massey (1957) and Murdock (1967). The commonly excluded categories number 322. A two-by-two table reflecting these figures is shown here (table 3).

Converting these figures to proportions, Murdock (1967) used only 0.136 of the total of 412 three-digit categories; and Driver and Massey (1957) used only 0.126 of the same total. The proportion of overlap in the two samples is only 0.044.

II. INTERTRIBAL CORRELATIONS

4. FREQUENCY DISTRIBUTION, SIGNIFICANCE LEVELS, AND TREE DIAGRAMS

The intercorrelations (phis) between all combinations of 245 tribes taken two at a time number 29,890. This is too large a matrix to print and too large to scan effectively. The gross characteristics of these correlations can be shown in the following frequency distribution, the mean of which is 0.208 and the range from −0.144 to +1.000 (table 4).

Levels of significance for 392 cases (culture traits) drawn randomly from a very large universe are given in the following table.

0.050 level of significance, 0.099
0.020 level of significance, 0.117
0.010 level of significance, 0.130
0.001 level of significance, 0.116

With respect to these levels, only a few negative correlations (fewer than 62) pass a significance test at or less than the 0.050 level and, as such a small number might arise from an accident of sampling, it can be said that probably none of the negative correlations are significantly different from zero. However, over

TABLE 4

Frequency Distribution of Intertribal Correlations

Class interval	Frequency
-.195 to -.094	62
-.095 to +.004	2296
+.005 to +.104	7626
+.105 to +.204	7996
+.205 to +.304	4791
+.305 to +.404	2899
+.405 to +.504	1923
+.505 to +.604	1131
+.605 to +.704	679
+.705 to +.804	326
+.805 to +.904	115
+.905 to +1.000	46
Total	29890

half of the positive correlations are significant at or less than the 0.001 level.

We have shown above that the 392 culture traits in the Driver-Massey sample were drawn from only a minority of relevant three-digit categories in the *Outline of Cultural Materials*. Therefore, sampling concepts cannot be strictly applied to these data. However, one might argue that the culture traits in the sample are representative of the three-digit categories from which they were drawn and apply sampling theory to this universe of a very large number of possible traits. In large multivariate analyses aimed at classification, levels of significance are not crucial and are mentioned here only to show that the authors are aware that they exist.

A compromise between the highly compacted frequency distribution above and the entire intercorrelation matrix is the tree diagram (figs. 2–9). The figures fit together in the schematic manner given in figure 1.

Figures 2–8 list all 245 tribes, starting with the Labrador Eskimo at the bottom of figure 2 and proceeding upward, then continuing from bottom to top of figure 3, followed by figures 4, 5, 6, 7, and 8 until the Mam Maya are reached at the top of figure 8. This order of tribes is that of the ordered intercorrelation matrix and represents the most meaningful order for the purpose of classification. The Arabic numerals on the left-most branches of the tree in figures 2–8, ranging from 1 to 36, correspond to the numbers of the groups given from bottom to top in figure 9. The tree diagram is arranged in this manner because the original diagram drawn on a single piece of paper would require a double fold about five feet long and would be more difficult to read on the lower half of the correlation scale shown in a much more compact form in figure 9.

The three-place decimals at the tops and bottoms of all the tree-diagram figures are values of the phi coefficient. These range from 1.000 to 0.080. Where

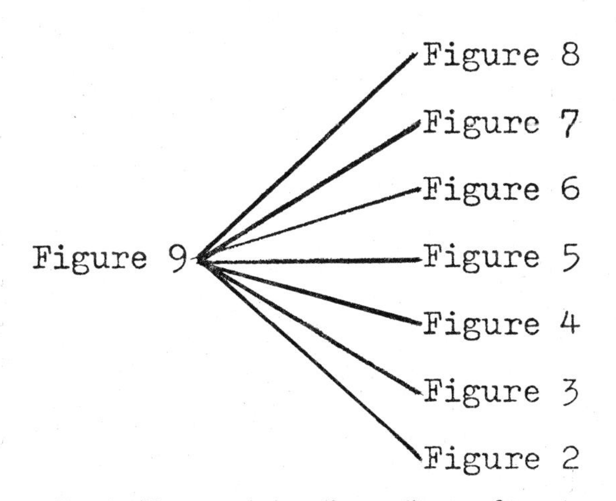

Fig. 1. Key to relation of tree diagram figures.

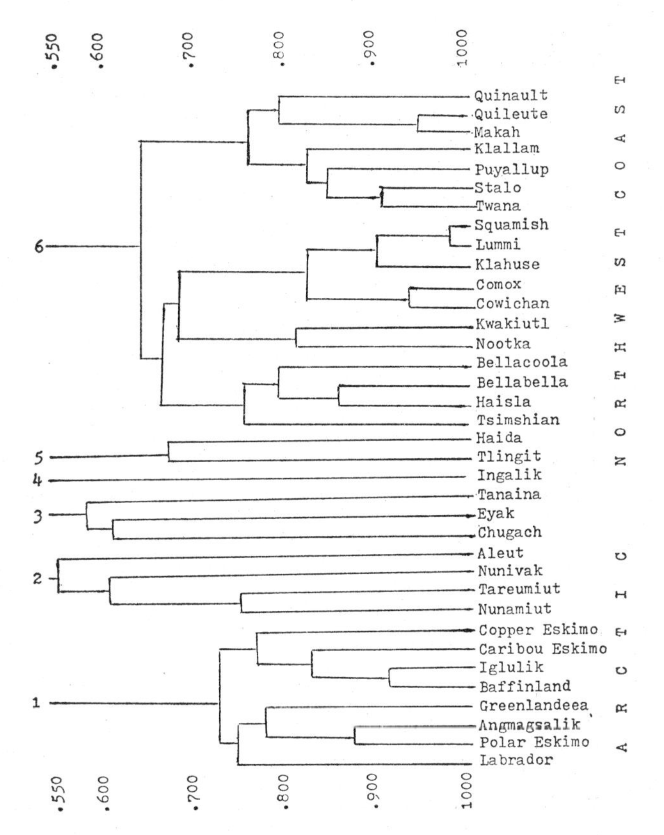

Fig. 2. Tree diagram for Arctic and Northwest Coast from Phi = 1.000 to 0.549.

only two tribes are joined by a bridge, the position of the bridge on the phi scale gives the correlation between the two tribes. For example, the correlation between the Polar Eskimo and the Angmagsalik Eskimo near the bottom of figure 2 is 0.880. Where one or both of the units compared are groups of tribes, the bridge represents approximately the average correlation between the units compared. Thus the bridge at 0.750 that unites the Labrador Eskimo with the Polar, Angmagsalik, and Greenlandeea Eskimo is about the average correlation between the Labrador Eskimo and the other members of the group. The details of the mathematics of the tree-diagram program are too complex to be explained in this monograph.

A tree diagram gives a classification at almost as many levels as there are units being classified. It is only when two or more bridges occur at the same phi level that the number of levels is reduced a little. This happened in the case of a few perfect correlations between neighboring tribes. Because the tree-diagram computer program carried the phis to four decimal places, few other ties occurred. Had they been carried to only two places, more ties would have occurred at the bridges, and the levels in the classification reduced a little more. The number of classes at any level of phi may be obtained approximately by placing a ruler vertically at that level and counting the number

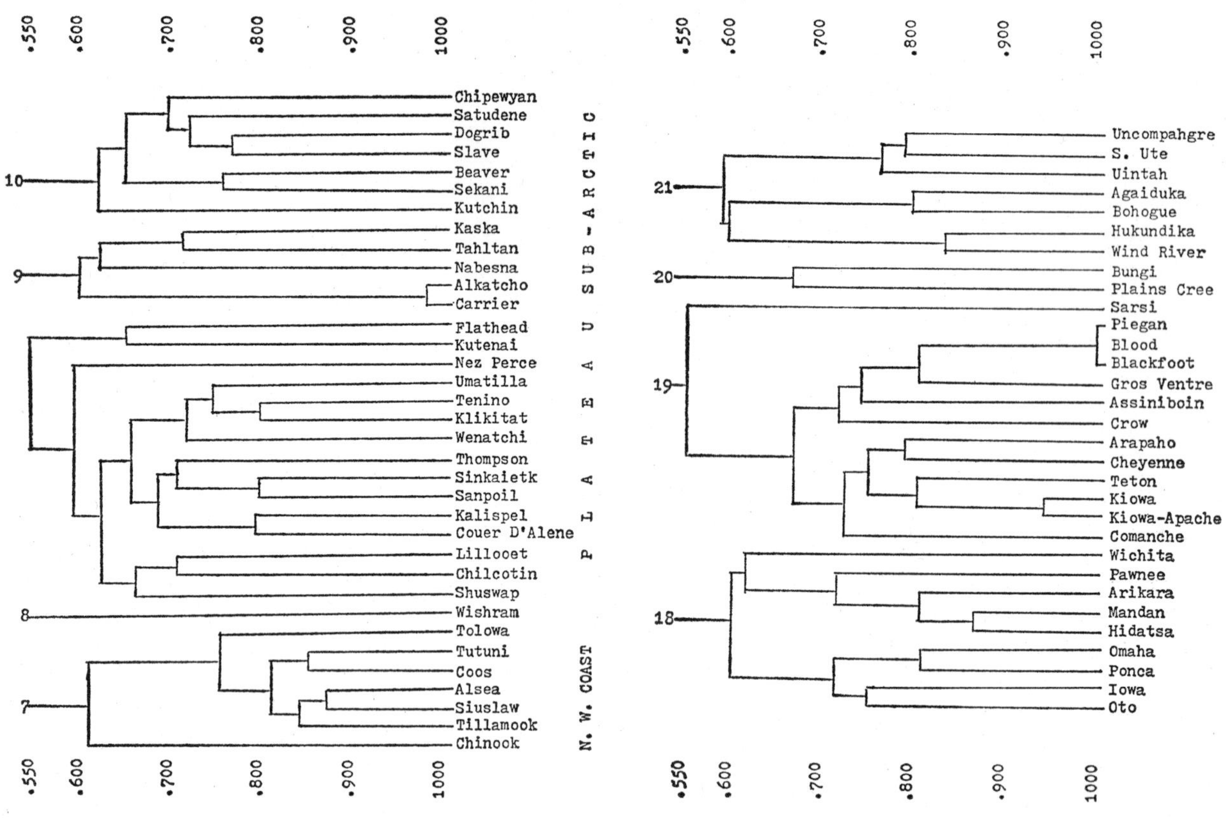

FIG. 3. Tree diagram for Southern Northwest Coast, Plateau, and Western Sub-Arctic from Phi = 1.000 to 0.549.

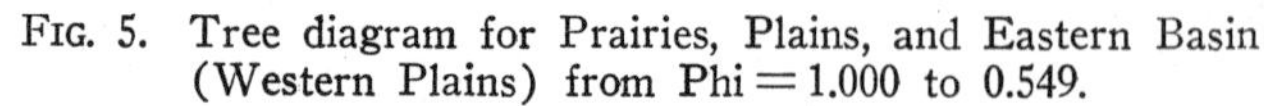

FIG. 5. Tree diagram for Prairies, Plains, and Eastern Basin (Western Plains) from Phi = 1.000 to 0.549.

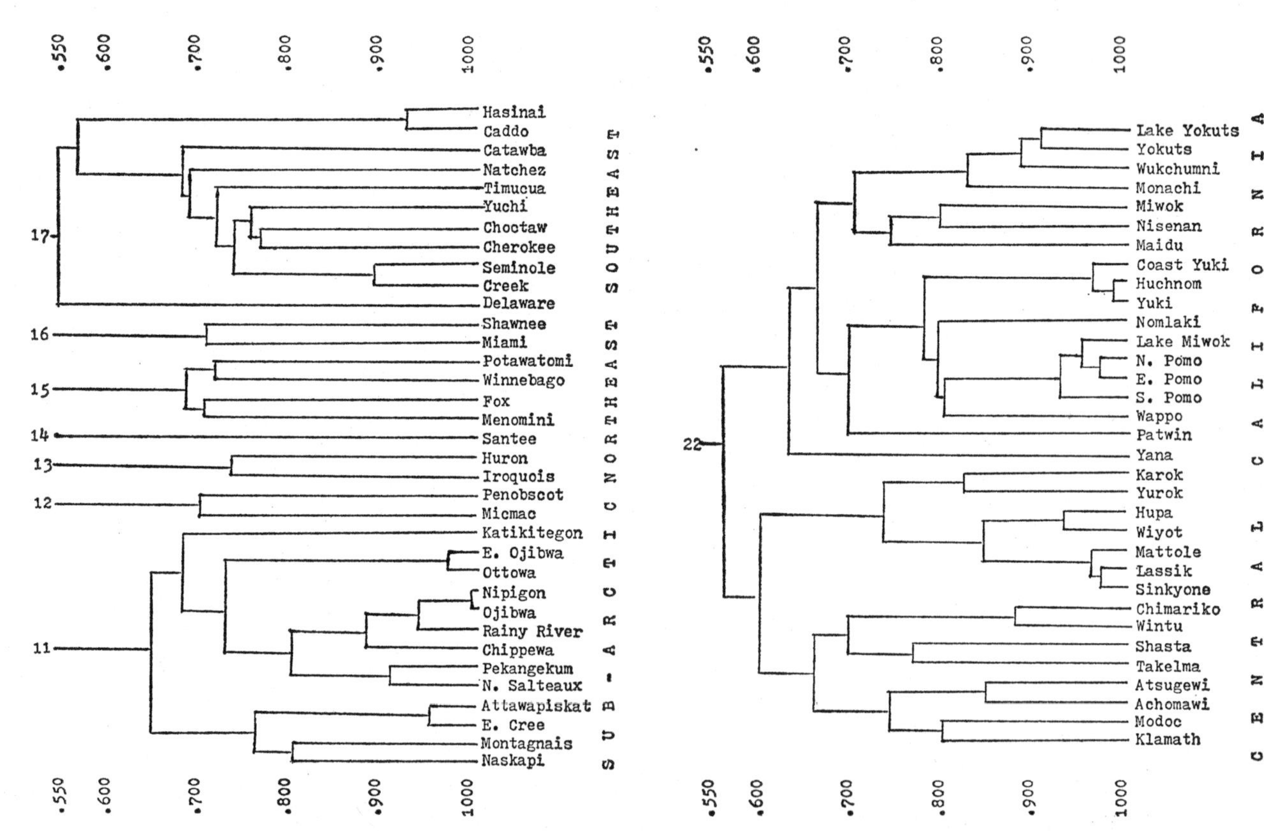

FIG. 4. Tree diagram for Eastern Sub-Arctic, Northeast, and Southeast from Phi = 1.000 to 0.549.

FIG. 6. Tree diagram for Central California from Phi = 1.000 to 0.549.

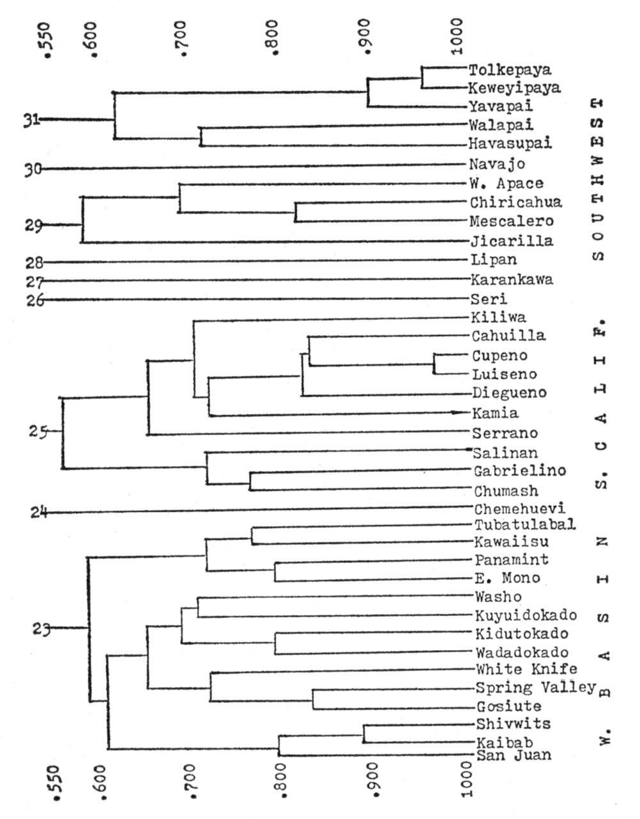

FIG. 7. Tree diagram for Western Basin, Southern California, and part of Southwest from Phi = 1.000 to 0.549.

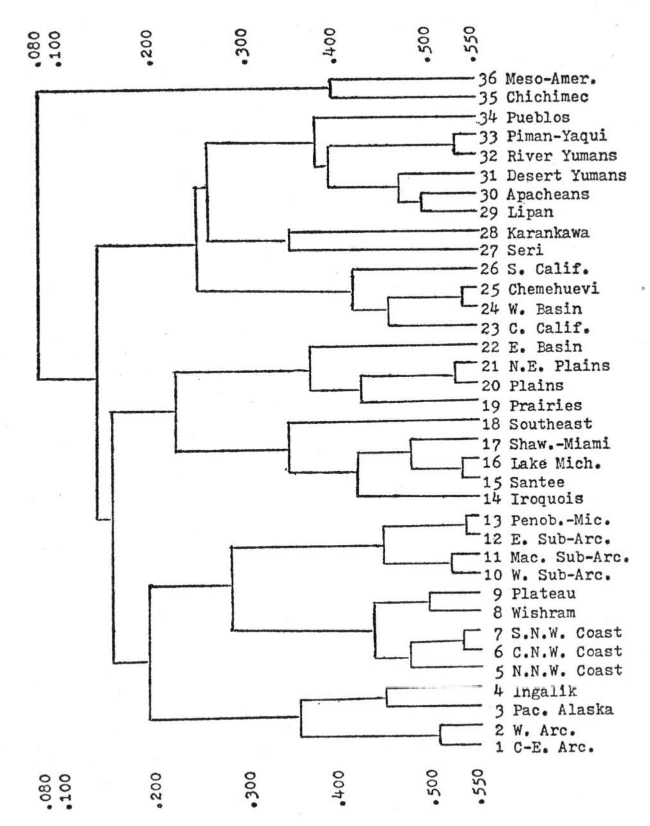

FIG. 9. Tree diagram for 36 groups of entire continent from Phi = 0.549 to 0.080.

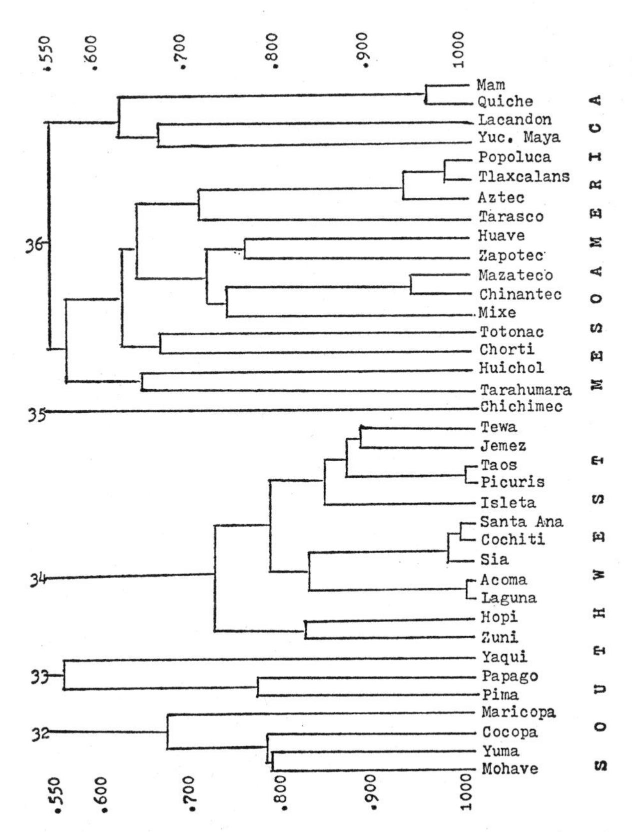

FIG. 8. Tree diagram for part of Southwest and Meso-America from Phi = 1.000 to 0.549.

of horizontal lines which represent the branches of the tree. After scanning this eight-page tree diagram and digesting its meaning, intuitive classifications at a single level, or even at three levels as in Kroeber (1939) seem highly oversimplified and comparable to the first steps of a toddling infant.

DISCUSSION OF FIGURE 9

Figure 9 gives the lower half of the tree diagram and the 36 groups include all of the 245 tribes. If we begin at the left side of this figure, we note that Meso-America is the most deviant culture area. It is the last to join a group of all the other culture areas combined at a bridge of 0.082, not significantly different from zero. This has been anticipated by all Meso-American specialists who have long regarded that area as far more advanced and therefore distinct from all other culture areas. Kroeber (1917*b*), however, emphasized the un-American character of the Northwest Coast and many writers have singled out the Arctic as the most distinct, hence un-American, area. I suspect that, if South America had been included in this study, Meso-America would have shared a considerable cultural inventory with the Central Andes and would have appeared less deviant for the hemisphere than it does for North America.

The second most deviant culture area shown in figure 9 is the Arctic, which appears at the bottom of the

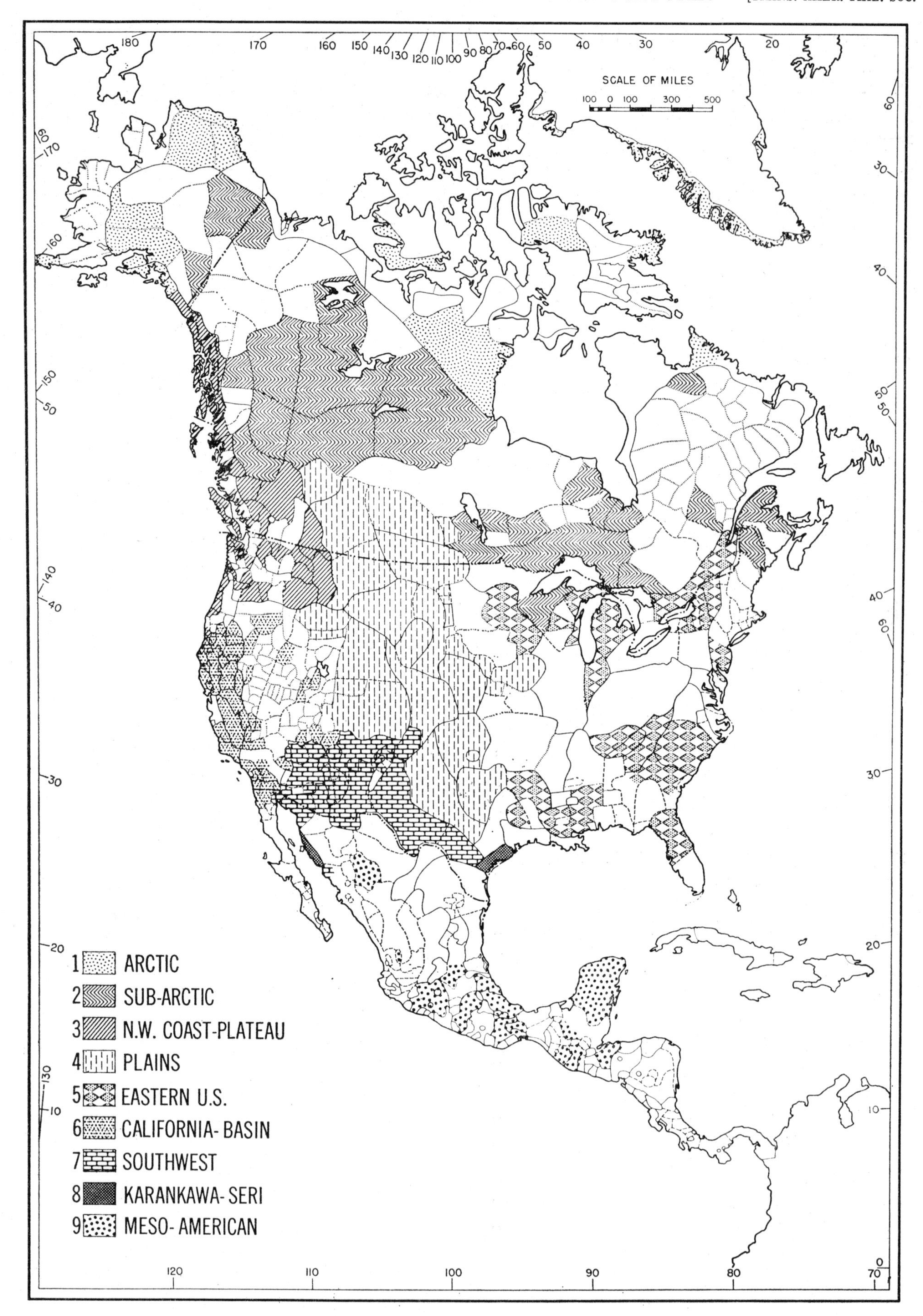

MAP. 2. Nine statistical groups from Driver-Massey sample.

figure at the opposite end of the tribal spectrum given by the ordered correlation matrix. The Arctic joins a combined group of the Sub-Arctic, Northwest Coast, and Plateau at a bridge of 0.199, and is thus less deviant than Meso-America.

As mentioned above, a dual classification for the continent consists of Meso-America versus all other areas. A three-fold scheme gives these combinations: (1) Meso-America; (2) Southwest, California, Great Basin; (3) all remaining areas. A four fold set of areas are these: (1) Meso-America; (2) Southwest, California, Great Basin; (3) Plains, Northeast United States, Southeast United States; (4) Sub-Arctic, Plateau, Northwest Coast, Arctic. A five-fold number of groups repeats the first three of the fourfold scheme, and divides the fourth into (4) Sub-Arctic, Plateau, Northwest Coast; and (5) Arctic, including Ingalik, Tanaina, and Eyak. Other numbers of groups may be read from figure 9.

The nine groups in figure 9, map 2, and table 5, differ from all other numbers of groups in that they persist with no change for a longer distance on the correlation continuum, from a phi of 0.287 to one of 0.350. Therefore, they constitute a more "natural" number of areas for the sample of culture traits used in the classification. There are a number of unconventional groups in this 9-fold scheme, each of which will be discussed in turn.

The first such group is the Eastern United States. Nearly everyone has divided this area into a Northeast and Southeast, and Driver (1969: map 2) divided it into Prairies and East. This conflict is easily resolved when it is noted from figure 8 that the East splits into Northeast and Southeast above a phi of 0.350 to form 10 groups for the continent.

Another unconventional feature of the ninefold scheme is the combining of Northwest Coast and Plateau. These two groups separate above a bridge of phi = 0.455 and a 20-fold classification for the continent arises. This came as a surprise, but if such non-material traits as *rank and social classes, ownership of real estate, sodality organization, population density* and *economic organization* (including the Potlatch system) were added, the separation of the two areas would have occurred much lower down on the correlation scale of the tree diagram.

Still another surprise was the lumping of California and the Great Basin. This combination splits apart above a bridge of phi = 0.425 and the continental total number of groups at this level is 17; and Central California does not separate from the Basin until a bridge of phi = 0.474 is exceeded and the total number of groups is 23. Again, if more non-material traits, such as those mentioned in the paragraph above for the Northwest Coast and Plateau, had been included in the list, California and the Basin would have split apart at a lower level of correlation.

TABLE 5

NINE STATISTICAL GROUPS, DRIVER-MASSEY 1957 SAMPLE
BRIDGE AT 0.375 GIVES 9 GROUPS WITH
SINGLETONS INCLUDED

1. Arctic: Labrador, Polar Eskimo, Angmagsalik, Greenlandeea, Baffinland, Iglulik, Caribou Eskimo, Copper Eskimo, Nunamiut, Tareumiut, Nunivak, Aleut, Ingalik, Tanaina, Eyak, Chugach.
2. Sub-Arctic: Penobscot, Micmac, Katikitegon, E. Ojibwa, Ottawa, Nipigon, Ojibwa, Rainy River, Chippewa, Pekangekum, N. Salteaux, Attawapiskat, E. Cree, Montagnais, Naskapi, Kutchin, Sekani, Beaver, Slave, Dogrib, Satudene, Chipewyan, Kaska, Tahltan, Nabesna, Alkatcho, Carrier.
3. Northwest Coast-Plateau: Tlingit, Haida, Tsimshian, Haisla, Bellabella, Bellacoola, Nootka, Kwakiutl, Cowichan, Comox, Klahuse, Lummi, Squamish, Twana, Stalo, Puyallup, Klallam, Makah, Quileute, Quinault, Chinook, Tillamook, Siuslaw, Alsea, Coos, Tututni, Tolowa, Wishram, Shuswap, Chilcotin, Lillooet, Coeur D'Alene, Kalispel, Sanpoil, Sinkaietk, Thompson, Wenatchi, Klikitat, Tenino, Umatilla, Nez Perce, Kutenai, Flathead.
4. Plains: Uncompahgre, S. Ute, Uintah, Agaiduka, Bohogue, Hukundika, Wind River, Bungi, Plains Cree, Sarsi, Piegan, Blood, Blackfoot, Gros Ventre, Assiniboin, Crow, Arapaho, Cheyenne, Teton, Kiowa, Kiowa-Apache, Comanche, Wichita, Pawnee, Arikara, Mandan, Hidatsa, Omaha, Ponca, Iowa, Oto.
5. Eastern United States: Delaware, Creek, Seminole, Cherokee, Choctaw, Yuchi, Timucua, Natchez, Catawba, Caddo, Hasinai, Shawnee, Miami, Potawatomi, Winnebago, Fox, Menomini, Santee, Huron, Iroquois.
6. California-Great Basin: Kiliwa, Cahuilla, Cupeno, Luiseno, Diegueno, Kamia, Serrano, Salinan, Gabrielino, Chumash, Chemehuevi, Tubatulabal, Kawaiisu, Panamint, E. Mono, Washo, Kuyuidokado, Kidutokado, Wadadokado, White Knife, Spring Valley, Gosiute, Shivwits, Kaibab, San Juan, Lake Yokuts, Yokuts, Wukchumni, Monachi, Miwok, Nisenan, Maidu, Coast Yuki, Huchnom, Yuki, Nomlaki, Lake Miwok, N. Pomo. E, Pomo, S. Pomo, Wappo, Patwin, Yana, Karok, Yurok, Hupa, Mattole, Lassik, Sinkyone, Chimariko, Wintu, Shasta, Takelma, Atsugewi, Achomawi, Modoc, Klamath.
7. Southwest: Tewa, Jemez, Taos, Picuris, Isleta, Santa Ana, Cochiti, Sia, Acoma, Laguna, Hopi, Zuni, Yaqui, Papago, Pima, Maricopa, Cocopa, Yuma, Mohave, Tolkepaya, Keweyipaya, Yavapai, Walapai, Havasupai, Navajo, W. Apache, Chiricahua, Mescalero, Jicarilla, Lipan.
8. Karankawa-Seri: Karankawa, Seri.
9. Meso-America: Chichimec, Tarahumara, Huichol, Chorti, Totonac, Mixe, Chinantec, Mazateco, Zapotec, Huave, Tarasco, Aztec, Tlaxcalans, Popoluca, Yucatec Maya, Lacandon, Quiche, Mam.

Another strange pair of bedfellows is the Seri and Karankawa, the former on the Gulf of California in what is now Sonora and the latter on the Gulf of Mexico in what is now Texas. Both were non-farmers on the border of farming areas and lived more on sea foods than did their neighbors. This widely split distribution is best explained in terms of a common cultural heritage from the pre-farmers of the greater Southwest, plus adaptation to a marine environment. Neither people ever heard of the other before White contact and whatever each received by diffusion from the outside was by way of other tribes and not by any direct contact between these two. That their classificatory union was not very close is evidenced by their splitting apart to form singletons above a bridge of

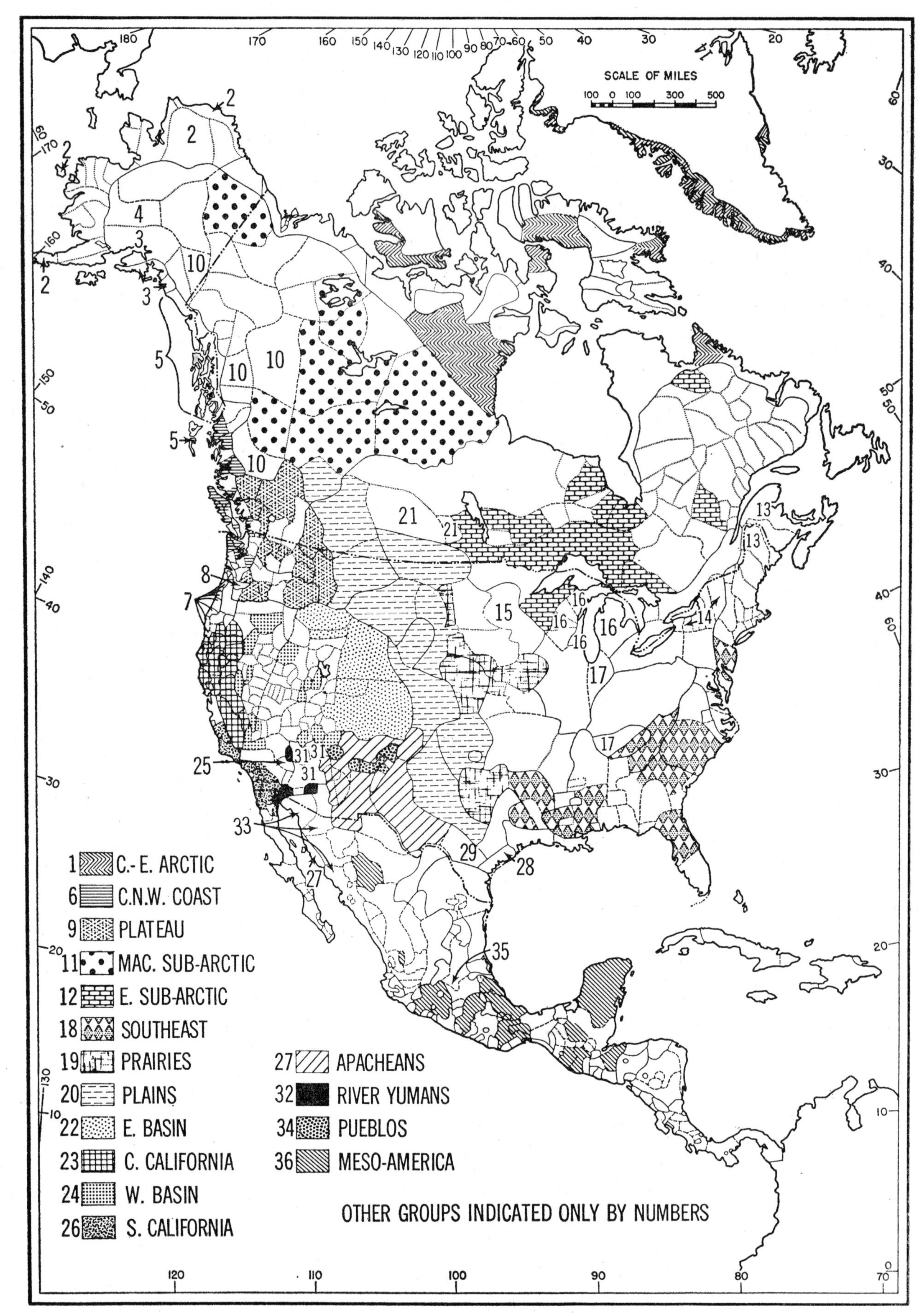

MAP. 3. Thirty-six statistical groups from Driver-Massey sample.

phi = 0.353 where 11 continental areas occur. These singletons at such a low position on the correlation scale of the tree diagram are in part explained by the poor reporting in Baja California and Northeast Mexico. It is assumed that a number of tribes in the former area would group with the Seri, and a like number in the latter area would group with the Karankawa, if they had been well enough described to be included in the tribal sample.

Another unexpected grouping was the inclusion of the Ingalik, Tanaina, and Eyak in the Arctic. The first two belong to the Athapaskan language family, the third is a language isolate (singleton language family), and all three affiliate with the Na-Dene phylum. These tree tribes, plus the Chugach Eskimo, split off from the rest of the Arctic above a bridge of phi = 0.361 (bottom of fig. 9). This split produces 12 continental groups.

The last odd feature of this classification is the inclusion of the Tarahumara in Meso-America. This is such a flagrant discrepancy that it must be called an error and blamed on the original coding by Driver and Massey. They relied almost exclusively on Bennett and Zingg (1935), who based their monograph on field work done only a few years before the date of its publication. Their book was almost entirely concerned with the contemporary culture which, by that time, had become heavily salted with Meso-American material culture from diffusions in the historic period. The Tarahumara are separated from Meso-America above a bridge of 0.550, thus exhibiting a fairly strong relationship to it in these data.

The affiliation of the Huichol and Chichimeca-Jonaz with Meso-America is also due to acculturation in the historic period because neither farmed at first White contact. However, because their geographical positions are on the border of Meso-America, they do not violate the geographical continuity characteristic of most culture areas as sharply as do the Tarahumara.

The 36 groups that appear in figure 9 and table 6 are shown on map 3. If map 3 is compared with map 4, the 35 (36 minus the Mayans) principal statistical groups from Murdock's sample, the difference is very great, reflecting the great difference in the culture trait content of the two samples. The 36 groups match in number Murdock's 36 culture provinces (Murdock, 1968). All of these groups occur at just above a bridge of 0.549. In the section below on "Comparison of Various Culture Classifications" we shall compare these groups statistically with those of Murdock. Here we shall rest content with a verbal description of them. Many of them correspond with conventional subdivisions of culture areas. Few are small enough to match Wissler's and Kroeber's notions of culture centers or climaxes.

Beginning in the north, the Central and Eastern Eskimo (group 1) form a close-knit group at a bridge of a phi of over 0.700. All comparative studies known to us agree that the culture of these Eskimos was less

TABLE 6

36 STATISTICAL GROUPS, DRIVER-MASSEY 1957 SAMPLE BRIDGE AT 0.549 GIVES 36 GROUPS WITH SINGLETONS INCLUDED

1. Central-Eastern Arctic: Labrador, Polar Eskimo, Angmagsalik, Greenlandeea, Baffinland, Iglulik, Caribou Eskimo, Copper Eskimo.
2. Western Arctic: Aleut, Nunivak, Tareumiut, Nunamiut.
3. Pacific Alaska: Tanaina, Eyak, Chugach.
4. Ingalik: Ingalik.
5. Tlingit-Haida: Tlingit, Haida.
6. Central Northwest Coast: Quinault, Quileute, Makah, Klallam, Puyallup, Stalo, Twana, Squamish, Lummi, Klahuse, Comox, Cowichan, Kwakiutl, Nootka, Bellacoola, Bellabella, Haisla, Tsimshian.
7. Southern Northwest Coast: Chinook, Tillamook, Siuslaw, Alsea, Coos, Tututni, Tolowa.
8. Wishram: Wishram.
9. Plateau: Flathead, Kutenai, Nez Perce, Umatilla, Tenino, Klikitat, Wenatchi, Thompson, Sinkaietk, Sanpoil, Kalispel, Coeur D'Alene, Lillooet, Chilcotin, Shuswap.
10. Western Sub-Arctic: Kaska, Tahltan, Nabesna, Alkatcho, Carrier.
11. Mackenzie Sub-Arctic: Kutchin, Sekani, Beaver, Slave, Dogrib, Satudene, Chipewyan.
12. Eastern Sub-Arctic: Katikitegon, E. Ojibwa, Ottawa, Nipigon, Ojibwa, Rainy River, Chippewa, Pekangekum, N. Salteaux, Attawapiskat, E. Cree, Montagnais, Naskapi.
13. Penobscot-Micmac: Penobscot, Micmac.
14. Iroquoians: Iroquois, Huron.
15. Santee: Santee.
16. Lake Michigan: Menomini, Fox, Winnegabo, Potawatomi.
17. Shawnee-Miami: Shawnee, Miami.
18. Southeast: Delaware, Creek, Seminole, Cherokee, Choctaw, Yuchi, Timucua, Natchez, Catawba, Caddo, Hasinai.
19. Prairies: Wichita, Pawnee, Arikara, Mandan, Hidatsa, Omaha, Ponca, Iowa, Oto.
20. Plains: Sarsi, Piegan, Blood, Blackfoot, Gros Ventre, Assiniboin, Crow, Arapaho, Cheyenne, Teton, Kiowa, Kiowa-Apache, Comanche.
21. Northeastern Plains: Bungi, Plains Cree.
22. Eastern Basin: Uncompahgre, S. Ute, Uintah, Agaiduka, Bohogue, Hukindika, Wind River.
23. Central California: Klamath, Modoc, Achomawi, Atsugewi, Takelma, Shasta, Wintu, Chimariko, Sinkyone, Lassik, Mattole, Wiyot, Hupa, Yurok, Karok, Yana, Patwin, Wappo, S. Pomo, E. Pomo, N. Pomo, Lake Miwok, Nomlaki, Yuki, Huchnom, Coast Yuki, Maidu, Nisenan, Miwok, Monachi, Wukchumni, Yokuts, Lake Yokuts.
24. Western Basin: San Juan, Kaibab, Shivwits, Gosiute, Spring Valley, White Knife, Wadadokado, Kidutokado, Kuyuidokado, Washo, E. Mono, Panamint, Kawaiisu, Tubatulabal.
25. Chemehuevi: Chemeuevi.
26. Southern California: Kiliwa, Cahuilla, Cupeno, Luiseno, Diegueno, Kamia, Serrano, Salinan, Gabrielino, Chumash.
27. Seri: Seri.
28. Karankawa: Karankawa.
29. Lipan: Lipan.
30. Apacheans: Navajo, W. Apache, Chiricahua, Mescalero, Jicarilla.
31. Desert Yumans: Tolkepaya, Keweyipaya, Yavapai, Walapai, Havasupai.
32. River Yumans: Maricopa, Cocopa, Yuma, Mohave.
33. Piman-Yaqui: Yaqui, Papago, Pima.
34. Pueblos: Tewa, Jemez, Taos, Picuris, Isleta, Santa Ana, Cochiti, Sia, Acoma, Laguna, Hopi, Zuni.
35. Chichimec: Chichimec.
36. Meso-America: Tarahumara, Huichol, Chorti, Totonac, Mixe, Chinantec, Mazateco, Zapotec, Huave, Tarasco, Aztec, Tlaxcalans, Popoluca, Yucatec Maya, Lacandon, Quiche, Mam.

bombarded by diffusions from the outside than was that of the Western Eskimos. The latter were influenced by diffusions both from Asia on the west and from the Northwest Coast on the southeast. This twofold division of the Arctic has been made by many previous culture arealists including Kroeber (1939: map 6) and Driver (Driver and Massey, 1957: map 2; and Driver, 1961 and 1969: map 2).

The Sub-Arctic splits up first into an eastern and western division, and later resplits into the four subdivisions given in figure 9 and map 3. The twofold split is made in most intuitive culture area classifications; and the resplitting again with the Micmac and Penobscot (group 13) of the Canadian martime provinces spinning off from the eastern part (group 12) and the Carrier, Kaska, Tahltan, and Nabesna (group 10) dividing from the western part (group 11) is plausible in every respect. The latter were all considerably influenced by Northwest Coast culture. The twofold division of the Sub-Arctic has been made frequently, for example, by Kroeber (1939: map 6), Driver (Driver and Massey, 1957: map 2; and Driver, 1961, 1969: map 2), and Spencer and Jennings (1965: inside front cover).

The Northwest Coast is split into three subdivisions: northern (group 5); central (group 6); and southern (group 7). These three areas and their boundaries do not match very well the seven subdivisions of Kroeber (1939: map 6) and the four subdivisions of Drucker (1955: pp. 186–195). Nor do the detailed subdivisions in our figures 1 and 2 match those of Kroeber and Drucker very closely. These differences are explained in part by the emphasis of the data of the statistical classification on material culture and technology, but we also suspect that both Kroeber and Drucker followed language family boundaries more often than they should have done.

The Plateau (group 9) in this 36-fold scheme includes all the tribes that appear in the 9-fold scheme except the Wishram. This group is so conventional that no comment need be made.

The Plains area is divided into three subdivisions very much as Wissler (1938: pp. 220–224) conceptualized it in all editions of his *American Indian.* There is a central Plains, (group 20), a western Plains or eastern Basin (group 22), and an eastern Plains or Prairies (group 19). Kroeber's (1939: map 6) more numerous subdivisions do not yield to a reduction to the threefold scheme of Wissler and of this monograph.

The northeastern United States is split into four subdivisions (groups 14, 15, 16, 17) in our 36-fold classification. Some of these subdivisions match those of Kroeber (1939: map 6), but not all do. The Southeast (group 18) is exactly the same as it appears in our 10-fold classification (figs. 4 and 9). The most deviant characteristic is the inclusion of the Delaware in the Southeast. No other areal classifier has done this unless the East area of Driver (Driver and Massey, 1957: map 2; Driver 1961, 1969: map 2), which also includes the Iroquoians, is considered comparable. Driver *et al.* (1972: map 2) reproduced here as map 1, also obtained an East area from Murdock's (1967) sample with the same statistical method used in this study.

Central California (group 23) is unconventional in its inclusion of the Yurok, Karok, Hupa, and their neighbors, which all others, beginning with Kroeber (1908) have grouped with the Northwest Coast. However, Sturtevant in the *Handbook of North American Indians* 1 (n.d.), groups these tribes with central California. Central California also includes the Klamath, which is sometimes classed with the Plateau, for instance, by Spencer and Jennings (1965: map inside front cover); and by Driver along with the Modoc in the same three references cited repeatedly above.

Southern California (group 26) matches all previous schemes except for the inclusion of the Salinan, which has generally been allocated to Central California.

The western Basin (group 24) matches all or most previous schemes very well, and is set off from the eastern Basin (western Plains) because the latter became equestrianized after White contact.

The Southwest subdivisions (groups 27, 31, 32, 33, 34) match the intuitive groups of Kroeber (1939: map 6) very closely, and also those of the statistical analysis made by Kroeber (1940) from Gifford's Culture Element Lists based on 2,636 culture elements. The Seri fall in with the Apacheans at this 36-fold level in our classification, but no one else has put them there. The Lipan are excluded from the other Apacheans, and become a singleton at this level.

Meso-America is the same in the 36-fold scheme as in the 9-fold one, except that the Chichimeca-Jonaz are excluded. The Tarahumara are even retained, which again reflects the late time level and the many diffusions from Meso-America in the historic period.

The details of the tree diagrams (figs. 2–8) speak for themselves in a much more compact form than can be achieved in words.

5. COMPARISON OF VARIOUS CULTURE CLASSIFICATIONS

It was mentioned above that it is possible to compare two different classifications of the same ethnic units by means of a cross-classification table, in which the frequencies entered in the cells are numbers of ethnic units. If two classifications agree exactly, there will be only one number (other than zero) in each row and column. Needless to say, this has not happened yet.

The highest overall correlation so far between any two sets of culture areas is that between Spencer's and

TABLE 7.

Cross-classification of the Spencer-Jennings 10 Intuitive Culture Areas with the 11 of Sturtevant

Sturtevant's 11 Intuitive Areas	Spencer-Jennings 10 Intuitive Areas: Arctic	Sub-Arctic	N.W. Coast	Plateau	Basin	California	Plains	Ultra-Miss.	Southwest	Mexico	Total
Arctic	13	0	0	0	0	0	0	0	0	0	13
Sub-Arctic	0	23	0	0	0	0	0	0	0	0	23
N.W. Coast	0	0	28	1	0	0	0	0	0	0	29
Plateau	0	0	0	17	0	0	0	0	0	0	17
Basin	0	0	0	0	18	3	0	0	0	0	21
California	0	0	5	0	1	34	0	0	1	0	41
Plains	0	0	0	0	0	0	25	1	0	0	26
N.E. U.S.	0	3	0	0	0	0	0	13	0	0	16
S.E. U.S.	0	0	0	0	0	0	0	10	0	0	10
Southwest	0	0	0	0	1	0	0	0	32	1	34
Meso-Amer.	0	0	0	0	0	0	0	0	0	15	15
Total	13	26	33	18	20	37	25	24	33	16	245

Chi-square = 1938 Cramer's coefficient = .879

Jennings's (1965: inside front cover, pp. 120, 154, 170, 215, 230, 274, 289, 339, 385, 397, 406, 437) areas and those of Sturtevant in the *Handbook of North American Indians* 1 (n.d.). The 12 areas of Spencer and Jennings were reduced to 10 (in order to match other 10-fold schemes) by combining their two Sub-Arctic areas and their two Ultra-Mississippi areas. The relationship between the two sets of areas is shown in table 7. The high frequencies of ethnic units fall in the principal diagonal from upper left to lower right. The only area that is identical in the two sets is the Arctic; this area contains the same thirteen ethnic units in both sets, and this number appears in the extreme upper left cell of the table. All other frequencies in the row and column of this cell are zero. The correlation of the two Arctic areas, expressed with a phi coefficient, is 1.00. Several other areas differ by only one ethnic unit in the two sets: Plateau, Plains, and Meso-America. Had we retained the division of Spencer's and Jennings's Ultra-Mississippi into Northeast and Southeast, the fit of the two sets would have been closer. The overall amount of agreement between the two sets is expressed by the Cramér's coefficient of 0.879, a very high value.

The raw frequencies of ethnic units in table 7 are converted to phi coefficients in table 8. It is obvious at a glance that the cells with the high raw frequencies also have high positive phi values. The zeroes mean that the geographical distributions of the areas compared are mutually exclusive.

The Cramér's coeffiecients in this study were computed from a Yale University cross-classification program which uses the Yates correction for continuity. This correction lowers all of these values a few per cent from their magnitudes computed from formulas without this correction. Two recent papers by Grizzle

TABLE 8. Conversion of Table 7 to Phi Coefficients

Sturtevant's 11 Intuitive Areas	Spencer-Jennings 10 Intuitive Areas: Arctic	Sub-Arctic	N.W. Coast	Plateau	Basin	California	Plains	Ultra-Miss.	Southwest	Mexico
Arctic	+1.00	-.07	-.08	-.06	-.06	-.09	-.07	-.07	-.08	-.05
Sub-Arctic	- .06	+.84	-.11	-.08	-.09	-.12	-.10	-.09	-.11	-.08
N.W. Coast	- .08	-.11	+.78	-.04	-.10	-.13	-.11	-.10	-.12	-.09
Plateau	- .05	-.08	-.09	+.90	-.07	-.10	-.08	-.08	-.09	-.06
Basin	- .06	-.09	-.10	-.08	+.80	.00	-.09	-.09	-.10	-.07
California	- .09	-.13	.00	-.11	-.08	+.71	-.13	-.13	-.12	-.10
Plains	- .07	-.10	-.12	-.09	-.09	-.12	+.88	-.05	-.12	-.08
N.E. U.S.	- .05	-.06	-.09	-.06	-.07	-.10	-.08	+.58	-.09	-.06
S.E. U.S.	- .04	-.06	-.07	-.04	-.05	-.08	-.06	+.58	-.07	-.04
Southwest	- .08	-.12	-.14	-.10	-.06	-.15	-.12	-.12	+.74	-.04
Meso-Amer.	- .05	-.08	-.09	-.06	-.06	-.10	-.08	-.08	-.09	+.91

(1967) and by Lewontin and Felsenstein (1965) show that the probabilities derived from these measures are more accurate without the Yates correction. Therefore, all of these values computed for the first time for this monograph are a little too low. We discovered this discrepancy after the program had been run and decided it was not serious enough to write a new program and rerun the data.

Table 9 (after Driver *et al.,* 1972: table 11) gives the lowest overall relationship between two sets of culture areas so far discovered, that between Kroeber's seven intuitive areas and the seven principal statistical groups obtained by Driver *et al.* from Murdock's (1967) sample. This relationship is expressed by a Cramér's coefficient of only 0.244. A glance at the raw frequencies in this table show them to be much more scattered than those of table 7. Had we computed the individual phi coefficients for each cell, these would have shown no high values comparable to those in the principal diagonal of table 8.

In all of the cross-classification tables in this monograph, some of the expected frequencies are too low to be used for a significance test, and the Cramér's co-

TABLE 9. Cross-classification of Kroeber's 7 Intuitive Culture Areas with the 7 Principal Statistical groups from Murdock's Sample

Kroeber's 7 Intuitive Culture Areas	7 Statistical Groups from Murdock's Sample: 1	2	3	4	5	6	7	Total
A Arctic Coast	9	6	0	0	0	0	0	15
NW Northwest Coast	0	34	0	0	0	0	0	34
SW Southwest	19	0	2	0	5	0	14	40
I Intermediate	80	11	0	0	0	0	0	91
E Eastern	25	1	0	0	10	13	1	50
N Northern	18	9	0	0	1	0	0	28
M Mexico	2	0	0	2	0	0	7	11
Total	153	61	2	2	16	13	22	269

Chi-Square = 394 Cramér's Coefficient = .244

TABLE 10. Reduction of Table 9 for significance test

Kroeber's 7 Intuitive Culture Areas	Our 7 Principal Statistical Groups: 1	2	3-5-6	4-7	Total
A-NW	9	40	0	0	49
SW-M	21	0	7	23	51
I	80	11	0	0	91
E	25	1	23	1	50
N	18	9	1	0	28
Total	153	61	31	24	269

Chi-Square = 277 Cramér's Coefficient = .343

efficients are to be regarded as descriptive rather than as an accurate reflection of the probabilities involved. In order to demonstrate that all of these coefficients are probably statistically significant, table 9 has been reduced in table 10 by combining areas in such a way as to raise the expected frequencies high enough to make an accurate significance test. From table 10 it is apparent the chi-square is lowered but, because the degrees of freedom are reduced from 36 to 12, the probability of it occurring by an accident of sampling is too low to appear in conventional tables but is estimated at about one in a billion, a very high level of significance. If the table with the lowest Cramér's coefficient is significant by so wide a margin, it is obvious that all other such tables would pass a significance test if collapsed in a parallel manner. Note that the Cramér's coefficient in table 10 is raised by the collapsing technique.

Table 11 assembles the Cramér's coefficients showing the relationships among seven culture area classifications, two of which are statistically determined and the remaining five intuitively determined. The means in the bottom row reveal that the classification of Sturtevant for the *Handbook of North American Indians* correlates highest on the average with the others, but only by a small margin. Of more importance is the contrast between the statistically determined areas from Murdock's sample, which correlate on the average only 0.30 with the other schemes, and the statistically determined groups from the Driver-Massey sample, which average 0.60, exactly twice as high. Again this reflects the greater emphasis on material culture and technology on the part of the intuitive classifiers.

Murdock (1968) gives 36 intuitive culture provinces for North America, plus the Mayans which he puts in South America. A cross-classification of these with the 36 statistical groups of the Driver-Massey sample (table 6, map 3) yields a Cramér's coefficient of 0.50. This is almost identical with the correlation of Murdock's 34 intuitive groups with the 35 statistical groups from Murdock's sample (map 4) which is 0.49 (Driver *et al.*, 1972: p. 324). Both of these are higher than

TABLE 11. Cramér's Coefficients Among Various Culture Area Classifications

	10 Statistical Areas, Murdock's Sample	9 Statistical Areas, Dr.-Mas. Sample	Driver's 10 Intuitive Areas	Murdock's 10 or 11 Intuitive Areas	Spen.-Jen.'s 10 Intuitive Areas	Kroeber's 7 Intuitive Areas	N.A. Handbook 11 Intuitive Areas
10 Statistical Areas, Murdock's Sample		.29	.35	.37	.27	.24	.28
9 Statistical Areas, Dr.-Mas. Sample	.29		.69	.53	.69	.71	.70
Driver's 10 Intuitive Areas	.35	.69		.65	.76	.64	.79
Murdock's 10 or 11 Intuitive Areas	.37	.53	.65		.60	.86	.56
Spen.-Jen.'s 10 Intuitive Areas	.27	.69	.76	.60		.52	.88
Kroeber's 7 Intuitive Areas	.24[1]	.71	.64	.86	.52		.84
N.A. Handbook 11 Intuitive Areas	.28	.70	.79	.56	.88	.84	
Means	.30	.60	.65	.60	.62	.64	.68

1. Derived from 7 statistical groups from Murdock's Sample.

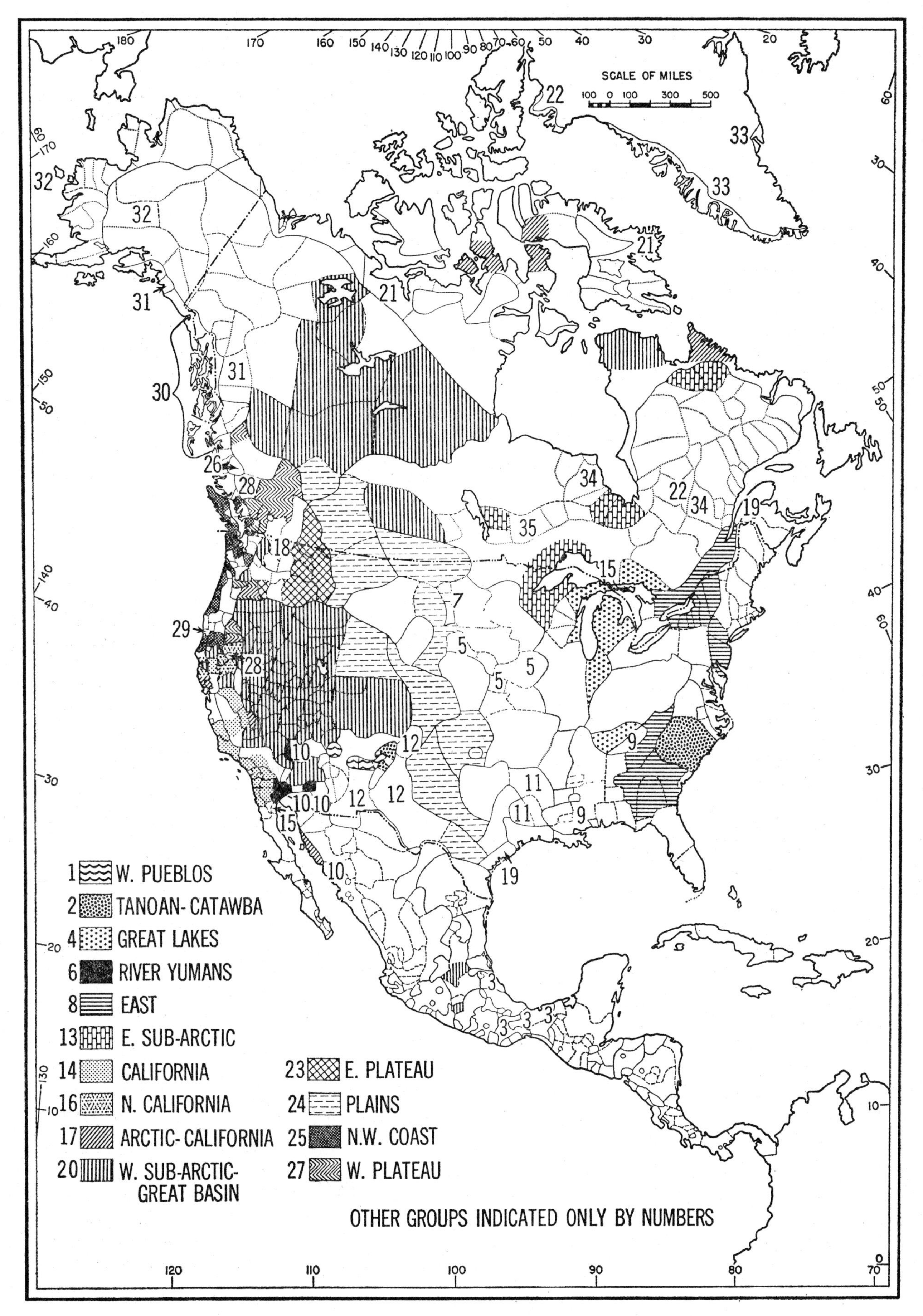

MAP. 4. **Thirty-five principal** statistical groups from Murdock's sample.

the correlation of the two sets of statistical groups, which is only 0.38. This is another example where larger numbers of groups match less well than smaller numbers.

6. COMPARISON OF LANGUAGE AND CULTURE CLASSIFICATIONS

Driver (n.d.) has already written a concise statement on the relation of language groups to culture groups in native North America. We cannot improve on this and will quote and paraphrase it at length, but table numbers will be altered to follow the sequence of earlier tables in this monograph, table captions altered a little to conform to the terminology of this paper, and the new data of this monograph added.

Any discussion of the relation of linguistic groups to culture groups must be concerned with the nature of the language bearing unit and the culture bearing unit. In most cases language units are easier to define and distinguish because, when two or more languages come in contact, speakers almost always use one or the other rather than a blend of two or more. This is not true of culture bearing units, which we shall call ethnic units, because their cultures are less structured than their languages, are more volatile, and often blend so rapidly that, without the help of linguistic and other evidence, it would be impossible to reconstruct the earlier cultures that became blended.
Fortunately in native North American language units and ethnic units correspond fairly closely because field workers have tended to equate them. Therefore most distinct ethnic units are also distinct language units. The most glaring exceptions to this somewhat over-simplified statement occur in the Arctic, Sub-Arctic, and Great Basin areas. In the Arctic the Central-Greenlandic Eskimo language extends in a chain of mutual intelligibility all the way from about the mouth of the Yukon river in Alaska to east Greenland. In the Sub-Arctic area the Cree-Montagnais-Naskapi language is spread from Alberta to Labrador. In the Great Basin area the Shoshoni language extends from California to Wyoming to Texas (Comanche). Where single languages cover such wide territories, ethnographers invariably find significant differences in the cultures in the parts of these territories and assign separate labels to them. Although genetic language classification is controversial to the specialists engaged in refining it, it is more objective than present classifications of cultures into areas, provinces, or clusters (Driver, n.d.).

The Voegelins' (1966) nine language phyla are compared with each of the culture area classifications by means of Cramérs' coefficient in table 12.

This is the only comparison in which the statistically determined culture areas from Murdock's sample correlate higher than the statistically determined culture areas from the Driver-Massey sample. Perhaps the largely non-material inventory of the Murdock sample, which is more heavily dependent on language first for its enculturation, and later for its maintenance in a living culture, lends some assurance that the difference between the two samples in relation to language is a real one and not just a happenstance or an artifact of the statistical techniques used.

TABLE 12.

Comparison of the Voegelins' (1966) nine Language Phyla with Various Culture Area Classifications.

Kroeber's 7 intuitive culture areas	.61
Kroeber's 7 levels of cultural intensity	.54
9 statistical culture areas, Murdock's sample	.47
Sturtevant's 11 intuitive culture areas, Handbook of North American Indians	.40
Murdock's 11 intuitive culture areas, Mayans added to original N. American Sample	.37
Driver's 10 intuitive culture areas	.35
Spencer's and Jennings' 10 intuitive culture areas	.32
9 statistical culture areas, Driver-Massey sample	.32
Mean	.42

It should again be cautioned that smaller numbers of groups tend to give higher Cramér's coefficients. This artifact of the technique employed may account for the higher correlation of Kroeber's two 7-fold groups with language, especially when one of the groups is cultural intensity (evolutionary rank).

Because the first is the highest value in the list we give the entire cross-classification in table 13. The frequencies in this table are numbers of languages, dialects, and/or ethnic units and the sample is that of Murdock (1967).

In table 14 each cell in table 13 has been opposed to all the other cells to form 63 2×2 tables, and a phi coefficient computed for each. In table 15 is given a simple frequency distribution of the phis in table 14. There is only one perfect relationship, that between the Arctic culture area and the Arctic-Paleosiberian language phylum. However, the modest number of high and medium positive values is enough to produce the relatively high Cramér's coefficient of 0.611. Where no languages or ethnic units are shared by a phylum and an area, the phi value is not a perfect negative (−1.00) but a low negative (00 to −0.29). These low negatives make up 73 per cent of the phis because most language phyla and culture areas share no common languages or ethnic units. All other cross-classification tables between language and culture would show at least a few statistically significant phi values. Those with high Cramér's coefficients would show more significant phis than those with low Cramér's coefficients.

In the section immediately above we collapsed one cross-classification table into fewer categories to make

TABLE 13. Cross-Classification of Kroeber's 7 Culture Areas and the Voegelins' 9 Language Phyla.

	Arctic-Paleosiberian I	Na-Dene II	Macro-Algonquian III	Macro-Siouan IV	Hokan V	Penutian VI	Aztec-Tanoan VII	Undetermined, Other VIII	Oto-Manguean IX	Total
A Arctic Coast	16	0	0	0	0	0	0	0	0	16
NW Northwest Coast	0	6	2	0	1	7	0	18	0	34
SW Southwest	0	6	0	0	13	1	16	5	0	41
I Intermediate	0	5	0	0	10	16	46	14	0	91
E Eastern	0	1	21	21	1	0	5	2	0	51
N Northern	0	15	13	0	0	0	0	0	0	28
M Mexican	0	0	0	0	0	4	3	1	4	12
Total	16	33	36	21	25	28	70	40	4	273

Chi-square = 1001. Cramér's f^2 = .611

a test of statistical significance, and the table easily passed the test.

Does the above test prove that the relationships in the cross-classification tables so far are linguistically and culturally significant? The answer is an unequivocal no. Driver (1966: p. 158) combined some states in the United States and provinces in Canada and obtained a statistically significant correlation between Indian kin avoidances and these modern political units. It should be remembered that none of the groupings of languages or cultures compared in this paper are geographically random to begin with. All such groups tend to cluster in continuous or near-continuous patches. When two sets of such non-random clusters are compared, it is inevitable that the over all relationship will be positive and statistically significant. This is as true for the inanimate rocks and soils of geologists and geographers, and the animate fauna and flora of biologists, as it is for language and human culture. Therefore there need be no causal relationship between a language group and a culture group for the two to be coterminous or to show a significant overlap in geographical distribution. Such a relationship is a matter of geography and history, either a common social inheritance of a modern language and culture from an ancient proto language and proto culture, or common migration to a new region and parallel change in culture and perhaps some diffusion of language as well as culture among members of the same family or phylum. An indefinite amount of historical speculation could be written about the relations of language and culture groups, but it is sufficient in this section to refer the reader to Taylor (1961), where archeological groups are compared with linguistic groups (Driver, n.d.).

Driver and Sanday (1966: pp. 172–173) gave a 50 × 50 table of phi coefficents between certain aspects of social structure, kin avoidances, language families, and culture areas. Those between language families and culture areas are presented again in table 16. They are based on 277 language and/or culture units, most of which appear in the Murdock and Driver-Massey samples. These phis in table 16 based on language families are comparable to those of table 14 based on language phyla. Most culture areas show at least one substantial positive relationship to a language family and some two or three. Similarly, all language families have one or more substantial positive relationships to culture areas. Had the number of culture areas

TABLE 14. Phi Coefficients Between Kroeber's 7 Culture Areas and the Voegelins' 9 Language Phyla.

	I Arctic-Paleosiberian	II Na-Dene	III Macro-Algonquian	IV Macro-Siouan	V Hokan	VI Penutian	VII Aztec-Tanoan	VIII Undetermined, Other	IX Oto-Manguean
A Arctic Coast	+1.00	-.09	-.10	-.04	-.04	-.08	-.15	-.10	-.03
NW Northwest Coast	-.09	+.06	-.08	-.09	-.08	+.13	-.22	+.41	-.05
SW Southwest	-.11	+.03	-.16	-.12	+.33	-.11	+.13	-.03	-.05
I Intermediate	-.16	-.21	-.27	-.20	+.04	+.17	+.40	+.01	-.09
E Eastern	-.12	-.15	+.41	+.60	-.12	-.16	-.17	-.15	-.06
N Northern	-.08	+.43	+.33	-.10	-.11	-.11	-.20	-.14	-.04
M Mexican	-.05	-.06	-.08	-.06	-.07	+.16	.00	-.04	+.57

TABLE 15.

Frequency Distribution of Correlations (Phis) Among Kroeber's 7 Culture Areas and the Voegelins' 9 Language Phyla.

Range			
+.91	to	1.00	1
+.81	to	.90	0
+.71	to	.80	0
+.61	to	.70	1
+.51	to	.60	1
+.41	to	.50	3
+.31	to	.40	3
+.21	to	.30	0
+.11	to	.20	4
+.01	to	.10	4
00	to	-.09	23
-.10	to	-.19	18
-.20	to	-.29	5
Total			63

been reduced, the high positive correlations would have been higher. The frequency distribution of these relationships in table 17 shows that most phi values are in the low negative range because most combinations of language families and culture areas share no languages or "tribes" at all. This parallels the results from comparing language phyla and culture groups.

Driver *et al.* (1972) also compared all of the Voegelins' (1966) language families present in Murdock's (1967) sample with the same number of statistically determined culture groups from the same sample. There were 55 language families, including singletons (language isolates), and these were compared with 55 culture "groups," about half of which were singletons. The Cramér's coefficient for this 55 × 55 table was only 0.29, a relatively low value. The explanation seems to be that as groups become more numerous and contain fewer and fewer members each, in this case about half singletons, they do not match each other as well. They are more nearly random than larger geographical groups. This would also seem to apply to any geographical clusters as well as to language and culture.

With the Mayans added in the Driver-Massey sample, the number of language families is 56. A comparison of these with 56 statistically determined culture groups (table 18) gives a Cramér's coefficient of 0.33, a low value comparable to that in the paragraph above from the Murdock sample.

Driver (1966: pp. 144–147) gave a detailed set of

TABLE 16. Correlations (phis) among Driver's (1961) Culture Areas and Selected Language Families (Driver and Sanday 1966:172-73).

Driver's (1961) 14 Culture Areas	Selected Language Families									
	Salish	Uto-Aztec	Esk-Aleut	Algonkian	Caddoan	Wakashan	Athapaskan	Muskogean	Siouan	Mayan
Plateau	+.45	-.11	-.06	-.09	-.03	-.04	-.09	-.03	-.06	-.04
Great Basin	-.10	+.66	-.06	-.10	-.04	-.04	-.10	-.03	-.07	-.05
W. Arctic	-.05	-.06	+.67	-.05	-.02	-.02	-.05	-.02	-.04	-.03
C.-E. Arctic	-.06	-.07	+.73	-.06	-.02	-.02	-.06	-.02	-.04	-.03
Southwest	-.13	+.12	-.09	-.13	-.05	-.06	+.03	-.05	-.09	-.07
E. Sub-A.	-.08	-.09	-.05	+.64	-.03	-.03	-.08	-.03	-.05	-.04
N.W. Coast	+.47	-.17	-.09	-.14	-.05	+.37	+.02	-.05	-.10	-.07
Yukon Sub-A.	-.06	-.07	-.04	-.06	-.02	-.02	+.45	-.02	-.04	-.03
Mac. Sub-A.	-.07	-.08	-.04	-.07	-.03	-.03	+.54	-.02	-.05	-.03
East	-.08	-.10	-.05	+.07	+.21	-.04	-.09	+.51	-.06	-.04
Plains	-.08	+.07	-.05	+.16	-.03	-.04	+.06	-.03	+.15	-.04
Prairies	-.11	-.13	-.07	+.26	+.24	-.05	-.11	-.04	+.59	-.05
California	-.13	+.01	-.08	-.13	-.05	-.05	-.06	-.04	-.09	-.06
Meso-Amer.	-.10	-.04	-.06	-.10	-.04	-.04	-.10	-.03	-.07	+.60

historical inferences about the relation of kin avoidances to language families. He proceeded negatively by starting with the language families that had few instances of kin avoidances among the member languages and found that such instances tended to be geographically close to ethnic units belonging to other language families where kin avoidances were frequent. From this evidence he inferred diffusion of kin avoidances by means of intermarriages from the language families where they were frequent to those where they were infrequent. In the end he assumed that the four language families where kin avoidances were the most frequent were the donors of this syndrome to the peoples of the other language families where it was less frequent. Driver also postulated four independent origins for the phenomena. He deliberately pushed this historical reconstruction to its logical extreme in order to challenge the commentors, but none responded to the challenge and criticized the method. He assumed that a nineteenth-century correlation in geographical space reflected time depths of thousands of years and that the avoidance syndromes had been a part of the protocultures associated with the protolanguages of these few language families.

In rethinking this method of historical inference, it seems less tenable than Driver and the commentors thought in 1966. A combination of glottochronology

TABLE 17.

Frequency Distribution of Correlations (Phis) among Driver's (1961) Culture Areas and Selected Language Families (Driver and Sanday 1966:172-73).

+.71	to	.80	1
+.61	to	.70	3
+.51	to	.60	4
+.41	to	.50	3
+.31	to	.40	1
+.21	to	.30	3
+.11	to	.20	3
+.01	to	.10	6
.00	to	-.09	98
-.10	to	-.19	18
Total			140

TABLE 18

56 STATISTICAL GROUPS, DRIVER-MASSEY 1957 SAMPLE. BRIDGE AT 0.611 GIVES 56 GROUPS WITH SINGLETONS INCLUDED.

1. Central-Eastern Arctic: Labrador, Polar Eskimo, Angmagsalik, Greenlandeea, Baffinland, Iglulik, Caribou Eskimo, Copper Eskimo.
2. Nunamiut, Tareumiut.
3. Nunivak.
4. Aleut.
5. Chugach, Eyak.
6. Tanaina.
7. Ingalik.
8. Tlingit, Haida.
9. Central Northwest Coast: Tsimshian, Haisla, Bellabella, Bellacoola, Nootka, Kwakiutl, Cowichan, Comox, Klahuse, Lummi, Squamish, Twana, Stalo, Puyallup, Klallam, Makah, Quileute, Quinault.
10. Southern Northwest Coast: Chinook, Tillamook, Siuslaw, Alsea, Coos, Tututni, Tolowa.
11. Wishram.
12. Plateau: Shuswap, Chilcotin, Lillooeet, Coeur D'Alene, Kalispel, Sanpoil, Sinkaietk, Thompson, Wenatchi, Klikitat, Tenino, Umatilla.
13. Nez Perce.
14. Kutenai, Flathead.
15. Carrier, Alkatcho.
16. Nabesna, Tahltan, Kaska.
17. Mackenzie Sub-Arctic: Kutchin, Sekani, Beaver, Slave, Dogrib, Satudene, Chipewyan.
18. Eastern Sub-Arctic: Naskapi, Montagnais, E. Cree, Attawapiskat, N. Salteaux, Pekangekum, Chippewa, Rainy River, Ojibwa, Nipigon, Ottawa, E. Objibwa, Katikitegon.
19. Micmac, Penobscot.
20. Iroquois, Huron.
21. Santee.
22. Lake Michigan: Menomini, Fox, Winnebago, Potawatomi.
23. Miami, Shawnee.
24. Delaware.
25. Southeast: Creek, Seminole, Cherokee, Choctaw, Yuchi, Timucua, Natchez, Catawba.
26. Caddo, Hasinai.
27. Central Prairies: Oto, Iowa, Ponca, Omaha.
28. Prairies: Hidatsa, Mandan, Arikara, Pawnee, Wichita.
29. Plains: Comanche, Kiowa-Apache, Kiowa, Teton, Cheyenne, Arapaho, Crow, Assiniboin, Gros Ventre, Blackfoot, Blood, Piegan.
30. Sarsi.
31. Plains Cree, Bungi.
32. Wind River, Hukundika.
33. Bohogue, Agaiduka.
34. Uintah, Uncompahgre, S. Ute.
35. Northern California: Klamath, Modoc, Achomawi, Atsugewi, Takelma, Shasta, Wintu, Chimariko, Sinkyone, Lassik, Mattole, Wiyot, Hupa, Yurok, Karok.
36. Central California: Yana, Patwin, Wappo, S. Pomo, E. Pomo, N. Pomo, Lake Miwok, Nomlaki, Yuki, Huchnom, Coast Yuki, Maidu, Nisenan, Miwok, Monachi, Wukchumni, Yokuts, Lake Yokuts.
37. Western Basin: San Juan, Kaibab, Shivwits, Gosiute, Spring Valley, White Knife, Wadadokado, Kidutokado, Kuyuidokado, Washo.
38. Southwestern Basin: E. Mono, Panamint, Kawaiisu, Tubatulabal.
39. Chemehuevi.
40. Chumash, Gabrielino, Salinan.
41. Southern California: Serrano, Kamia, Diegueno, Luiseno, Cupeno, Cahuilla, Kiliwa.
42. Seri.
43. Karankawa.
44. Lipan.
45. Jicarilla.
46. Mescalero, W. Apache, Chiricahua.
47. Navajo.
48. Desert Yumans: Havasupai, Walapai, Yavapai, Keweyipaya, Tolkepaya.
49. River Yumans: Mohave, Yuma, Cocopa, Maricopa.
50. Pima, Papago.
51. Yaqui.
52. Pueblos: Zuni, Hopi, Laguna, Acoma, Sia, Cochiti, Santa Ana, Isleta, Picuris, Taos, Jemez, Tewa.
53. Chichimec.
54. Tarahumara, Huichol.
55. Meso-America: Chorti, Totonac, Mixe, Chinantec, Mazateco, Zapotec, Huave, Tarasco, Aztec, Tlaxcalans, Popoluca.
56. Mayans: Yucatec Maya, Lacandon, Quiche, Mam.

and archaeology suggests that many migrations of language-bearing groups are fairly recent. For instance, the Numic speakers of the Great Basin are regarded as having occupied that area for only about 1,000 years, with their earlier homeland in southern California. The association with and adaptation to the extreme form of Desert Culture in the Basin area are quite recent and do not reflect a persistence of proto-Numic or proto-Uto-Aztecan culture in that area for thousands of years. Historical inferences about relations of language groups and culture groups will be saved for a later section.

7. LANGUAGE AND CULTURE PROXIMITY

Languages and cultures may be compared by means of proximity coefficients between pairs of languages and corresponding pairs of cultures. This was first done by Jorgensen (1969) and a little later by Driver (n.d.). Both used the percentage of cognate words shared as a measure of linguistic proximity and the percentage of culture traits shared as a measure of cultural proximity. The percentage of cognate words shared was first used by S. A. Barrett (1908) in comparing Pomo languages and dialects, but was not used again until M. Swadesh did so in 1950 and sparked a new method of historical inference called glottochronology. Jorgensen and Driver used the *G* coefficient of Driver (Driver and Kroeber, 1932) as a measure of culture proximity. In this monograph the well known phi coefficient has been used as a measure of culture proximity. Driver *et al.* (1972) found that the correlation between *G* and phi for the 37,128 intertribal correlations in the Murdock (1967) sample was 0.975 for both curvilinear eta coefficients and 0.974 for linear *r*. With such a high correlation between these two measures of culture proximity (*G* and phi) it made little difference which was used to compare with language proximity.

In the present monograph, employing the Driver-Massey (1957) sample, we have used only phi but, because the phi maxima are so high, G values should correlate about as high with phi as they did for the Murdock (1967) sample used by Driver *et al.* (1972).

The relations of language and culture for three language families is shown in as many figures: Athapaskan, fig. 10; Salish, fig. 11; Uto-Aztecan, fig. 12. Table 19 compares the eta values for these relations from the Murdock (1967) sample and the Driver-Massey (1957) sample.

We cannot think of any explanation for the differences between the two samples, and why the Driver-

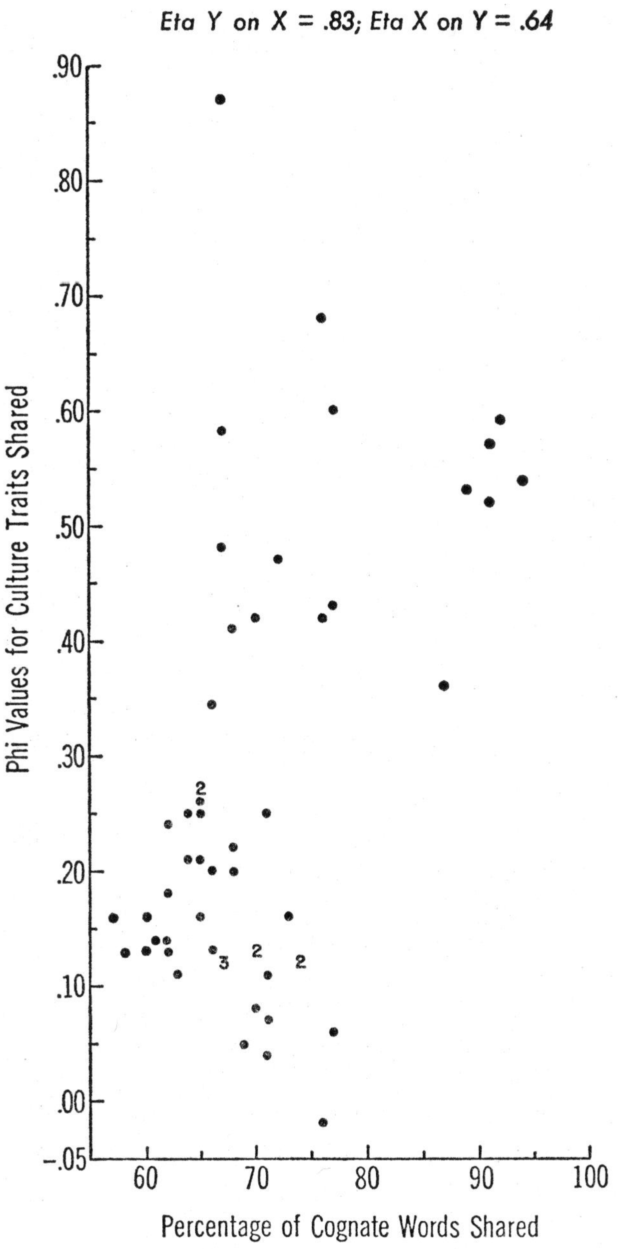

Eta Y on X = .83; Eta X on Y = .64

Phi Values for Culture Traits Shared

Percentage of Cognate Words Shared

FIG. 10. Athapaskan language and culture.

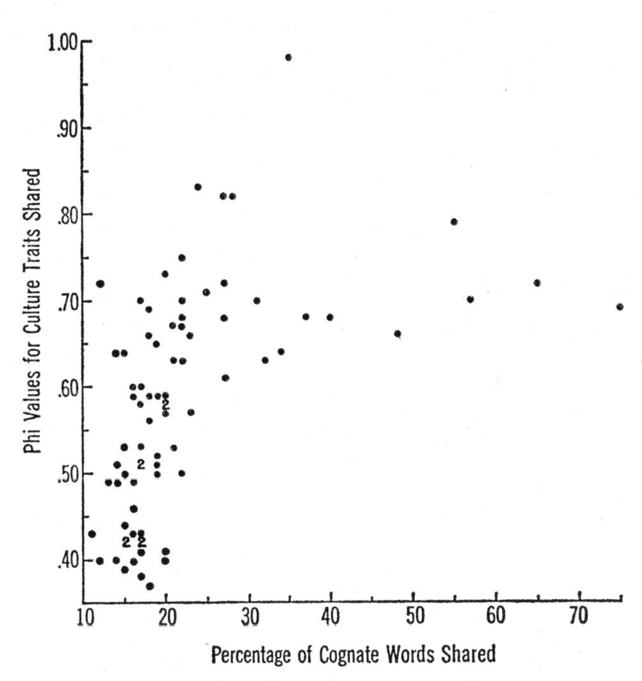

FIG. 11. Salish language and culture.

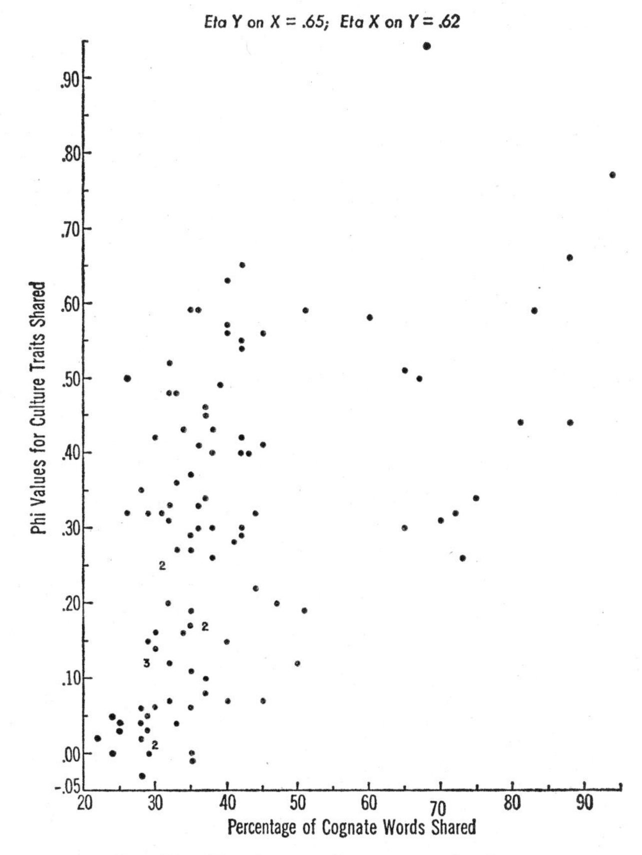

FIG. 12. Uto-Aztecan language and culture.

TABLE 19. Language and Culture Proximity

	Murdock	Driver-Massey
Athapaskan		
Eta Y on X	.55	.83
Eta X on Y	.51	.64
Salish		
Eta Y on X	.59	.65
Eta X on Y	.56	.73
Uto-Aztecan		
Eta Y on X	.71	.65
Eta X on Y	.74	.62

Massey sample should give higher values for Athapaskan and Salish and lower for Uto-Aztecan. At any rate, every sample of culture tested so far, including that of Jorgensen (1969) for the Salish, shows a substantial and easily significant curvilinear correlation between language proximity and culture proximity. Driver (n.d.) showed that when two or more language families from different phyla are compared, the relation between language and culture proximity becomes lower and lower as the number of language families increases because there are no cognate words shared by languages in separate phyla.

8. COMPARISON OF CLASSIFICATIONS OF PHYSICAL TYPE, CULTURE, AND LANGUAGE

Georg Neumann never gave in any detail in writing the data on which his classification of 15 physical types was based, and never published his map, which is included here as map 5. This map was completed about 1968. It refers to the historic period, but the time at which the types differentiated or perhaps entered North America from Asia is divided into three periods: Paleo-amerind, Meta-Amerind, and Cenoamerind. Two of Neumann's types are so rare that they do not appear in the sample of 245 tribes used in this monograph, thus reducing his number for comparison to 13. The circles representing minority types were ignored and only the majority type in each tribal territory was coded. The following list gives the Cramér's coefficients showing the relation of these physical types to culture classifications.

The mean value of 0.42 is identical to that found in the section above for the correlation of the nine language phyla with the same culture classifications. The Cramér's coefficient between physical types and language phyla is 0.44. The two means and this last value are close together and in the lower half of the range of Cramér's statistic. This suggests a gratifying degree of independence of Neumann's physical classification from those of culture and language. As pointed out above, it would be impossible for two classifications made up largely of continuous or near-continuous areas not to show a substantial correlation high enough to pass a significance test when the cross-classification table is collapsed enough to raise expected frequencies high enough for a chi-square test. This artifact of areal classification tends to inflate all values of Cramér's measure. Therefore, Neumann's physical classification shows no bias in favor of either language or culture and is as independent of both as they are of each other.

Because the relation of physical type is highest with Kroeber's 7 intuitive culture areas, the entire cross-classification is given in table 21. The highest relationship between a single culture area and a single physical type is that between the Arctic and the Inuitid, where 12 out of 13 Inuitids are found in the Arctic, and 12 out of 13 Arctic dwellers are Inuitids (table 21). The phi value between Arctic and Inuitid is 0.92. The second highest relationship is between the Mexican area and the Unicids, but it is much lower, 0.67. If we go back to table 14, we see that the correlation between the Arctic culture area and the Arctic-Paleo-siberian language phylum is perfect, 1.00; while that between the Mexican culture area and the Oto-Manguean phylum is only 0.57. Other comparisons between physical type, language phylum, and culture area will all be found to be much lower than in the Arctic, where all three match each other almost perfectly.

When race, language, and culture are all three so highly correlated, this suggests that they are likely to have been associated over a long period of time and to have stemmed from a single social group that was the bearer of the protorace, the protolanguage, and the protoculture. Archaeological evidence has traced proto-Eskimo culture back to about 2,000 B.C. (Bandi, 1969: p. 198). From glottochronology the split-off of the

TABLE 20.

Relation of Neumann's Physical Types to Various Culture Classifications.

Kroeber's 7 intuitive culture areas	.53
Sturtevant's 11 intuitive culture areas, Handbook of North American Indians	.48
Spencer's and Jennings' 10 intuitive culture areas	.47
Driver's 10 intuitive culture areas	.46
9 statistical culture areas, Driver-Massey sample	.45
Murdock's 11 intuitive culture areas	.36
Kroeber's 7 levels of culture intensity	.33
10 statistical culture areas, Murdock's sample	.27
Mean	.42

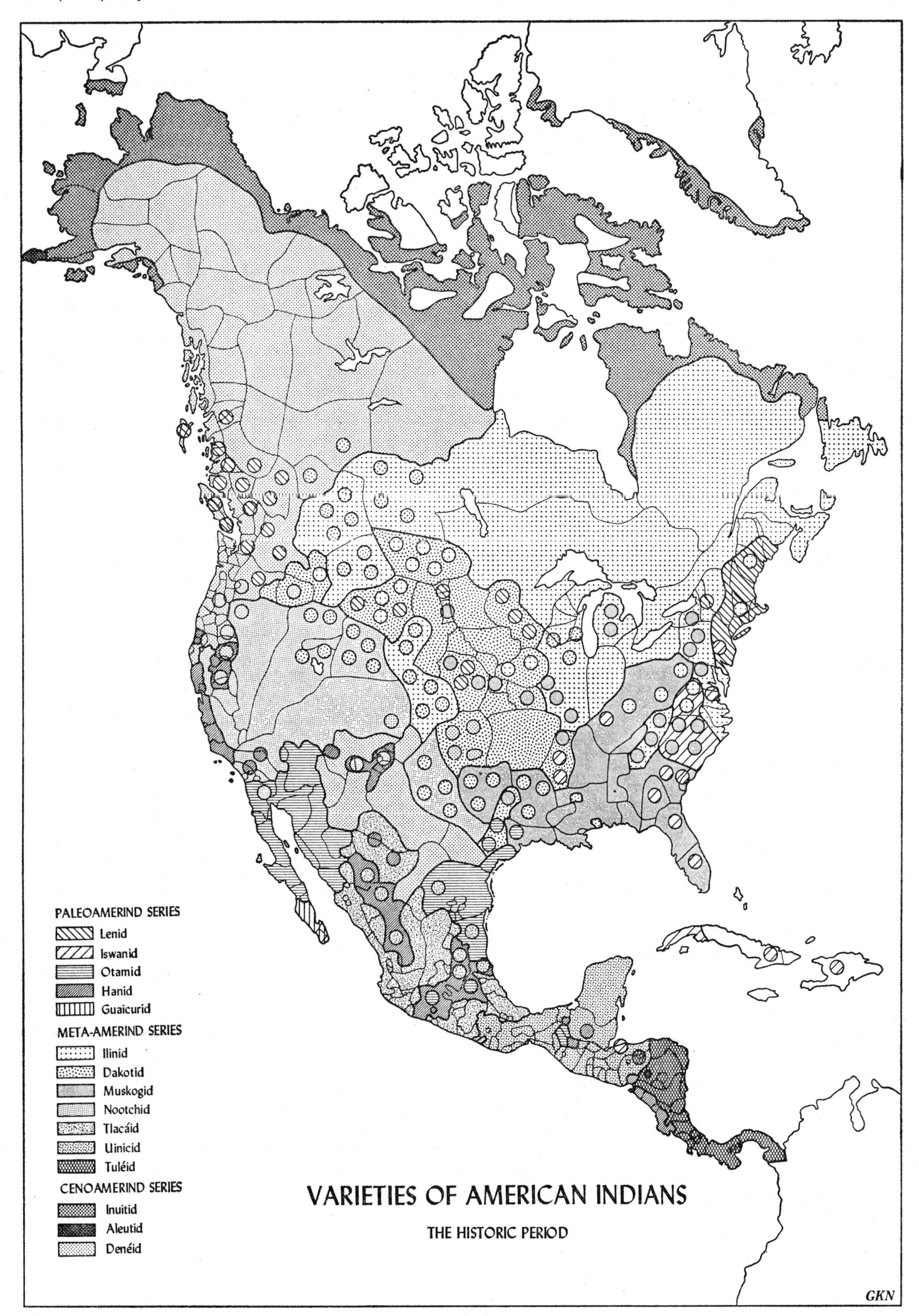

MAP. 5. Neumann's fifteen varieties of American Indians. Courtesy of Holm Neumann.

TABLE 21. Cross-classification of Kroeber's 7 Culture Areas and Neumann's 13 Physical Types

Kroeber's 7 Culture Areas	Inuitid	Aleutid	Deneid	Illinid	Dakotid	Lenid	Muskogid	Iswanid	Nootchid	Hanid	Otamid	Tlacaid	Unicid	Total
Arctic	12	1	0	0	0	0	0	0	0	0	0	0	0	13
N.W. Coast	1	0	31	0	0	0	0	0	0	2	0	0	0	34
Northern	0	0	15	12	0	0	0	0	0	0	0	0	0	27
Eastern	0	0	1	18	13	2	10	1	3	0	1	0	0	49
Intermediate	0	0	18	1	3	0	0	0	30	13	0	0	0	65
Southwest	0	0	6	0	0	0	0	0	6	14	14	0	0	40
Mexican	0	0	0	0	0	0	0	0	0	3	0	6	8	17
Total	13	1	71	31	16	2	10	1	39	32	15	6	8	245

Chi-square = 783. Cramer's coefficient = .532

Eskimo-Aleut language family from the Chukotian family in Siberia goes back to about 2500 B.C. (Swadesh, 1962). Although skeletal remains are lacking from this period of four or five thousand years ago, the most likely physical type would seem to be Neumann's Inuitid.

The extreme geographical environment in the Arctic makes it possible to reconstruct a survival kit for the earliest occupants of the Arctic coast and Aleutian Islands. These people must have had tailored fur clothing, a warm house such as a pit house, a harpoon for taking sea mammals, an oil lamp for heat and light, and hide boats. These essentials of culture had to be possessed by the earliest inhabitants of the Aleutians because they could not have reached the islands or survived there without them. They were dispersed throughout the American Arctic by migration rather than diffusion. Diffusion calls for pre-Eskimos and pre-Aleuts already in the Arctic patiently waiting for these items to be relayed to them in trade from the outside. Such could not have been the case. They were possessed by the first proto-Eskimos and proto-Aleuts and were dispersed by migration, largely from west to east.

Where archaeological, linguistic, and biological evidence are unavailable for historical postdictions, the culturalist has no sure way of inferring time depths. The statistics displayed so far have aided in giving the gross relations between classes of race, language, and culture in the historic period but, for the most part, cannot postdict such relations back more than a few centuries. More attention to time depth will be given in the next section on intertrait correlations.

III. INTERTRAIT CORRELATIONS

9. FREQUENCY DISTRIBUTION; SIGNIFICANCE LEVELS

The intertrait correlations among the 392 traits total 76,636. They range from −0.810 to +1.000, and their mean is 0.006. Their frequency distribution is given in table 22. The modal category is −0.095 to +0.004. This piling up in the low negative range is due in part to the more skewed dichotomies in many of the two by two tables, and to many phi maxima that are far lower than those for intertribal correlations. These intertrait correlations show much greater variability than the ones computed by Coult and Habenstein (1965) from Murdock's (1957) sample. A frequency distribution of the latter is given in Driver (1970; p. 27), and the range is from −0.37 to +0.48.

Significance levels are not critical for such a large number of phis where the total number of cases is 245 ethnic units, but they are as follows:

0.125 significant at 0.05 level
0.149 significant at 0.02 level
0.164 significant at 0.01 level
0.210 significant at 0.001 level

TABLE 22.

Frequency Distribution of Intertrait Phi Coefficients

-.895 to - .794	1
-.795 to - .694	4
-.695 to - .594	23
-.595 to - .494	94
-.495 to - .394	308
-.395 to - .294	1132
-.295 to - .194	4059
-.195 to - .094	13607
-.095 to + .004	28712
+.005 to + .104	10812
+.105 to + .204	8097
+.205 to + .304	4901
+.305 to + .404	2590
+.405 to + .504	1102
+.505 to + .604	632
+.605 to + .704	315
+.705 to + .804	119
+.805 to + .904	49
+.905 to +1.000	11
Total	76636
Mean .006	

These ethnic units are not a random sample from a very large universe because they constitute well over half of those well enough reported on to be used in such a study as this. However, one may regard the Indian informants from which the data were obtained as a representative, but not strictly random, sample of a much larger universe of informants. Sampling theory has some relevance when thought of in these terms.

As a substitute for the entire matrix, which is much too large to print, the positive correlations above about 0.500 have been skimmed off the top fourth of the scale and will be displayed as groups or clusters of traits obtained by the same tree-diagram program of Jorgensen (1969) that was used for the groups of tribes given above. At a bridge of 0.500, 209 trait groups remain, of which 154 are singletons and 55 are groups of two or more traits. These 55 groups contain a total of 238 traits, well over half the total number. They fall astride the principal diagonal of self relationships running from upper left to lower right in the ordered intertrait correlation matrix.

The distance apart of two traits in the sequence of the ordered matrix is a rough index of the correlation between them. Thus two traits adjacent to each other in the sequence nearly always correlate positively with each other, and this value is often the highest relationship that either possesses. As the distance apart in the ordered sequence increases, the positive correlations become lower until zero is reached, and then tend to increase in negative magnitude as the distance apart becomes still greater. For this reason a list of all the traits in the sequence of the ordered matrix is given in table 23, with the groups of two or more indicated by underlining and also by Arabic numerals.

TABLE 23. Traits in Sequence of Ordered Matrix. (Trait Key in Appendix A)

Traits connected by underlining form the 55 groups of 2 or more traits each, which are designated by Arabic numerals in parentheses.

377 39 182 80 (1) 47 239 188 144 103 342 161;
(2) 78 76; 387 (3) 109 117; (4) 231 79; (5) 87 293
355; (6) 168 84 163; 44 314 75 266 263 329
(7) 380 374 371; 378 323 154; (8) 240 373; 382 51
236 153; (9) 181 183; (10) 113 63; 196 327; (11) 190 149;
(12) 142 358 122 68 137; 9 (13) 185 301; (14) 60 232 166;
120 124 289 324 53 (15) 237 132 125 341 330 359 288
351 180 184 255 300; 145 (16) 48 284 269 77 172 192
191 36 197; 13 (17) 262 283; 383 (18) 88 90 321 322;
179; (19) 82 74; (20) 73 123 139 67 127; (21) 70 72
11 257 320 276 310 71 171 86 12 134 258 259 235
361 268 265 353 81 83; 140 165 102 150 186 (22) 189
187; 27 247 178 (23) 177 174 296; 354 364 22 98 26
170 281 (24) 114 221 218 267 213 198 115 234 4;
307 108 248 340 5 238 (25) 392 390 391 389; 348 334
28 346 297 110 141 57 278 173 107 (26) 116 176;
(27) 193 146 253 175 169; 18 (28) 69 58 133 62 194
85 272 388 105 112 164 8; 303 (29) 217 225 129; 319
20 121 (30) 311 275; 291 352 287 (31) 347 312 99 100
344; 331 345 326 (32) 89 95; 277 233 379 224 157 261
(33) 256 260; 136 38 59 (34) 104 219; 64 35 (35) 45 298;
32 313 7 370 350 366 385 375 29 292 6 159 49 41
369 33 (36) 55 151; (37) 106 130; 43 (38) 251 50 126;
128 40 162 254 (39) 65 230; 206 135 270 (40) 245 316;
376 (41) 339 309 227 290; 279 306 (42) 223 216 2 42
160 229 357; 16 97 131 365 362 356 147 148 156
360 318 (43) 372 167; 367 381 10 (44) 101 118; 61 14
241 203 152 94 155 (45) 271 252 274 286 282;
(46) 328 299; 273 386 (47) 368 200 304; (48) 92 280
317 37 202 215 308 3 222; 158 (49) 96 138 201 31
46 52 56 25 302; 54 199 228 212 205 305 295 249
246 363 (50) 208 211 242; 19 34 (51) 24 264; (52) 243
30 204 143 294 210 207 1 214 250 335 226 333 220
343 285 337 336 325 23 17 15; 244 91 349 (53) 66
338; (54) 209 332; (55) 195 111 119; 21 384 93 315.

10. TRAIT CLUSTERS

The geographical distributions of the clusters will be given in terms of Sturtevant's culture areas in the

Handbook of North American Indians. This is the scheme likely to be most familiar to readers in the future and is also the classification that correlates highest on the average with the other culture groupings (both intuitive and statistical) compared in this monograph. The map numbers given in the tables of this section are those of Driver and Massey (1957). Each cluster is delimited by a rectangular frame, and where more than one is given in the same table, they are numbered from upper left to lower right. Because references to the maps in Driver and Massey (1957) are given in the tables, they will not be repeated in the text.

Because each cluster is an ordered matrix within the entire 392 by 392 matrix, and each group of clusters in the series of tables in this section is also an ordered matrix, tendencies toward possible causal chains, evolutionary sequences, or cyclical trends, if any, can be observed in each table.

Trait cluster one (table 24) centers in the Southeast. The "East house-like storage structure," "S.E. acorn preparation process," and "unpoisoned dart blowgun" are confined wholly within the Southeast, and the "Black drink" spills over only to the Karankawa who are just over the border. "Green corn ceremonies" extend to a minority of tribes in the Northeast and eastern Plains or Prairies. The "rectangular, gabled, thatched house" as a dominant type occurs also in Meso-America, where it is less frequent than hip-roofed types. "Only small hand nets for fishing" is found in small frequencies in the Northeast, California, Baja California, Southwest, and Meso-America.

If there are any functional-causal relationships in Cluster one, it could only be the one between the dominant house type and houselike storage structures, which were miniature houses in form. Both are variations on pole and thatch construction, which is generally tropical and subtropical around the world and is especially common in the Amazon drainage of South America. Almost all rectangular houses in the Northeast, Southeast, Southwest, and Meso-America date from after the first appearance of horticulture. One possible exception is the village of rectangular houses that Ritchie believes he has discovered in New York State with a date tag of about 2300 B.C. (Jennings, 1968: pp. 127–128); another is the rectangular houses in Illinois dated at about 1000 B.C. (Jennings, 1968: p. 189; Willey, 1966: p. 251). Because the staple crops raised in the eastern United States all came from Mexico, it seems reasonable to assume that rectangular thatched houses did also, as Driver and Massey (1957: p. 304) suggest.

All other traits in Cluster one may be said to be related to each other in a nonfunctional-causal manner. None seems either to be causing or inhibiting the development of any of the others. Although some of the details may be of local origin in the Southeast, all have counterparts in other areas and most probably originated outside of the Southeast and spread to it by diffusion. The dominant explanation of Cluster one may be phrased as unknown geographical and historical factors, not some internal cohesion that fits a functional, evolutionary, or cyclical developmental scheme.

Cluster two (table 24) consists merely of two materials for hoe blades. Fish bone is reported only for the Southeast, but shell occurs also in the Northeast. Both were certainly available in both environments and competed with wood, stone, and mammal bone as well. The shells used seem to have been both marine and fresh water, as inferred from the locations on map 36. Although both could only occur where hoes were used in farming, and this was mostly in the Southeast, Northeast, and eastern Plains, their relation to each other seems to be nonfunctional-causal. Both traits show lower but statistically significant correlations with the traits of Cluster one, and when the two clusters are viewed as a single one at a lower level of correlation, the dominance of the historical explanation obtrudes.

TABLE 24. Trait Clusters 1 and 2

	Map Numbers	25	93	77	59	46	138	65	36	36
	Trait numbers	47	239	188	144	103	342	161	78	76
47	Only small hand nets for fishing		.54	.58	.51	.50	.58	.44	.30	.38
239	Rectangular, gabled house, thatched	.54		.73	.65	.62	.55	.48	.44	.26
188	Black drink	.58	.73		.80	.77	.69	.51	.46	.28
144	East house-like storage structure	.51	.65	.80		.90	.62	.63	.42	.25
103	S.E. acorn preparation process	.50	.62	.77	.90		.59	.70	.46	.28
342	Unpoisoned dart blowgun	.58	.55	.69	.62	.59		.63	.20	.53
161	Green corn ceremonies	.44	.48	.51	.63	.70	.63		.37	.59
78	Hoe blade of fish bone	.30	.44	.46	.42	.46	.20	.37		.63
76	Hoe blade of shell	.38	.26	.28	.25	.28	.53	.59	.63	

TABLE 25. Trait Clusters 3, 4, 5, 6.

	Map numbers	48	51	93	36	39	113	143	68	38	67
	Trait numbers	109	117	231	79	87	293	355	168	84	163
109	Wooden mortar in end of log		.58	.37	.38	.54	.38	.31	.20	.41	.24
117	One end of wood pestle bulbous	.58		.54	.44	.53	.45	.34	.29	.41	.25
231	Prairie-Southeast earth lodge	.37	.54		.62	.40	.40	.34	.23	.35	.03
79	Hoe blade of mammal bone	.38	.44	.62		.54	.54	.45	.31	.49	.31
87	Farmers only or mainly women	.54	.53	.40	.54		.60	.56	.33	.59	.42
293	Men's hair patterned, or roach	.38	.45	.40	.54	.60		.62	.39	.57	.56
355	Sword-shaped clubs	.31	.34	.34	.45	.56	.62		.27	.51	.41
168	Tobacco cultivated	.20	.29	.23	.31	.33	.39	.27		.59	.54
84	Burning to clear farm land	.41	.41	.35	.49	.59	.57	.51	.59		.83
163	Nicotiana rustica dominant species	.24	.25	.03	.31	.42	.56	.41	.54	.83	

The specific reasons why the various traits originated where they did and were accepted by recipients to produce diffusion are unknown.

Cluster three (table 25) includes only two traits: "wooden mortar in end of log" and "one end of wood pestle bulbous." The first was most frequent in the Southeast, Northeast, eastern Plains (Prairies), and Circum-Caribbean, where it was used to grind maize; but it also occurred in the Southwest, southern California, and the western Basin, where it was used principally to grind mesquite, a wild staple. Driver and Massey (1957: map 48) missed a few instances in Vera Cruz, Mexico, which would give a step between the Circum-Caribbean and the eastern United States and strengthen the thesis that this wooden mortar in the eastern part of the continent spread north with maize. The pestle type was used almost entirely in the Southeast and eastern Plains (Prairies) with a few scattered instances in the far west. Its geographical distribution is almost contained within that of the mortar, but is more restricted, suggesting that it may have originated in the Southeast and eastern Plains and replaced an earlier type which diffused north with the first mortars.

Cluster four (table 25) includes only the "Prairie-Southeast earth lodge" and a "hoe blade of mammal bone." The first occurred only in the areas in the caption but more detailed traits, such as the semi-subterranean floor and tunnel entrance (Driver and Massey, 1957: map 101), and the earth covering (*ibid.*: map 99) are much more widespread and generally thought to be of Old World origin by way of the Arctic. If this is true, the house reached the Prairies and Southeast by diffusion. The "hoe blade of mammal bone" was most often a buffalo scapula and was almost confined to the eastern Plains and Northeast. It was used to cultivate corn and seems to represent a local material adapted to the cultivation of a plant introduced from the south. Its association with the house is due to unknown historical details, with the key traits originating thousands of miles apart and converging in the Southeast, Northeast, and eastern Plains.

In light of the above historical interpretation, the notion shared by all members of the Kulturkreis school that all positively correlated clusters of traits originated in the same place and spread together by migration or diffusion over wide distances is absurd. Stanislaw Klimek (1935), who was trained as a physical anthropologist under Jan Czekanowski in Poland, but made a major comparative study of California Indian culture, states that intertrait correlation clusters are historical facts. He did not know the difference between facts and inferences derived from facts. What he meant by historical facts was that correlations among culture traits could be explained only in historical terms. Functional-causal explanation, independent origin, parallels, convergences, cultural heritage from a common proto-culture, etc., never entered his mind. His ethnological interpretation in 1935 had not advanced one step beyond that of the classical Kulturkreis view.

The other extreme interpretation of intertrait correlations, characteristic of the Yale (Murdock, Whiting) school of cross-cultural research until very recently, was that all such positive correlations must be explained in functional-causal terms. André Köbben (1967: p. 13) says that "if there is a demonstrable correlation between these phenomena, there must also be a functional relationship." When Driver (1967) challenged this statement, Köbben retracted it, but the fact that he made such a statement as late as 1967 shows how limited the interpretation of the Yale School was as late as that date. Although Köbben was trained in Holland and not at Yale, he is generally regarded by the Yale School and other comparativists in the United States as the best cross-cultural scholar in

Europe. This view was changed suddenly when Murdock and White (1969) wrote a paper on the Galton problem and admitted extensive diffusion of social and political culture.

Cluster five (table 25) centers in the eastern Plains, Northeast, and Southeast. "Farmers only or mainly women" was found only in these areas, plus part of the Circum-Caribbean. Most ethnologists regard it as the type associated with the earliest horticulture everywhere. It was replaced by progressively more farming by men in Meso-America and parts of the Southwest. The Apache instances in the Southwest, coded as above by Driver and Massey (1957: map 39) have been changed in this monograph to "both sexes about equal." "Men's hair cut or shaved to form pattern on scalp, or roach worn" is also strongly associated with the Plains, Northeast, and Southeast; and "sword-shaped clubs" also center in the same three areas, but spill over the northern boundary into the eastern Sub-Arctic. It is impossible to conjure up any functional or causal explanation for this small assemblage, and again one of the traits involved (horticulture) originated outside the area where the three were found together in the eighteenth and nineteenth centuries.

Cluster six (table 25) was found not only in the Northeast, Southeast, and eastern Plains, but also in parts of the Southwest and Meso-America. Because this species of tobacco originated as a domesticate in southern South America (Driver and Massey 1957: p. 260) and neither of its wild ancestors have been found anywhere else, it could have reached North America only by diffusion. "Burning to clear farm land" has about the same geographical distribution, but may have been associated with maize or some other food crop earlier than with tobacco. Again historical determination is the dominant explanation for this cluster, and again two of the member traits originated as far away as southern South America.

It can be noted from table 25 that correlations among Clusters 3, 4, 5, and 6 are, with one exception, high enough to pass a significance test at the 0.001 level. When viewed collectively as a single cluster at a lower level of correlation, the "shreds and patches" character of this group is even more obtrusive. There is no evidence of any tendency toward a causal chain, evolutionary, or cyclical change in table 25.

Cluster seven in table 26 exhibits the relations of "matrilocal residence," "matrilineal descent," and "Crow kinship terms." This assemblage occurred in the Southeast, part of the Northeast, part of the eastern Plains, the northern Northwest Coast, and part of the western Sub-Arctic. At long last a definite functional-causal relationship can and has been postulated for this group by Steward (1937), Murdock (1949), Eggan (1950), and Driver (1956; and Driver and Massey, 1957: pp. 421–438; and in revised form by Driver (1967). They agree that a matridominant division of labor (hoe-farming by women) tends to cause matrilocal residence, the latter matrilineal descent, and the latest Crow kin terms. This is an approximation to a causal chain sequence. However, it does not explain the matrilineal descent and Crow kin terms on the northern Northwest Coast and east to the Kaska. This remains an anomaly.

Cluster eight includes only the "Domed bark, mat, thatch, hide house as the dominant type," and "patrilineal descent with exogamy." These correlate at phi = 0.57 and are found together in the western Northeast, eastern Plains, and California. Patrilineal descent also occurs in the Mayan part of Meso-America. Again, the only explanation is an historical one, with independent origin for patrilineal descent in the three areas and a dual origin for the domed house in the Midwest and in California-Southwest. An alternative hypothesis for the domed house would be descent from a single prototype that was once more widespread and in the nineteenth century dominant in only two separated areas. The domed shape for the sweat house is nearly universal, perhaps a survival from a more widespread domed dwelling.

Cluster nine (table 27) includes only three plants used to make alcoholic beverages. All occur in the Southwest, except for two instances in adjacent Meso-America. Although geographical environment had to supply these wild plants, the knowledge and desire to convert them by natural fermentation to alcohol probably has a single origin in the area where they are found.

Cluster 10 (table 27) includes only the "pit mortar" and "seed beater a bundle of sticks." They center in the Southwest, with a little spill-over into southern California and eastern Basin. Since only mesquite pods were ground in the pit mortar, and only small seeds of other species reaped with the bundle of sticks, there is no functional-causal relation between the two and the particular historical events, causes, or agents that brought them together are unknown. Table 27

TABLE 26. Trait Cluster 7

	Map numbers	161	156	154
	Trait numbers	380	374	371
380	Crow kinship terms		.63	.47
374	Matrilineal descent	.63		.53
371	Matrilocal residence	.47	.53	

TABLE 27. Trait Clusters 9, 10

	Map numbers	73	74	49	31
	Trait numbers	181	183	113	63
181	Alcoholic drinks from Cacti		.68	.39	.28
183	Alcohol from mesquite or screwbean	.68		.59	.38
113	Pit mortar	.39	.59		.56
63	Seed beater a bundle of sticks	.28	.38	.56	

TABLE 28. Trait Clusters 11, 12, 13, 14

Map numbers	77	62	59	144	52	33	57	4	75	116	30	93	67
Trait numbers	190	149	142	358	122	68	137	9	185	301	60	232	166
190 Jimsonweed narcotic		.57	.47	.44	.44	.42	.32	.21	.36	.46	.27	.27	.10
149 Pottery spoons and ladles	.57		.53	.52	.45	.32	.32	.34	.35	.33	.41	.41	.30
142 Coiled Oasis (S.W.) granary	.47	.53		.56	.55	.46	.36	.26	.33	.23	.44	.44	.32
358 Potato-masher club	.44	.52	.56		.62	.54	.43	.59	.49	.30	.38	.38	.28
122 Rectangloid slab milling stone	.44	.45	.55	.62		.64	.56	.44	.49	.30	.34	.34	.34
68 End-bladed cutters	.42	.32	.46	.54	.64		.69	.42	.58	.32	.08	.08	.14
137 Food storage in cave or rocks	.32	.32	.36	.43	.56	.69		.37	.46	.32	.07	.07	.12
9 Wild plants, maize	.21	.34	.26	.59	.44	.42	.37		.35	.30	-.02	-.02	.15
185 Agave baked in earth oven	.36	.35	.33	.49	.49	.58	.46	.35		.56	.06	.06	.11
301 Plant material sandal	.46	.33	.23	.30	.30	.32	.32	.30	.56		-.05	-.05	.08
60 Pottery seed gathering containers	.27	.41	.44	.38	.34	.08	.07	-.02	.06	-.05		1.00	.51
232 Mohave-type house	.27	.41	.44	.38	.34	.08	.07	-.02	.06	-.05	1.00		.51
166 Nicotiana trigonphylla	.10	.30	.32	.28	.34	.14	.12	.15	.11	.08	.51	.51	

shows no tendency toward a causal chain, or evolutionary, or cyclical sequence.

Cluster 11 (table 28) includes only two traits: "Jimsonweed narcotic" centering in the Southwest and adjacent California; "pottery spoons and ladles" in the same areas but less frequent. This relationship is certainly nonfunctional-causal, and about as arbitrary as any in this sample. The origin of Jimsonweed as a narcotic is problematical, as at least two occurrences are found in Central America and more in South America; but we would postulate a single origin for the Southwest and California cases because of geographical continuity even though the details of its use vary greatly. Most pottery in the Southwest seems to be of Meso-American origin, but that of the Navaho and other recently intrusive "tribes" shows features of northern (ultimately Asian) origin. Again, a positive correlation does not necessarily mean either functional-causal relation or common origin and subsequent dispersal together.

Cluster 12 (table 28) also contains some strange bed fellows: "coiled Southwest granary," almost wholly in the western Southwest and adjacent southern California; "potato-masher club," in the same areas; "rectangloid slab milling stone," in most of the Southwest and southern California; "end-bladed cutters" used to cut off the mescal plant at the base, covering most of the Southwest and southern California; and "food storage in cave or rock shelter," in most of the Southwest, southern California, plus sporadic occurrences in the Basin and northwestern Plains. This cluster again exhibits an arbitrary assemblage of traits, but with a little common ecological tie. They match the desert and semi-desert environment to some extent, with the club being the most glaring exception. Round or oval milling stones appeared in the earliest levels of the Desert archaeological culture, but rectangloid ones do not appear until after horticulture became common, about the beginning of the Christian era.

Cluster 13 (table 28) is made up of only two traits: "Agave baked in earth oven" and "plant material sandal." Because the sandal was nearly always made of Agave fiber, we have here nothing more complicated than two uses of the same plant. The area is the Southwest and Meso-America as far south as the Aztecs.

Cluster 14 (table 28) again is a non-functional group, and is unique in that the correlation between the "Mohave type of house" and "pottery seed gathering containers" is perfect. Both are limited to the River Yumans in the Southwest. If the Mohave house is derived from a pit house, which the earth covering suggests, then its ultimate origin is in Eurasia tens of thousands of years ago. The River Yuman pottery, like that of most of the Southwest, appears to be of Meso-American origin, as Gifford (1928) infers. This perfect correlation also makes the point that high correlations are not necessarily more likely to be functional-causal than lower ones. *Nicotiana trigonophylla* is a wild species of tobacco used by the River Yumans and other western Southwestern peoples.

Clusters 11, 12, 13, and 14 form a macrocluster in which all but about a dozen correlations pass a significance test. This larger group conveys a still stronger impression of the "planless hodgepodge" character of most of the clusters in this sample.

Cluster 15 (table 29) centers in Meso-America, with spillovers into the Southwest and the Circum-Caribbean areas. The "rectangloid milling stone with legs," "S. Mexican type of metallurgy," "obsidian-edged club," and the "huipil blouse" are wholly confined to Meso-America. The other traits occur there, too, but

TABLE 29. Trait Cluster 15

Map numbers	93	55	52	138	132	144	112	141	73	74	98	116
Trait numbers	237	132	125	341	330	359	288	351	180	184	255	300
237 Pyramidal or hip-roof rect. house		.79	.79	.80	.80	.74	.75	.53	.41	.48	.40	.46
132 Pottery comal for making tortillas	.79		.87	.83	.90	.87	.67	.65	.64	.72	.57	.58
125 Rectangloid milling stone with legs	.79	.87		.90	.90	.87	.76	.65	.59	.65	.57	.58
341 Pellet blowgun	.80	.83	.90		.92	.88	.84	.67	.48	.65	.46	.52
330 S. Mexican type metallurgy	.80	.90	.90	.92		.96	.75	.67	.54	.57	.52	.52
359 Obsidian-edged club	.74	.87	.87	.88	.96		.78	.65	.56	.51	.49	.50
288 Huipil blouse	.75	.67	.76	.84	.75	.78		.56	.37	.41	.29	.43
351 Spearthrower ethnographical	.53	.65	.65	.67	.67	.65	.56		.42	.48	.49	.51
180 Alcohol from Agave or dasylirion	.41	.64	.59	.48	.54	.56	.37	.42		.63	.54	.51
184 Alcohol from maize	.48	.72	.65	.65	.57	.51	.41	.48	.63		.55	.50
255 Stone walled houses	.40	.57	.57	.46	.52	.49	.29	.49	.54	.55		.50
300 Hide sandal	.46	.58	.58	.52	.52	.50	.43	.51	.51	.50	.50	

are also found in the Southwest, the Circum-Caribbean, or both. One trait, the spearthrower, was also used in the Arctic and a few other scattered localities. Geographical environment is a necessary condition for a few traits, including a large supply of stone for stone-walled houses, the wild agave and dasylirion for alcoholic beverages, the presence of wild maize which later became domesticated and was used to make alcoholic beverages, and large quantities of obsidian for the obsidian-edged club or sword. Although other traits were also dependent on geographical environment, they could have been made more easily in other culture areas than those just listed in the sentence above. Although metallurgy is a technical skill that appears high and late on any evolutionary scale, the spearthrower (Kellar, 1955) is earlier and less efficient in some respects than the bow and arrow and would appear low and early on an evolutionary scale. Its survival as a major military weapon in Meso-America seems to be the result of military conservatism or perhaps the religious aura that surrounded it. Functional-causal relationships within cluster 15 are either absent or at the minimum, and some of the traits are generally accepted as having origins tens of thousands of miles apart and thousands of years apart. Thus the spearthrower is an early American weapon with origin most likely in the Old World (Kellar, 1955), while metallurgy originated in the Central Andes of South America, and arrived late (about A.D. 900) in Meso-America. Cluster 15 shows no suggestion of a causal chain, evolutionary, or cyclical development.

Cluster 16 (table 30) also centers in Meso-America. "Beaters for making bark paper," "stone architecture," "copper hoe blades," "Oloiuqui narcotic," and "mushroom narcotic" are all confined to Meso-America. The other traits are also found in the Southwest, Southeast, or Circum-Caribbean areas. Several of these traits would be relatively late on an evolutionary scale: "beaters for making bark paper," which implies writing; "stone architecture"; "copper hoe blades," which means metallurgy; and "litter for nobility," which includes the presence of a nobility. "Fish nets, type unknown" and "calabash head disguise in hunting" could occur at a pre-horticultural level. The three traits involving narcotics are not as obviously early or late, but because we know they were associated with the nobility and the priesthood, they may have first appeard relatively late. Aside from this modest tendency to conform to an evolutionary scale, there is nothing directly functional or causal in this cluster. The two traits which might be pre-horticultural appear far apart in the cluster.

Cluster 17 consists of only two traits which center in South America, are common around the Caribbean, and extend about as far as the Valley of Mexico into Meso-America. If South American instances had been included, the correlation would have been lower because the "hammock" is much more widespread than "unwoven bark cloth." Aside from the common association of a tropical environment, with the hammock freeing the sleeper from crawling vermin and keeping him cool, and the wild trees providing an inner bark suitable for making bark cloth, there is no functional-causal relation between these traits. Because the hammock was absent in the tropics of the Old World before A.D. 1492, its world-wide correlation with bark cloth would be much lower or possibly even zero.

A scanning of the correlations between Clusters 15, 16, and 17, in the entire matrix reveals that most of them are significant at the 0.001 level or lower, and that only a very few fail to make the 0.05 level. Therefore, these three clusters form a single macro-cluster

TABLE 30. Trait Clusters 16, 17.

	25	111	104	36	69	77	77	19	79	6	101	111
Map numbers	25	111	104	36	69	77	77	19	79	6	101	111
Trait numbers	48	284	269	77	172	192	191	36	197	13	262	283
48 Fish nets, type unknown		.67	.62	.43	.57	.53	.59	.32	.33	.36	.59	.57
284 Beaters for making bark paper	.67		.77	.72	.70	.49	.54	.60	.57	.58	.54	.70
269 Stone architecture	.62	.77		.67	.65	.61	.67	.56	.52	.53	.50	.43
77 Copper hoe blade	.43	.72	.67		.77	.72	.59	.66	.62	.50	.18	.25
172 Snuffing with snuff tube	.57	.70	.65	.77		.70	.77	.57	.61	.49	.25	.32
192 Oloiuqui narcotic	.53	.49	.61	.72	.70		.72	.40	.42	.33	.35	.22
191 Teonanacatl (mushroom) narcotic	.59	.54	.67	.59	.77	.72		.44	.46	.37	.39	.25
36 Calabash head disguise in hunting	.32	.60	.56	.66	.57	.40	.44		.52	.42	.21	.28
197 Litter for nobility	.33	.57	.52	.62	.61	.42	.46	.52		.49	.14	.19
13 Dogs raised for eating	.36	.58	.53	.50	.49	.33	.37	.42	.49		.23	.32
262 Hammock	.59	.54	.50	.18	.25	.35	.39	.21	.14	.23		.77
283 Unwoven bark cloth	.57	.70	.43	.25	.32	.22	.25	.28	.19	.32	.77	

at a lower level of correlation. The scarcity of functional-causal relationships, the diversity of places and times of origin of the best known traits, and the modest amount of geographical determinism, suggest that unknown historical events, agents, and causes are the dominant explanation or lack of explanation of this syndrome.

Cluster 18 (table 31) consists of four aspects of pottery. "Pottery ethnological," as opposed to archaeological, is the most widespread and is found in all the areas where horticulture was present, plus southern California, part of the Great Basin, Plains, and western Alaska. The latter is a relatively recent diffusion from Siberia (Oswalt, 1953). The least widespread trait is "pottery making by coiling," which is slightly more restricted than horticulture, except for a few spillovers, mostly in southern California and the Great Basin. The pottery in the Northeast and Southeast shows influences from both Asia and Meso-America, suggesting that the two historically independent origins and developments met and fused in these areas. The earliest pottery in these areas predates plant cultivation by about 1,000 years (Willey, 1966: pp. 256–257); and Jennings (1968: p. 185) gives 2500 B.C. for the earliest pottery in the Southeast. But in the Southwest and Meso-America farming is earlier than pottery (Driver, 1969: p. 162).

Cluster 19 (table 31) includes only two traits having

TABLE 31. Trait Clusters 18, 19, 20.

	40	41	127	128	72	37	35	35	52	58	33	53
Map numbers	40	41	127	128	72	37	35	35	52	58	33	53
Trait numbers	88	90	321	322	179	82	74	73	123	139	67	127
88 Direct fire boiling		.73	.68	.51	.27	.18	.18	.22	.22	.23	.29	.25
90 Pottery boiling vessel	.73		.89	.66	.38	.24	.24	.29	.29	.31	.36	.34
321 Pottery ethnological	.68	.89		.66	.41	.21	.25	.29	.30	.28	.38	.32
322 Pottery making by coiling	.51	.66	.66		.54	.34	.34	.37	.42	.44	.51	.45
179 Pipe of pottery or clay	.27	.38	.41	.54		.13	.21	.19	.18	.30	.32	.33
82 Natural flood irrigation	.18	.24	.21	.34	.13		.62	.45	.38	.60	.36	.40
74 Sword-like tool for farming	.18	.24	.25	.34	.21	.62		.59	.50	.72	.45	.44
73 End-bladed stick for farming	.22	.29	.29	.37	.19	.45	.59		.63	.60	.52	.45
123 Rectangloid slab in bin (milling)	.22	.29	.30	.42	.18	.38	.50	.63		.74	.63	.50
139 Food stored on roof	.23	.31	.28	.44	.30	.60	.72	.60	.74		.59	.56
67 Cactus tongs	.29	.36	.38	.51	.32	.36	.45	.52	.63	.59		.70
127 Meat only sun or air dried	.25	.34	.32	.45	.33	.40	.44	.45	.50	.56	.70	

to do with horticultural methods. Both are almost wholly confined to the Southwest. Although they are not caused by horticulture, they are techniques of horticulture which could only appear later on an evolutionary scale than the generalized concept of horticulture. The continuous or near continuous geographical distributions of each suggest a single origin and subsequent diffusion for each in the Southwest.

Cluster 20 (table 31) is concerned with food, from the gathering of wild plants and horticulture to preparing and storing of food. All center in the Southwest, but some are more widely distributed. The most narrowly distributed is the milling apparatus consisting of a "rectangloid slab in bin," confined solely to the Pueblos. The "end-bladed stick for farming" was limited to the northwestern part of the Southwest. "Food stored on roof" of a house or a rectangular shade without walls was confined also to the Southwest. "Cactus tongs" were used everywhere in the Southwest where cactus fruits grew, plus southern California. "Meat only sun or air dried" is also Southwestern but extends into southern California, Great Basin, and Plains. The last three traits depend on a desert or semi-desert environment where cacti grow, where the air is hot and dry enough to dry meat rapidly and it is not likely that food stored on the roof will be drenched with too much rain. The continuous or near continuous geographical distributions of these traits suggest single origins, plus subsequent diffusions for each.

All the correlations in the macro-cluster formed by table 31 are significant at the 0.001 level or lower. There is certainly no tendency in this macro-cluster toward a causal chain, or evolutionary or cyclical development.

Almost all the traits in Cluster 21 (tables 32, 33) were confined to the areas which had horticulture: Northeast, Southeast, eastern Plains, Southwest, Meso-America, and the Circum-Caribbean area. The most conspicuous exception is the "curved throwing club," which spilled over into southern California but otherwise was limited to the Southwest and Meso-America. The one trait universal in all the horticultural areas was "ethnographical evidence of maize." The "end-

TABLE 32. Trait Captions for Cluster 21		Number of Tribes Where Present	Estimated Age in Centuries	References
70	Ethnographical evidence of maize	79	59	Driver 1969:69-70
72	End-pointed stick for horticulture	80	85	Byers 1967-72 (1): 151.
11	Maize dominant	54	32	Byers 1967-72 (3): 58.
257	Mud wattle house walls	33	39	HMAI 11:577.
320	Two bar frame with heddles for weaving	36	24	Byers 1967-72 (2): 191.
276	Cotton clothing dominant or preferred	33	19	Byers 1967-72 (2): 198.
310	Pottery the dominant non-cooking container	35	39	Byers 1967-72 (3): 120.
71	Ethnographical evidence of cotton	33	24	Delgado n.d.:95-96.
171	Cigar or cigarette	42	19	HMAI 1:431.
86	Horticulture by men only or principally	50	29	inferred
12	Turkeys caged, leashed, bred in captivity	30	22	Byers 1967-72 (1): 24.
134	Seed parching in pottery container	45	39	Willey 1966:93.
258	Adobe bricks for houses	17	25	HMAI 3:687.
259	Other kinds of earth or adobe for houses			
235	Rectangular flat roof house	17	22	Willey 1966:109.
361	Cotton body armor (stopped in 16th century)	6	13	HMAI 2:546-555.
268	Apartment house cluster	12	9	Willey 1966:208.
265	Bench along wall, not slept on			
353	Curved throwing club	34	35	HMAI 1:416, 420.
81	Irrigation ditches	23	29	Byers 1967-72 (3): 58.
83	Wing-fences, dykes, dams to control runoff	17	39	Willey 1966:83

TABLE 33. Correlations for Cluster 21

Maps	34	35	4	99	125	108	120	34	69	39	5	56	100	100	93	145	104	102	143	37	37
Traits	70	72	11	257	320	276	310	71	171	86	12	134	258	259	235	361	268	265	353	81	83
70		.95	.75	.59	.58	.54	.56	.56	.56	.64	.52	.60	.36	.33	.39	.44	.33	.37	.38	.44	.38
72	.95		.77	.61	.60	.56	.58	.55	.60	.70	.54	.63	.39	.32	.39	.44	.32	.36	.37	.47	.38
11	.75	.77		.77	.68	.65	.70	.63	.59	.55	.54	.59	.47	.42	.51	.57	.42	.43	.43	.48	.41
257	.59	.61	.77		.80	.79	.76	.70	.67	.59	.68	.57	.59	.53	.64	.71	.53	.60	.51	.54	.39
320	.58	.60	.68	.80		.87	.84	.82	.81	.78	.74	.69	.63	.52	.63	.70	.52	.59	.53	.61	.52
276	.54	.56	.65	.79	.87		.90	.88	.87	.78	.78	.72	.69	.58	.69	.78	.58	.65	.57	.63	.52
310	.56	.58	.70	.76	.84	.90		.91	.84	.81	.72	.75	.67	.56	.67	.75	.56	.63	.58	.65	.51
71	.56	.55	.63	.70	.82	.88	.91		.82	.77	.73	.71	.56	.47	.61	.70	.47	.56	.51	.56	.49
171	.56	.60	.59	.67	.81	.87	.84	.82		.84	.80	.78	.60	.50	.60	.67	.50	.56	.54	.65	.54
86	.64	.70	.55	.59	.78	.78	.81	.77	.84		.75	.79	.54	.45	.54	.60	.45	.50	.50	.62	.52
12	.52	.54	.54	.68	.74	.78	.72	.73	.80	.75		.70	.57	.48	.57	.67	.48	.57	.59	.62	.45
134	.60	.63	.59	.57	.69	.72	.75	.71	.78	.79	.70		.50	.42	.50	.56	.42	.47	.62	.54	.49
258	.36	.39	.47	.59	.63	.69	.67	.56	.60	.54	.57	.50		.83	.68	.60	.53	.60	.49	.67	.38
259	.33	.32	.42	.53	.52	.58	.56	.47	.50	.45	.48	.42	.83		.83	.67	.65	.57	.51	.62	.48
235	.39	.39	.51	.64	.63	.69	.67	.61	.60	.54	.57	.50	.68	.83		.78	.83	.73	.59	.61	.51
361	.44	.44	.57	.71	.70	.78	.75	.70	.67	.60	.67	.56	.60	.67	.78		.74	.71	.59	.63	.51
268	.33	.32	.42	.53	.52	.58	.56	.47	.50	.45	.48	.42	.53	.65	.83	.74		.89	.57	.56	.40
265	.37	.36	.43	.60	.59	.65	.63	.56	.56	.50	.57	.47	.60	.57	.73	.71	.89		.64	.55	.35
353	.38	.37	.43	.51	.53	.57	.58	.51	.54	.50	.59	.62	.49	.51	.59	.59	.57	.64		.50	.42
81	.44	.47	.48	.54	.61	.63	.65	.56	.65	.62	.62	.54	.67	.62	.61	.63	.56	.55	.50		.64
83	.38	.38	.41	.39	.52	.52	.51	.49	.54	.52	.45	.49	.38	.48	.51	.51	.40	.35	.42	.64	

pointed stick for horticulture" was not far behind with only a few negative instances which were probably failures in reporting it. "Maize dominant" was universal in the Southeast and Meso-America, and occurred in all other horticultural areas in frequencies short of universality. A relatively large number of traits in Cluster 21 were present in the Southwest, Meso-America, and the Circum-Caribbean area: "cotton clothing dominant or preferred"; "pottery the dominant non-cooking container"; "ethnographical evidence of cotton"; "cigar or cigarette"; "turkeys caged, leashed, bred in captivity"; "other kinds of earth and adobe for houses"; "cotton body armor" (although the Pueblo instances may be post-Spanish); "bench along wall, not slept on" (only a few instances in each area); "irrigation ditches"; and "wing fences, dykes, dams to control runoff." "Mud wattle house walls" is reported only for the Southeast, Southwest, and Meso-America. The "two bar frame with heddles for weaving" was found in the Southwest, Meso-America, Circum-Caribbean, and possibly the Southeast. "Seed parching in pottery containers" was done by almost all peoples in the Southwest and Meso-America; and "adobe bricks for houses" and "rectangular flat roof houses" are also limited to those same two areas. The "apartment house cluster" of multiple stories is limited to the Pueblos in the Southwest and is the most narrowly distributed trait in the cluster. The reason why this last trait and other ones of limited occurrence fall in the same cluster as maize, which covers half the continent, is that the relationship is one of inclusion. Every instance of these infrequent traits occurs among peoples with maize. This gives a phi coefficient high enough to put such traits in the same cluster.

Maize itself has been found at levels dated tens of thousands of years ago, but it is wild maize not associated with human habitation sites. The oldest maize found in a site occupied by man is that at Tehuacan in the state of Puebla, Mexico. This is regarded by botanists as wild maize and has been dated at 5,000 B.C. A thousand years later, 4,000 B.C., the maize at this same site differed enough from the earlier variety to be regarded as domesticated. This domesticated maize reached Bat Cave, New Mexico, by diffusion about 3,000 B.C., but did not diffuse to the Southeast until about 1 A.D. (Driver, 1969: pp. 66–70). We have estimated that maize did not dominate horticulture until 1,300 B.C., after permanent villages became fairly numerous.

The "end-pointed stick for horticulture" is probably as old as horticulture itself (7000 B.C.), because in the beginning it was the same as the digging stick used in gathering wild roots, bulbs, and tubers; but the earliest archaeological appearance (table 32) is a few centuries later.

"Mud wattle house walls" in Meso-America go back at least to 2000 B.C. (*Handbook of Middle American Indians* **11**: p. 577). In the Southwest such construction was later, about 1 A.D. (Jennings, 1968: pp. 259–260). In the Southeast rectangular houses appeared as early as the Baumer focus, about 1000 B.C. (Jennings, 1968: p. 189; Willey, 1966: p. 251), but we are not sure whether the vertical poles supported mud-wattle walls. However, mud-wattle was common in the Mississippian cultures after A.D. 700.

The "two bar frame with heddles for weaving" appears as early as 300 B.C. in Meso-America (table 32) and may be as early as 300 A.D. in the Southwest (Kent, 1957: pp. 639–654).

"Cotton clothing dominant or preferred" may likewise date from the beginning of the Christian era, when Mayan human figures are wearing elaborate woven costumes and actual woven cotton materials have been recovered in Mexico (table 32). Wild cotton has been found in Puebla, Mexico, with a date of 5800 B.C. (Smith and MacNeish, 1964). It was spun into cords but not yet woven.

"Pottery the dominant non-cooking container" dates from about 2000 B.C. in the Tehuacan Valley (table 32). Remains of baskets are not preserved in enough quantity to establish the shift away from basket dominance to pottery dominance with much accuracy.

Tobacco (*Nicotiana rustica*) is not certain to have been used before the beginning of the Christian era (*Handbook of Middle American Indians* **1**: p. 431).

"Horticulture by men only or principally" may be assumed to have begun in the first millennium B.C., when ceremonial centers with fairly large populations became numerous in Meso-America.

Turkeys were probably first domesticated in Meso-America at about 300 B.C. (table 32), and at about 400 A.D. in the Southwest (Jennings, 1968: p. 27). Wild turkeys occurred in both areas.

Pottery first appeared in Meso-America in the caves of Puebla between 2300 and 1500 B.C. (Willey, 1966: p. 93) and, because the early corn of that period was a pop corn, it may have been parched or popped in a pottery container at this time.

"Adobe bricks for houses" are known as early as the La Venta period of the Olmecs, 800–400 B.C. They were also used by Mayans, in alluvial areas where stone was lacking in the first millennium A.D. (*Handbook of Middle American Indians* **3**: p. 687).

Rectangular stone-walled houses have been found at Teotihuacan in the Valley of Mexico in the period 300–0 B.C. These may have had flat roofs and were only one story high (Willey, 1966: p. 109).

"Cotton body armor" may have been worn in Classic Mayan times, 300–900 A.D. (*Handbook of Middle American Indians* **2**: pp. 546, 555–556).

The "apartment house cluster" of the Pueblos reached up to five stories, which is higher than any housing reported in Meso-America, where there were mostly only one-story stone or adobe-walled rooms. Multi-storied pueblos first appeared in the Pueblo III period, 1000–1300 A.D. (Willey, 1966: p. 208). The bench along the wall first appeared at the same time in the Southwest.

The "curved throwing club" is probably the equivalent of the rabbit stick reported in southwest Tamaulipas in the Guerra phase, 1800–1400 B.C. (*Handbook of Middle American Indians* **1**: pp. 416, 420).

Irrigation from wells goes back at least to 1500 B.C. in Oaxaca (Flannery *et al.,* 1967), and ditches probably first appeared about 1000 B.C. (table 32) and were common in the first millennium A.D. in Meso-America. Wing-fences, dykes, and dams to control runoff are probably older, although less likely to be preserved at archaeological sites. We have estimated them to be a thousand years older, and they may go back well into the dry altithermal period, 5000–2500 B.C. (Willey, 1966: p. 83).

The estimated ages of all but one of the traits in Cluster 21 (table 32) are given in the column on the right. Except for the greater age of the first two traits, which are also the most widespread, there is no trend toward an increase or decrease in age as one proceeds through the correlation matrix. At the end of this section on Intertrait Correlations a list of traits with the surest dates will be selected from the entire 392 × 392 matrix and given in the order in which they appear in the matrix with estimated ages and the number of tribes possessing each from the sixteenth to the nineteenth centuries inclusive. From this the age-area hypothesis will be tested as well as any apparent trend in age change which might reflect evolutionary or cyclical tendency in the ordered matrix as a whole. It seems clear in advance that limitations on the spread of some of the traits imposed by geographical environment would lower any overall correlation between age and area. As Kroeber (1939: pp. 207–212) pointed out, the northern diffusion of maize from Meso-America was ultimately stopped by climate.

Cluster 22 includes only the mescal bean and peyote from the sixteenth to nineteenth centuries. The correlation is 0.54. The geographical source area of peyote is limited to the Rio Grande Valley in the United States and to Mexico (Driver-Massey, 1957: p. 269). The "mescal bean" grows wild in Mexico from Coahuila to San Luis Potosi and in the United States in western Texas and southern New Mexico. At least a dozen tribes in the Plains area had an organized Medicine Society complex centering in the eating of the bean in a group ritual which originated among the Pawnee and Wichita. The "mescal bean" was acquired earlier than peyote by tribes in the United States but never attained as wide an appeal as did peyote.

Attempts have been made by La Barre (1959: p.

121) and Howard (1957: p. 85) to suggest that the mescal bean Medicine Society complex significantly influenced the forms and practices of the Plains peyote cult. However, Troike (1962: pp. 958–961) argues that there is little evidence of such influence. He claims that when the use of peyote spread into the Plains, it was fitted into the prevailing ceremonial patterns of Plains culture as the mescal bean had been before it. Aside from similarities in the purely physiological effects of the two narcotics, most of the similarities in Plains mescalism and peyotism simply reflected characteristic features of Plains ceremonialism shared by both, as well as features derived from their common origin in northern Mexico.

Cluster 23 (table 34) includes stone pipes, elbow-angled pipes, and thigh-length leggings. Stone was the dominant pipe material on the Plains and in the Great Basin. Archaeologically, elbow pipes came after straight pipes in such early cultures as the Tchefuncte and Adena of the eastern United States and Basket Maker III in the Pueblo Southwest. By contact times elbow pipes had replaced tubular forms in the eastern half of the United States. Elbowed pipes continued to spread westward in the historic period, but in most instances they did not replace the straight pipe. Both types were used at the same time among the same tribes in the Plains, Great Basin, Plateau, and parts of other western areas. Diffusion appears to be the principal process resulting in the majority of occurrences of elbowed pipes west of the Rockies in historic times. In Meso-America there is no evidence of development of elbow pipes from tubular forms.

Thigh-length leggings were worn by men throughout most of the continent north of Mexico, although many of the instances west of the Rockies and a number in the East are probably historic. Long leggings were everywhere associated with the breechcloth; when the two were combined, they approached the completeness of trousers. In the Far West, men wore only knee-length leggings or none at all. Legging length which implies some custom fitting allows one to date according to the history of tailored clothing. Tailored clothing probably goes back to Upper Paleolithic times, when the eyed needle first appeared. Tailored clothing was probably first used in the middle latitudes in Eurasia and spread north and east as the glaciers retreated. Because Eskimo culture in North America dates back only about 4,000 years, we can be quite certain that the Eskimo derived their tailored clothing from Siberia. Semi-tailored clothing, in which leggings were cut to fit, and moccasins were sewn to them, was found in the northern Plains and in most of the Sub-Arctic. There is no functional-causal reason why these three traits should cluster. From an evolutionary standpoint some anthropologists feel that stone as a material and elbow-angle as a shape are both ends to their respective cycles (Driver and Massey, 1957: p. 264). Consequently, when both cycles were completed, the stone elbow pipe had a distribution distinct from the wood or cane straight pipe. Why the pipe traits clustered with thigh-length leggings remains unknown. Similar distribution patterns of the three traits undoubtedly resulted from independent geographical and historical factors respective to each with no factor of one trait causing the occurence of one or two of the other traits in Cluster 23.

TABLE 34. Trait Cluster 23

	71	70	114
Map numbers	71	70	114
Trait numbers	177	174	296
177 Stone pipe materials		.61	.50
174 Elbow-angled pipe shapes	.61		.69
296 Thigh-length leggings	.50	.69	

Those traits in Cluster 24 (table 35) are centered in the Plains area and are virtually limited to it. Only two of the traits, "hafted stone pestles" and "round and tub-shaped hide boats," have nonadjacent distribution *vis-à-vis* the Plains, the former occurring also on the Northwest Coast and the latter in the Northeast and Southeast. Willey (1966: p. 315) mentions grooved milling stones found in the McKean site in Wyoming. This was late Plains Archaic and dates circa 500 B.C.

Tub-shaped hide boats known as bull-boats are apparently unrelated historically to northern elongated boats, but probably represent a single invention and diffusion on the Plains and in the Northeast and Southeast.

Except perhaps for the occurrence of the hafted stone pestle, which may have been introduced from the outside, all the other traits were invented independently in or near the Plains area. A search of the archaeological literature gives nothing to the contrary. Given the fact that the Plains is the subsistence area featuring the buffalo, it is apparent that this cluster lends itself to a neat ecological explanation as many of the included traits either were made from buffalo material or were invented to make easier the pursuit of this all-purpose animal. Notable exceptions to this buffalo-base ecological explanation are the "bull boat" and "circular arrangement of dwellings" which are archaeologically dated no earlier than the inception of horticulture, which according to Wedel (1961: p. 88) dates at 200 A.D. It seems that the sedentary life-style horticulture ultimately afforded gave rise to permanent settlements and sib and tribal organization. Because the camp circle was often used only when the whole band or tribe assembled and those peoples with sibs allocated a certain section of the circle to each sib, the circular arrangement, by inference, may be post-horticultural. Once horticulturally based, Plains farmers situated themselves in fertile river valleys and the need for river transportation arose. Thus the construction of permanently assembled bull boats was associated with a sedentary, well-populated settlement.

TABLE 35. Trait Cluster 24

		49	88	87	104	84	79	50	93	4
	Map numbers	49	88	87	104	84	79	50	93	4
	Trait numbers	114	221	218	267	213	198	115	234	4
114	Conical or flat hide mortar		.60	.63	.64	.67	.69	.45	.63	.59
221	Round and tub-shaped hide boats	.60		.84	.82	.76	.75	.63	.61	.57
218	Bull boat	.63	.84		.85	.84	.80	.67	.66	.70
267	Circular arrangement of dwellings	.64	.82	.85		.74	.78	.68	.72	.66
213	Dog travois	.67	.76	.84	.74		.81	.63	.66	.66
198	Parfleche	.69	.75	.80	.78	.81		.68	.67	.64
115	Hafted stone pestles or mauls	.45	.63	.67	.68	.63	.68		.64	.60
234	Plains tipi	.63	.61	.66	.72	.66	.67	.64		.94
4	Buffalo	.59	.59	.70	.66	.66	.64	.60	.94	

All other traits in Cluster 24 (table 35) appear in the archaeological record during pre-horticultural times when Plains peoples were mainly hunters and gatherers. T. H. Lewis (1891: pp. 19–24) has hinted of the lengthy history of the use of the tipi on the Plains by using the method of ethnohistory. He claims that tipi rings, circular arrangement of stones presumably used to hold down the edges of tipi covers, are often alluded to in Dakotan mythology. Lewis was convinced that the tipi sites were very ancient and long antedated the arrival of the Dakota tribes. Wedel's (1961) standard classic of Plains archaeology cites Lewis in a discussion of tipi dating in this book. Dating aside, the ecological causes for the tipi are obvious. Made from buffalo hide, it was so constructed as to disassemble easily, thus facilitating the nomadism necessary for successful pursuit of this animal.

The "parfleche" and "dog travois" are paired here for analytical reasons. They fit the buffalo subsistence pattern in terms of form and function and are variations on the same theme. Both are transportation devices made from hide. Parfleches are envelope-like hide containers carried by humans, dogs, and, in historic times, by horses. The travois was nothing more than a pair of poles from tipi frameworks and the load was usually the hides which covered the structure. The travois was probably originally a house-moving device, although it was later a permanently assembled device to carry baggage or children. Hide as a mortar material is rare and centered significantly in the Plains. Simply a piece of rawhide used for grinding, it appears to predate stone mortars in the Plains area.

Hafted stone pestles or mauls centered in the Plains area but were also found on the northern Northwest Coast and in the Southwest among tribes like the Apaches and Navajos which show Plains influence. Many of these Plains mauls were tools of general utility used to drive tent stakes, for instance, as well as to mash food. They are associated with flat grinding slabs and significantly for this cluster with pieces of rawhide, because it would be impossible to use them in a hole or hopper. They were used to pulverize meat as well as plant products, both being a part of the pemmican process. They are also related to hafted grooved-stone clubs and all other uses of grooved stones.

Cluster 25 (table 36) involves kin avoidance limited to parents-in-law and children-in-law, for which there are four relationships: mother-in-law and son-in-law (M-S), mother-in-law and daughter-in-law (M-D), father-in-law and son-in-law (F-S), and father-in-law and daughter-in-law (F-D). Correlations (phi) among the four combinations of relatives practicing avoidance are all positive, as is always true of subject units forming a Guttman scale. The Guttman scale given by Driver (1966) has a coefficient of reproducibility of 0.97, with the sequence M-S to F-D to F-S to M-D. By looking at table 36, the reader can see that correlations between the cross-sex combinations of avoidances (M-S and F-D) and between the same-sex combinations (F-S and M-D) are higher than correlations between any pair of combinations in which one is cross-sex and the other same-sex. Because cross-sex combinations are more widespread and same-sex combina-

TABLE 36. Trait Cluster 25

		164	164	164	164
	Map numbers	164	164	164	164
	Trait numbers	392	390	391	389
392	Mo-in-law: Da-in-law		.74	.64	.48
390	Fa-in-law: So-in-law	.74		.58	.62
391	Fa-in-law: Da-in-law	.64	.58		.76
389	Mo-in-law: So-in-law	.48	.62	.76	

TABLE 37. Trait Clusters 26, 27.

	Map numbers	50	71	78	60	97	70	68
	Trait numbers	116	176	193	146	253	175	169
116	Unhafted stone pestles or mauls		.53	.31	.38	.46	.57	.39
176	Wood or cane pipe materials	.53		.27	.41	.46	.62	.37
193	Carrying basket	.31	.27		.68	.53	.41	.46
146	Salt added to food	.38	.41	.68		.74	.59	.47
253	Thatch house covering	.46	.46	.53	.74		.58	.49
175	Straight (tubular) pipe shapes	.57	.62	.41	.59	.58		.63
169	Tobacco gathered wild	.39	.37	.46	.47	.49	.63	

tions never occur without M-S, cross-sex avoidances appear to have evolutionary and historical as well as psychological priority. Same sex avoidances apparently arise from them by extension, as Stephens and D'Andrade (1962) and others suggest.

Driver (1966) has stated that probably all the psycho-functional "causes" of kin avoidances advocated by Tylor, Frazer, Freud, Lowie, Murdock, and Stephens and D'Andrade have had some influence on the origin, maintenance, and dispersal of these behaviors. Once such behavior has become firmly established, however, geographical-historical situations occur resulting in avoidance behaviors by peoples who lack some or even most of the psycho-functional "causes" discovered so far. These "causes" are: incest-phobia between persons of opposite sex, extension of avoidance to persons of the same sex, unilocal residence, and unilineal descent. Geographical-historical explanations include diffusion by means of intertribal marriages, migration, and heritage from a proto-culture. In this 1966 paper Driver obtained a few significant correlations between avoidances and forms of unilocal residence and unilineal descent, albeit these averaged lower than those with forms of unicentered kinship terminology. It was further found that significant correlations of avoidances with culture areas and language families were more numerous and higher, on the whole, than those with residence, descent, and kinship terminology. When variables were combined to raise correlation values, combinations of culture areas produced the highest values, with combinations of language families next, followed by kinship terminology, descent, and residence, in that order. Thus one can predict whether a society will have kin avoidances from knowledge of its culture area and language family membership with greater accuracy than from knowledge of its residence, descent, or kinship terminology. Geographical-historical factors are more powerful than these functional ones.

The fact that the correlations of the four combinations of avoiding relatives with each other were higher than any of the above correlations in the 1966 study, and that these avoidances also formed a cumulative scale, makes it possible to predict one avoidance from knowledge of the others with much greater accuracy than from knowledge of either culture area and language family or of residence-descent-kinship terminology. The greater frequency of cross-sex avoidance also suggests that same-sex avoidances have often arisen from the former by means of extension.

Cluster 26 (table 37) includes only two traits, "unhafted stone pestles or mauls used for food" and "pipe materials made of wood or cane." The correlation is 0.53.

Unhafted pestles of stone are frequent west of the Rockies, dating from early archaeological horizons. Milling stones date from 7500 B.C. at Danger Cave in the Great Basin (Jennings, 1968: p. 139), and outnumbered projectile points in the Cochise Culture in the Southwest by 5800 B.C. (Wormington, 1957: pp. 169–173). Pestles and mortars are of equal age. They also occur on the Atlantic Coast and are widely known archaeologically in the Prairies and in the East, especially during the Archaic period before horticulture and pottery were known.

Wooden or cane pipes center in Meso-America although their distribution is wide with spotty occurrences in California, the Plateau, Great Basin, Southwest, and the eastern United States. Cane was dominant from the Gila River south to Tehuantepec, although pottery pipes are known for this area archaeologically. Some anthropologists believe that the cane tube was the link between the corn husk cigarette and the straight pipe of wood and that stone and pottery materials came later. Archaeology proves that straight pipes are older than elbowed ones north of Mexico, but the sequence from wood to stone or pottery is less demonstrable because wood often decays without leaving a trace. Cane pipes date from Basket Maker times in the Southwest and undoubtedly earlier in Meso-America, as they diffused northward in tandem with the northward diffusion of maize and tobacco horticulture.

The relationship of these two traits in Cluster 26 is certainly non-functional-causal. Neither causes or inhibits the development of the other. They probably cluster significantly because each appeared early in its respective trait complexes and in the same spatial framework.

Cluster 27 (table 37) includes traits which are widely dispersed geographically although all appear, significantly, in the Great Basin-southern California areas. Two of the five traits in this cluster, "tobacco gathered wild" and "straight tubular pipes," have virtually a similar distribution (Driver and Massey, 1957: pp. 261–263). The gathering of wild tobacco implies a populace low on the evolutionary scale as they are mostly pre-horticulturists. Thus it follows that the simplest of true-pipe styles should appear in a spatial-temporal framework with it. A functional-causal argument can also be maintained as the straight pipe is probably derived from cigars and cigarettes invented for the sole purpose of smoking. Archaeologically straight pipes preceded elbow forms in such early cultures as the Tchefuncte and Adena of the eastern United States and Basket Maker III in the Pueblo Southwest as well as in the Great Basin, where elbowed forms appear to have diffused from the eastern regions of the United States.

An ecological argument can be made for the clustering of the remaining three traits, "carrying basket," "salt added to food," and "thatch house covering." All three are found in areas where vegetation was equal to or predominant over hunting as a subsistence base. Twined baskets, used for the transport of vegetable foodstuffs and made from vegetable fibers, appear as early as 7500 B.C. in Danger Cave, Utah (Jennings, 1968: p. 138). Biologically, vegetable foods contain a high concentration of potassium, which tends to replace sodium in the blood. In order to overcome this sodium deficiency, vegetarians require additional sodium chloride. Meat eaters, on the other hand, get adequate amounts of mineral salts of all kinds from the meat and blood of the animals they eat. The distribution of intentional consumption of salt is given on map 60 of Driver and Massey (1957: p. 250). A comparison with map 4, page 177 of the above volume, shows a close correspondence between the predominance of vegetable food, whether wild or domesticated, and the eating of salt.

The final evidence for this ecological argument is that thatch, itself a vegetable fiber, is found in areas where plant foods were dominant. Vegetation is the constant in the relationship of the last three traits analyzed in this cluster as they were either made from plants, used to transport plant products, or a biological necessity due to the presence of plant food as a predominant subsistence base.

Cluster 28 (table 38) constitutes another neat ecological group based on an acorn subsistence economy centering in California with spotty distribution in the Great Basin and the Southwest. Eight of the twelve traits in this cluster were involved in either the gathering, transport, or preparation of seeds, mainly acorns which grew wild in these areas. Seed beaters were made from woven basketry which can be considered specialized material for such equipments as most seed beaters consisted of a single stick or bundles of sticks. Thus a basketry seed beater indicates the importance of wild seeds in the diet. The occurrence of "gather-

TABLE 38. Trait Cluster 28

Map numbers	33	30	56	31	78	38	107	162	46	49	67	4
Trait numbers	69	58	133	62	194	85	272	388	105	112	164	8
69 Gathering poles		.83	.75	.68	.58	.49	.53	.60	.52	.47	.38	.41
58 Basketry for seed gathering	.83		.83	.81	.67	.60	.50	.71	.58	.53	.47	.44
133 Seed parching in baskets	.75	.83		.87	.64	.63	.46	.68	.56	.52	.48	.49
62 Woven basketry seed beaters	.68	.81	.87		.66	.73	.57	.75	.67	.64	.59	.53
194 Carrying nets	.58	.67	.64	.66		.63	.51	.65	.64	.58	.51	.49
85 Burning for better wild crops	.49	.60	.63	.73	.63		.49	.61	.58	.52	.55	.41
272 Direct fire sweating	.53	.50	.46	.57	.51	.49		.63	.72	.73	.61	.57
388 Balanced div. labor in subsistence	.60	.71	.68	.75	.65	.61	.63		.75	.71	.66	.58
105 Pulverizing acorns before leaching	.52	.58	.56	.67	.64	.58	.72	.75		.81	.73	.64
112 Basket hopper	.47	.53	.52	.64	.58	.52	.73	.71	.81		.71	.57
164 Nicotiana bigelovii group	.38	.47	.48	.59	.51	.55	.61	.66	.73	.71		.59
8 Acorn the staple	.41	.44	.49	.53	.49	.41	.57	.58	.64	.57	.59	

ing poles," "basketry containers" for gathering and parching, "basket hoppers" used as mortars when placed over a stone slab was associated principally with acorns. In terms of acorn preparation, "pulverizing before leaching" occurs both in California and in the Southeast. The parallel here is more apparent than real. The Southeastern process resembled more closely that applied to hickory nuts in the same area than that used for acorns in California. The Shawnee and Creek did not make mush or bread after leaching their acorn meal, as in California. Therefore, there seems to be no direct historical connection between pulverizing before leaching in California and in the Southeast. Acorn preparation illustrates the operation of the principle of limited possibilities in cultural history. When there are only a limited number of solutions of a problem, the same solution tends to be arrived at independently by peoples in different parts of the world. This appears to have happened in the case of acorn preparation in the Old versus the New World and perhaps even in western versus eastern North America.

Two traits in this cluster are not directly associated with the acorn subsistence base; these are the "occurrence of *Nicotiana bigelovii*" (a wild tobacco) and the clearing of land by "burning for a better wild crop." Together these traits imply a pre- or proto-horticultural economy, which persisted even to post-contact times. In no way should this evolutionary perspective portray the California peoples as intellectually inferior to their neighbors. Blessed with an abundance of natural foods that did not need cultivating, these people, much like those living on the Northwest Coast, simply did not need horticulture for their physical well-being. Another reason that they did not have it was that the climate between them and the Southwest did not permit the spread of the domesticates there farther north and west. It is notable that the population in California which utilized only wild plant foods was heavier than that of the Prairies and East which were farming areas.

This leaves two traits for consideration, "direct fire sweating" and "balanced sexual dominance in subsistence pursuits." The latter logically fits into an ecosystem based on wild crops. Since men were not engaged primarily in the pursuit of big game, they, along with the women, worked at the gathering of wild seeds. Men climbed oaks and pines to knock down acorns and pine cones to their women below and sometimes helped carry home the gatherings or assisted in the hulling of acorns or the firing of pine cones to get at the nuts.

"Direct fire sweating" is the only trait which does not fit into the ecological pattern discussed above, and it also occurred in Alaska. It might be significant that women were almost never allowed to sweat by direct fire and that in California sweating was a male chauvanistic affair, indulged in simply to "feel good" more often than for a specific reason such as the purification rites associated with water vapor sweating.

TABLE 39. Trait Cluster 29

		Map numbers	87	90	54
		Trait numbers	217	225	129
217	Balsa Boats			.68	.52
225	Balsa rafts		.68		.57
129	Fish only sun or air-dried		.52	.57	

Cluster 29 (table 39) consists of three traits: "balsa boats," "balsa rafts," and the "sun or air drying of fish."

The balsa, a reed or rush float, was the dominant kind of boat in California, in parts of the Great Basin and Southwest, and on the Pacific Coast of Meso-America. Balsas were used mainly for fishing, ferrying, and short-range transportation. Because of the nearly continuous nature of their North American distribution, a single origin and subsequent diffusion are suggested. It appears to be a quite old culture element which has been consistently replaced by more efficient craft as they became known to balsa users.

Fish were sun or air dried exclusively in parts of the Arctic, Plateau, Basin, California, Southwest, and on the Caribbean side of Central America. There is little to say as to why these traits would cluster significantly, except that all three are involved in fishing activities. Certainly one cannot posit any functional-causal hypothesis as to the type of boat affecting the method of fish preservation or *vice versa*. I would suggest that those people utilizing balsas and air drying their catch really did not take their fishing seriously in terms of survival. Therefore, they used a most inefficient type of boat which could readily be discarded and was only temporarily seaworthy, and practiced the simplest method for drying fish. The fish drying data appear to have been poorly reported, also.

Cluster 30 includes only two traits, "woven baskets used for non-cooking purposes" and "hide, fur, and non-cotton plants" used as dominant clothing materials. They correlate at a phi of 0.67. The clothing materials just listed were used jointly on the Northwest Coast, the Plateau, in California, the Basin, part of the Southwest, the Northeast, and the Southeast. Non-cotton plants were used much more frequently for clothing than were hide and fur in these areas. They correlate with the dominance of woven basketry containers because the latter are also made out of plants. Hide and fur was worn to some extent in all of the above areas, but much less than plant materials.

Woven baskets used for other purposes than cooking, such as gathering plant foods, carrying loads on the back, as water pails and dishes, and as storage containers for all materials stored in and around the house, predominated on the Plateau, the Northwest Coast, California, Basin, the Southwest, Northeast, and Southeast. Woven basketry predated pottery in the western part of the above geographical distribution with a date of 7500 B.C. for the former, and some of it was woven for water-tightness. Archaeology for the Southeast reveals that pottery predated woven containers, with a date of 2000 B.C. for the former (Willey, 1969; p. 257), or 2500 B.C. (Jennings, 1968: p. 185). This may be because baskets were not preserved in the more humid soils. There was no point in making baskets watertight after pottery was made, and indeed they were far from it, with less efficient weaves and materials than their western counterparts.

Cluster 31 (table 40) includes "primary arrow release," "twining of baskets, etc.," "animal and plant foods prepared in earth ovens," and "sinew fibers glued on bow longitudinally."

The primary arrow release, in which the archer holds the arrow between the thumb and first finger with pull exclusively on the arrow, is the principal release form on the Northwest Coast, the Plateau, and in the Basin, with California and the Southwest having it along with other forms. The primary release is one of the most inefficient of the various forms, pulling less pounds than the others (Driver and Massey, 1957: p. 353). Yet peoples on the Northwest Coast, Plateau, and California killed elk with this release.

Twining reached its maximum development on the Northwest Coast. It was found together with coiling in the United States west of the Rockies. Jennings (1968: p. 138) dates twining as early as 7500 B.C. in the Basin area.

The earth oven, a kind of Indian fireless cooker, was probably known to all tribes on the Northwest Coast, Plateau, California, Basin, and Southwest. It is reported only for the northern parts of the Plains and Northeast, where maize, squashes, and wild roots were cooked in it, more rarely yet in the Sub-Arctic, and not at all in the Arctic. It is important to note for the sake of this cluster analysis that both animal and plant foods were cooked in the earth oven, but plant foods certainly more often.

Sinew glueing, as opposed to braiding and lacing onto the bow back (which was practiced in the Arctic), occurred on the Northwest Coast, the Plateau, the western Plains, California, Basin, and Southwest. There is nothing in the literature to indicate which technique for sinew-backing was the more lasting, but the glued-on type is probably the more durable and was used to kill buffalo on the Plains.

The traits of Cluster 31 lack any internal cohesion for a functional-causal explanation in terms of each *vis-à-vis* its cluster mates. The historical causes, events, and agents which brought them together are unknown.

Cluster 32 includes only two traits, "stone boiling" and "woven basketry used as major stone boiling vessels." They correlate at a phi of 0.60. Stone boiling is the dominant type in the western Sub-Arctic, Northwest Coast, Plateau, and California. Because the early Indian immigrants into the Americas were without pottery and do not seem to have had other adequate containers for direct fire boiling, it is almost certain that stone boiling was once a common practice except in the Arctic and part of the Sub-Arctic. As pottery became more and more common, it tended to replace stone boiling with direct fire boiling because it required less labor. Woven basketry as major stone-boiling vessels was used in the western Sub-Arctic, Plateau, Basin, California, Northwest Coast, and the Southwest.

One must resort to the history of pottery appearance in the areas involved in this cluster as a point of departure for its explanation. As explained above, without proper stone or pottery containers, direct fire boiling was difficult. Thus those peoples who did not utilize stone vessels as the Arctic Eskimos did, or were in areas where pottery diffused late from Meso-American and Asian centers between 2500 and 1000 B.C., had to resort to stone boiling, the dominant container for which was woven basketry. It should be noted that basket weaving preceded pottery in time in this cluster. The peoples of these areas had perfected their basket-weaving techniques to the extent that their products were watertight.

Cluster 33 includes "unprocessed earth or sod covering of houses" and "semi-subterranean houses." They

TABLE 40. Trait Cluster 31

	Map numbers	140	121	45	45	138
	Trait numbers	347	312	99	100	344
347	Primary arrow release		.62	.61	.51	.47
312	Twining of baskets, etc.	.62		.67	.60	.58
99	Animal foods cooked in earth oven	.61	.67		.68	.60
100	Plant foods cooked in earth oven	.51	.60	.68		.50
344	Sinew fibers glued on bow longitudinally	.47	.58	.60	.50	

TABLE 41. Trait Clusters 34, 35

	Map numbers	46	87	23	115
	Trait numbers	104	219	45	298
104	Acorns eaten without leaching		.51	.44	.30
219	Log or pole raft	.51		.32	.22
45	Fish little eaten or absent from diet	.44	.32		.51
298	Hard (separate) sole moccasins	.30	.22	.51	

correlate at a phi of 0.52. Unprocessed earth was heaped over houses with log or pole frames in Alaska, on the Plateau, in California, the Basin, Southwest, Plains, and Southeast. The majority of the houses covered over with unprocessed earth were semi-subterranean or had tunnel entrances or both. Although the correlation is relatively low, other information suggests that these traits are of northern origin because this house is heavily insulated from cold. Alaskan houses consistently have both. These elements of construction are found to be associated also in Eurasia but are absent as a complex everywhere else in the world. The complex has an archaeological date at least as far back as early Upper Paleolithic (23,000 B.C.) in southern Russia. Apparently they diffused in tandem from a single origin somewhere in Eurasia to their North American locales described above.

Cluster 34 (table 41) includes "acorns eaten without leaching" and "log or pole rafts" as dominant boat types. Acorns were eaten without leaching in the Southwest and southern Basin. The Western Apache consumed unleached acorns but in far smaller quantities than the leached acorns of other areas. Perhaps this was possible because of low tannic acid content in the species consumed, although there is no biochemical evidence to support this idea.

Although the log or pole raft is regarded as a dominant boat type, it does not imply that it was important to the Indians of these semi-desert areas where streams were small and few. Such rafts were improvised affairs used to ford streams and discarded or left for the next traveler. Certainly nothing can be made of a cause and effect relationship between the traits of Cluster 34. They share an environmental niche for reasons that are mutually independent from a causal standpoint.

Cluster 35 (table 41) involves just two traits, "fish little eaten or absent from diet" and "hard (separate) sole moccasins." Fish were little eaten in areas where they were scarce such as the vast inter-riverine portions of the western Plains, the Basin, and the Southwest. The hard-soled moccasins predominated in the Arctic, Basin, Southwest, and also occurred in the Plains. The distribution of this moccasin in the Basin and Southwest matches the rough, rocky, and thorny terrain fairly well; and the Plains is not much different. In these areas it may have been derived from the hide sandal. Some of the awkward kinds of Pueblo moccasins suggest the addition of an upper to a sandal. The hard and separate-soled Eskimo boots appear to have developed independently of the hard-soled forms of footgear to the south. The Eskimo boot is apparently of Asian origin and may even be historically related to the riding boots there. There is no functional-causal reason for this cluster, but the rocky and thorny landscape in the desert and semidesert regions, where fish were also scarce, tends to tie the two traits together.

Cluster 36 (table 42) includes "double pointed fish harpoons" and "mollusk shell spoons and ladles." The double pointed harpoon occurred throughout most of the Northwest Coast and central California, with spotty occurrences along the Arctic coast. Harpoons were known in Paleolithic times and, therefore, known to early Indian immigrants to the New World.

Mollusk-shell spoons and ladles occurred between the 25th and 50th latitudes among coastal and riverine ethnic units. Jennings (1957: pp. 109–111) in his introduction to the Archaic stage discusses shell-midden

TABLE 42. Trait Clusters 36, 37, 38

	Map numbers	28	62	46	55	97	26	53
	Trait numbers	55	151	106	130	251	50	126
55	Double pointed fish harpoons		.58	.54	.42	.26	.45	.37
151	Natural mollusk shell spoons	.58		.53	.46	.30	.42	.34
106	Whole acorn kernel buried in mud	.54	.53		.58	.24	.39	.33
130	Fish pulverized	.42	.46	.58		.31	.37	.32
251	Bark house materials	.26	.30	.24	.31		.51	.49
50	Weirs equipped with traps	.45	.42	.39	.37	.51		.66
126	Meat smoked or fire dried	.37	.34	.33	.32	.49	.66	

inventories from eastern and western America dating back to 6000 B.C. in which are included shell "dippers." Although there is a common association with water-based ecosystems, there is probably no historical or mutual cause and effect reason for the clustering of these two specific traits.

Cluster 37 (table 42) includes two food-processing traits, "burial of the whole kernel of acorn in mud" and "pulverizing of fish." In northern California, western Oregon, and western Washington, the whole acorn was buried in mud or immersed in a stream from a few weeks to a few months. This eliminated most of the tannic acid. Once leached, the kernels were then boiled whole or roasted for eating. Acorns treated in this manner were called "Chinook olives."

Fish were pulverized in California, on the Northwest Coast south of the Columbia River, on the Plateau, sporadically in the Sub-Arctic, and in a small area in the Northeast among the Iroquois and their neighbors. Lewis and Clark reported that about 30,000 pounds of dried and pulverized salmon were prepared annually for the Indian trade in the area of the Dalles on the Columbia. The relation of this process to the making of pemmican on the Plains seems clear enough. The addition of berries, the storage in hide bags, and the sealing of the bags with fat suggest a common origin for at least some of the elements. This two-trait cluster correlates for no causal reason. Perhaps the particular type of acorn preparation in this cluster correlates highly with fish pulverization because fish is the primary staple while acorns are of secondary importance in the areas involved. Thus the inefficient leaching methods of immersion or burial.

Cluster 38 (table 42) includes three traits, "bark house materials," "weirs equipped with traps," and "meat smoked or fire dried." Bark was most frequently used in the Sub-Arctic, around the Great Lakes region, and in the Northeast, the area where bark was most extensively used for other purposes, such as canoes and household vessels. In parts of the Basin, central California, and the Southwest, thick slabs of bark were used on houses, often in company with other materials. On the eastern Plains and on the central Atlantic coast, bark gradually gave way to thatch as one progressed from north to south.

Weirs equipped with traps yield a distribution along the Arctic coast, the Sub-Arctic, the Northwest Coast, Plateau, California, the Northeast, and the Southeast. These fencelike contraptions probably caught more fish per year than any other method. They were especially effective for migrating fish such as salmon and steelhead. More fish were taken with these devices than any other on the Northwest Coast. The oldest known fish weir for North America is thought to be the Boylston Street weir in Boston with a radiocarbon date of about 2500 B.C. (Jennings, 1968: p. 125).

Except for parts of the Basin, parts of the Plains, and all of the Southwest, the rest of North America smoked or fire dried meat. Because of the wide distribution of all the traits in this cluster, one cannot posit even a cohesive ecological explanation for it. Historical factors, as yet unknown, somehow account for what now must be considered a coincidental yet non-random distribution pattern for the three traits.

Cluster 39 includes two traits, "crutch-handled sticks" used as digging tools for wild plants and "semi-subterranean Plateau houses." They correlate at a phi of 0.63. The crutch-handled stick is restricted to the Northwest Coast and Plateau. It is more efficient than the straight-handled type and is therefore found in areas where roots were dug in greatest quantity and were most essential in the diet. The house type included in this cluster is described in Driver and Massey (1957: p. 297). Its distribution was limited to the Plateau. Neither trait can be regarded as a cause of the other. Their similar distribution patterns are arbitrary as the two traits have their own respective and mutually exclusive reasons for this common geographical occurrence.

Cluster 40 (table 43) includes "houses with rectangular ground plans" and "spindle whorls." Rectangular ground plan houses are limited in distribution in North America. They occur in the northwestern part of the continent, the eastern half of the United States, and continuously from the Southwest to Panama. The northwestern houses are probably derived from Asia as they show a generic similarity to dwellings in Siberia, China, and Japan. The earliest date mentioned in the literature for their North American appearance is in Bandi (1969: p. 65). They date 400 B.C. at Iyatayet on Cape Denbigh and are part of the Norton culture. Houses of rectangular ground plan in the other two areas are closely associated with agriculture. This relationship holds temporally as they appear together at about the time of Christ in both the Southwest and Southeast. Because maize and other domesticated plants were diffused from south to north, it seems very likely that rectangular houses have the same history. It is therefore evident that rectangular houses in North America have a dual origin and history: from Asia to the northwest and from Meso-America to the southwest and east.

In North America the spindle whorl was used on the Northwest Coast and the adjacent part of the Plateau, sporadically in the eastern United States, in the Southwest, and Meso-America. It is frequently found in archaeological excavations in Meso-America, but no earlier than the Middle Preclassic (700 B.C.) according to the *Handbook of Middle American Indians* **10**: p. 301. As with the trait pair in Cluster 39, that of Cluster 40 is also an arbitrary one having no logic in a functional-causal sense.

Cluster 41 (table 43) includes "shell oil lamps," "wooden non-cooking containers," "crutch-handled paddles," and "basket or wooden rain hat worn by both sexes." Oil lamps made from shell were found

TABLE 43. Trait Clusters 40, 41

	Map numbers	94	124	136	120	92	113
	Trait numbers	245	316	339	309	227	290
245	Rectangular ground plan		.52	.37	.17	.23	.34
316	Spindle whorl	.52		.47	.24	.36	.35
339	Shell oil lamps	.37	.47		.62	.46	.53
309	Wooden non-cooking containers	.17	.24	.62		.63	.55
227	Crutch-handled single-bladed paddles	.23	.36	.46	.63		.56
290	Basket or wood rain hat worn by both sexes	.34	.35	.53	.55	.56	

only on the southern half of the Northwest Coast. Non-cooking containers made from wood predominated on the Northwest Coast and in Alaska. They were of two main types: dugouts and boxes. The dugouts were made by hollowing out a solid chunk of wood. Dishes, ladles, and oil-storage vessels were commonly made in this manner. Box containers were thinner-walled and lighter than dugouts. They were used for water pails and as storage containers for a wide variety of things from food to corpses. The Northwest Coast was the area where woodwork reached its highest development.

Crutch-handled, single-bladed paddles are found in Alaska, the Northwest Coast, among the Micmac of Nova Scotia, and in northwest Mexico. Because this type is also found in eastern Asia, the Northwest Coast specimens may be of Asian origin. The rain hats mentioned in the above trait list for this cluster are like the Oriental "straw hats" and occurred on the north Pacific Coast from Kodiak Island to the Columbia River. The only common ingredient making this a cohesive cluster is that three of the four traits included are made from wood, the dominant construction material of the Northwest Coast, while the fourth, shell lamps, are also an offering from the Northwest Coast ecosystem. Nothing can be posited concerning causal relationships among these traits *vis-à-vis* each other.

Cluster 42 (table 44) includes traits involved in a fishing economy. The areas involved are predictable since fish are their main staple in the annual economy. Thus the Pacific Coast of North America, except for most of California, plus the Gulf and Floridian coasts are involved. Because of the importance of fish, it is no surprise that rituals centering on their catch evolved in such areas as the Northwest Coast where complex social organization was further conducive to them. The social aspects of fishing resemble those of hunting in that one normally shared his catch with others. The fishing education of a boy included special attention to the first fish he caught. The first salmon ceremony on the Northwest Coast and adjacent parts of the Plateau was an elaborate affair unsurpassed by all other subsistence rituals in these areas. The major first-fish ceremonies of the Pacific drainage suggest

TABLE 44. Trait Cluster 42

	Map numbers	89	87	4	23	64	93	144
	Trait numbers	223	216	2	42	160	229	357
223	Dugout canoe		.81	.53	.50	.50	.48	.47
216	Dugout canoe dominant	.81		.53	.56	.57	.56	.48
2	Fish the dominant food	.53	.53		.92	.75	.67	.59
42	Fish most important staple	.50	.56	.92		.77	.69	.61
160	Major first fish rites	.50	.57	.75	.77		.69	.76
229	Rectangular plank house	.48	.56	.67	.69	.69		.67
357	Paddle-shaped club	.47	.48	.59	.61	.76	.67	

that many of the beliefs and practices spread from one tribe to another from a single point of origin somewhere in the area (Gunther, 1928).

Paddle-shaped clubs are common only on the North Pacific Coast and Plateau. Many of these are fish effigies. They were used to kill fish by hitting them on the head, and also for warfare. Such paddles indicate sophistication in design and motif and are probably climactic specimens of an evolutionary cycle generated by a fishing economy which included competition over fishing sites.

Dugout canoes are distributed all around the coasts of North America except in the Arctic and Sub-Arctic. Dugouts are also found in riverine regions of eastern United States and around the Great Lakes. Northwest Coast and Plateau dugouts probably have an independent origin from those that form a continuum running from eastern South America through eastern Meso-America to eastern United States. Ethnic units of the Northwest Coast used their dugouts for trading or plundering expeditions entailing trips up to 800 miles along the coast. This is plausible for the Northwest Coast, which was blessed with a surplus economy and a social organization which involved labor specialization.

The last trait to be discussed, the "rectangular plank house," described in Driver and Massey (1957: p. 297), was found mainly on the Northwest Coast. Although it does not fit into the neat fishing economy picture painted in the above discussion of the other traits in this cluster, it does fit other ecological and sociological patterns of the Northwest. Made from logs and planks, a hallmark of Northwest Coast construction, these structures housed extended families and were associated with complex social organization already alluded to above.

It can be posited, then, that the material traits and the one sociological trait concerned with ritual in this cluster are evolutionary ends to their respective categories originally generated and encouraged by a surplus economy based on fishing. The material traits in this cluster do not appear to be causally related *vis-à-vis* each other. Instead, they developed from a similar ecological base.

Cluster 43 includes only two traits, "avunculocal post-nuptial residence" and "unnamed *Nicotiana* tobacco species." They correlate at a phi of 0.70. Both limited to the northern region of the Northwest Coast, they form one of the most arbitrary pairings in this study, in which neither of the included traits had anything to do with the occurrence of the other. They occur together for mutually exclusive reasons.

Cluster 44 also involves a single trait pair. Included are "acorn preparation in which the whole kernel is boiled with lye to leach" and "dumbbell-shaped wooden pestles used for food." They correlate at 0.64. Acorns were prepared in the manner above in the northeast quarter of the United States. Acorns were not much eaten in this area in historic times, except when the maize crop failed or was destroyed by enemies. In pre-agricultural times, before Christ, they were probably more important in the diet.

The dumbbell pestle has a split distribution including the Circum-Caribbean, the Florida Gulf coast, and in a solid block from New England west to Minnesota. Another pestle shape involved only one bulbous end. Although the historical relations of these two types are not directly known, it seems that the dumbbell type is older and that the single bulb variety is derived from it. At any rate, the fundamental historical unity of wooden mortars and pestles in the eastern half of the United States is not to be doubted. Their combined distribution is almost identical with that of maize. Driver and Massey (1957) sometimes leaned toward diffusion from South to North America by way of the West Indies, but a more recent view (Sturtevant, 1960) is that no such diffusions are certain and that the route around the Gulf Coast is more plausible when diffusion occurred. While the dumbbell pestle and leaching acorns by boiling share a common distribution from Minnesota to New England, and there can be posited a functional connection between a chosen foodstuff (leached acorns) and an invented method for preparing them for easier human consumption (through mechanical grinding), there is nothing to suggest that these two traits encouraged or inhibited the particular form that the other one took. Thus there is no functional-causal reason for the clustering of these two specific traits.

Cluster 45 (table 45) involves traits made of hide, such as house covering and clothing, and sexual division of labor of tasks dominated by women.

Hide covering for dwellings occurred in a vast wedge-shaped area with the base being almost all the Arctic and Sub-Arctic, then forming an apex southward through the entirety of the Plains and Great Lakes. The Northwest Coast, eastern United States, most of the Plateau and all other western and Meso-American areas did not use hide as a primary material. Birket-Smith (1959: pp. 125–126) states that the hide-covered tents of inland ethnic units in northern Alaska and on the Mackenzie River are the undoubted ancestors of the snow-house. Various details in construction indicate to him that hide dwellings reached Alaska from Asia in the original migration period. Hide was the only house-covering material on the Plains proper where the tipi was lived in the year round.

Hide and fur were the dominant clothing materials in this same wedge-shaped area, again emphasizing the close relation of subsistence to other facets of culture. Hide was almost the exclusive clothing material in a huge area which included the Arctic, Sub-Arctic, Plains and the Northeast, areas were hunting was the dominant subsistence activity. The severe winters of the Arctic and Sub-Arctic also made hide and fur clothing a necessity for the hunters who spent most

TABLE 45. Trait Clusters 45, 46

Map numbers	106	97	108	112	111	131	115
Trait numbers	271	252	274	286	282	328	299
271 Women dominant house builders		.68	.55	.55	.49	.46	.33
252 Hide house covering	.68		.73	.61	.55	.62	.36
274 Hide and fur dominant clothing	.55	.73		.60	.51	.53	.35
286 Semi-tailored hide, 18 C. or earlier	.55	.61	.60		.78	.52	.52
282 Porcupine quill decoration	.49	.55	.57	.78		.52	.50
328 Women dominant in dressing skin	.46	.62	.53	.52	.52		.53
299 Soft (continuous) sole moccasins	.33	.36	.35	.52	.50	.53	

of their time in the open. This type of clothing was obviously in the earliest "survival kit" of the original migrants over the Bering land bridge.

Semi-tailored hide clothing occurring before the eighteenth century was worn all over the Sub-Arctic and Plains. Leggings were cut to fit the leg, and moccasins were sometimes sewn fast to them. Sleeves usually consisted of half-length flaps. The upper garments of men or the dresses of women were cut a little to conform to the human body, although the shape of the hide of the animal was still discernible. No very close counterpart of this style of clothing is reported for Asia as is the case for strictly tailored clothing, the history of which has already been discussed in the write-up of Cluster 23.

The remaining traits of Cluster 45 deal with two activities dominated by women. These are the erection and dismantling of the conical and dome-shaped portable structures of the Sub-Arctic and Plains, and porcupine quill decorating also throughout the Sub-Arctic and Plains, and sporadically in the Northeast. There is a high correlation between quillwork areas and hunting areas and, of course, between quillwork and the presence of porcupines. The exception to this latter rule is the Plains area, where some tribes obtained the quills in trade or made special trips to the mountains to get them.

Again, we must resort to an ecological explanation for this cluster as it makes no logical sense in and of itself. Hide was the most available material for housing and clothing in the areas involved in this cluster. The Indians of these areas appreciated the warmth it provided and also its flexibility in the construction of portable shelters involved in the nomadic life style of a hunting economy. And, of course, the environment provided hide. Because of the hunting economy made possible by the environment the sexual division of labor evolved with males as hunters and women as erectors of the portable tipis and, for the most part, as participants in the less strenuous activities such as quillwork.

Cluster 46 (table 45) includes only two traits, "skin dressing done by females" and "soft-soled moccasins." Except for some spotty incidences in California, the Basin, the Southwest, and Southeast in which men dressed skins, the remainder of North America north of Mexico employed women as the skin dresser. Where men did practically all the hunting, and fighting as well, this was equitable enough. Thus there is a fairly close distribution pattern between the dominance of hunting and the dressing of hides by women. The dresing of hides by women in the northern Plains played a prominent role in the change of family structure in the first half of the nineteenth century. At that time the demand for buffalo hides was at its peak. Because women prepared the hides, the more wives a man had the richer he became. With the horse and gun a man could kill enough buffalo to keep many women busy. As a result of this combination of factors, the maximum number of wives possessed by one man skyrocketed from five or six to as many as twenty or even thirty.

The soft-soled moccasion was characteristic of the Sub-Arctic, Plateau, northern Plains, Northeast, and Southeast. It has a sporadic distribution in the western culture areas of the United States. The soft-soled variety is generally regarded as more efficient for use with snowshoes and Driver and Massey (1957: p. 328) have demonstrated that the area of its exclusive occurrence correlates fairly well with the distribution of snowshoes. Nothing can suggest a causal relationship between the pair of traits in Cluster 46.

Cluster 47 (table 46) includes one sociological trait, "cross-cousin marriage in which a man marries either his mother's brother's daughter or his father's sister's son," and two material traits, "solid short board snow shoes" and "separate hide or fur sleeves."

The solid short board type of snowshoe is found among the Central Eskimos and the Indians from Lake Winnipeg east to the Atlantic; it is also found in two localities in southern Alaska. Bandi (1969) and Birket-Smith (1959) both allude to archaeological dates for this snowshoe type, claiming that it was in

TABLE 46. Trait Clusters 47, 48

Map numbers	152	80	117	42	110	125	20	81	87	120	4	89
Trait numbers	368	200	304	92	280	317	37	202	215	308	3	222
368 Man marries either MoBrDa or FaSiDa		.55	.47	.44	.24	.40	.43	.47	.40	.39	.37	.39
200 Solid short board snow shoes	.55		.60	.47	.39	.42	.56	.61	.43	.48	.53	.36
304 Separate hide or fur sleeves	.47	.60		.45	.49	.50	.63	.68	.52	.50	.46	.44
92 Paunch or hide for direct fire boiling	.44	.47	.45		.47	.50	.59	.54	.50	.53	.51	.42
280 Only small articles of clothing	.24	.39	.49	.47		.51	.55	.66	.52	.59	.59	.45
317 Bow loom	.40	.42	.50	.50	.51		.76	.72	.77	.69	.56	.57
37 Trumpet mostly of bark for calling game	.43	.56	.63	.59	.55	.76		.77	.72	.74	.64	.59
202 Board toboggan	.47	.61	.68	.54	.66	.72	.77		.72	.78	.73	.63
215 Bark boats	.40	.43	.52	.50	.52	.77	.72	.72		.84	.69	.79
308 Bark non-cooking containers	.39	.48	.50	.53	.59	.69	.74	.78	.84		.83	.72
3 Caribou, moose dominant	.37	.53	.46	.51	.59	.56	.64	.73	.69	.83		.59
222 Bark canoe	.39	.36	.44	.42	.45	.57	.59	.63	.79	.72	.59	

the trait inventory of the Arctic culture of the Denbigh tradition dating as far back as 4000 B.C., long before skis first appeared in Sweden, around 2000 B.C. It is assumed that these snowshoes were introduced from Siberia.

Snowshoes give considerable insight into cultural processes. First, there is snow as a necessary antecedent condition for their invention, but not a sufficient antecedent condition, witness South America and Africa where they are rare or absent in the snowy regions of these continents. How many times snowshoes were invented is unknown, but they were probably invented only once or twice and were copied by neighboring peoples until they had spread across a vast area from Europe to Labrador. Secondly, there is areal specialization: the Old World concentrated on wooden kinds which developed into skis; the New World elaborated mesh and frame types copied by early European travelers in the Sub-Arctic. Thirdly, more efficient types tend to replace less efficient types when introduced: the ski replaced the short board in the Old World; the advanced mesh snowshoes replaced the bear paw and short board varieties in parts of the New World.

Separate hide or fur sleeves have a split distribution, in the northern Plains and New England, and can be put into the temporal framework of other semi-tailored hide clothing discussed in Cluster 45.

The cross-cousin marital forms listed in this cluster were found in the Northwest Coast, central Sub-Arctic, and the Yucatan peninsula. North American instances of cross-cousin marriage are remarkable for the wide variety of other traits associated with them. Thus descent may be patrilineal, matrilineal, or bilateral; postnuptial residence may be patrilocal, matrilocal, avunculocal, or bilocal; kinship terminology may be Crow, Omaha, Iroquois, Hawaiian, or Eskimo. These facts added to the scattered appearance of the geographical distribution of cross-cousin marriage suggest a multiple origin of the phenomenon as well as multiple causality.

The other two traits in this cluster certainly cannot be considered as causes of cross-cousin marriage. Neither can there be posited a causal relationship between these two material traits in the cluster. The similar distribution of the three traits is mere happenstance.

Cluster 48 (table 46) concerns an economic subsistence pattern based on the pursuit of the caribou and moose. The Sub-Arctic area from interior Alaska on the west to the Atlantic Ocean on the east subsisted primarily on caribou and moose. While both animals are found together in many localities, caribou predominate in the north and moose in the south. It is no surprise then that the bark trumpet was used as an auditory decoy to imitate the call of the moose and caribou as well. The distribution of this instrument corresponds more closely with the range of the moose than with that of the caribou. The hunting of these animals was a necessary condition for the invention and spread of the trumpet.

The bow loom, a curious variant of the two-bar frame, is found principally in the Sub-Arctic. It was used to weave bands worn on the body. These were decorated with porcupine quills and moose-hair embroidery. The warp elements were held rigid by the tension of the flexed bow. The historical factors associated with the Sub-Arctic distribution of the bow loom are unknown.

The bark canoe was the dominant boat type in the Sub-Arctic and parts of adjacent areas to the south. It extended all the way to the Pacific Coast in the Northwest and down nearly to the Gulf of Mexico in the Southeast. In the Sub-Arctic it was the main method of transportation in the summer, although human and dog packing were resorted to at portages and in regions where streams were unnavigable. In winter it was secondary to the toboggan and back packing because the lakes, and many streams, were frozen over. Like so many other articles made of birchbark, canoes of this material were also common in northern Asia. Probably North American bark canoes stem from those in Asia. Again, there is an ecological reason for the inclusion of this trait in Cluster 48. Not only is it made from the materials of this forested area; it obviously facilitates the pursuit of fish, the second most valuable food in the region; and it also facilitates the pursuit of caribou and moose. As Birket-Smith (1959: p. 86) explains it, the most important hunting season is the summer. At this season the herds make their way to certain crossing places on the fjords and rivers which bar their path; close to these the hunters lie concealed in their canoes, and as soon as a herd is well out in the water, the boats shoot like arrows in among the defenseless animals and a veritable massacre begins.

Bark is also the dominant material for non-cooking containers in this area. This is not surprising given its forested ecosystem. Pottery and woven basketry products of more sedentary peoples did not catch on in this area. Birchbark vessels could be made faster and, although they did not last as long, sufficed for the nomadic hunting life of the Sub-Arctic.

Toboggans in the Sub-Arctic were made of one or more boards curved upward at the front end so as to glide over the snow without nosing into it. They are more characteristic of the eastern Sub-Arctic, although also found in the Mackenzie area. It is probably no accident that the toboggan overlaps the distribution of board snowshoes to a considerable extent. One gets the impression that it has recently spread westward because it has been reported as a recent (historic) acquisition only in the West. The toboggan is regarded by specialists as being older than the sled. The North American type has been found in northern Asia as far west as Lake Baikal. It is probably as old as snowshoes and skis, the dating of which was posited in the discussion of Cluster 47. Ecologically, the toboggan was better adapted than the sled to the soft snow of forested areas, and on it a man could drag a heavier load than he could carry. The surface of the toboggan was many times as great as that of a snowshoe and made it possible for the traveler to handle many times the weight he could have carried.

Except in the western Sub-Arctic, Northwest Coast, the Plateau, and California, where boiling was done by hot stones, boiling was done mainly by direct fire or by both direct fire and stones. In the Sub-Arctic paunches and hides served as vessels for direct boiling. Apparently they lasted at least long enough to cook the meat of the animal of which they were a part, as a new one was obtained with each moose or caribou slain.

Only small articles of clothing such as belts, ribbons, garters, and leggings were of woven wool or hair in the Sub-Arctic. Sometimes wool and hair were embroidered onto hide clothing in this area. Moose hair was the type used. It was often dyed several colors so that the effect produced was superficially similar to that of dyed porcupine quills.

Cluster 48 appears to be an ecological one as most of the traits therein facilitate a subsistence base provided by the environment and are made of materials found in it. Little can be said of a causal relationship between any combination of the traits in Cluster 48. They do not seem to have been factors in the encouragement *vis-à-vis* each other.

As in Cluster 48, the traits of Cluster 49 (table 47) are traits which for the most part facilitate the pursuit of wildlife. Generally speaking they are found in the Arctic and Sub-Arctic where large sea and land animals were hunted, and where fishing also played a dominant role in subsistence activities. Three traits, "gill nets and/or seines," "leisters," and "composite fishhooks," center on fishing.

Gill nets and seines have a distribution from the

TABLE 47. Trait Cluster 49

Map numbers	43	58	80	17	25	27	29	14	117
Trait numbers	96	138	201	31	46	52	56	25	302
96 Bark stone boiling vessels		.58	.51	.52	.56	.43	.48	.52	.48
138 Scaffold or platform food storage	.58		.58	.56	.51	.58	.46	.49	.53
201 Advanced snowshoes	.51	.58		.50	.49	.55	.52	.51	.53
31 Log or log-stone deadfalls	.52	.56	.50		.57	.52	.54	.54	.50
46 Gill nets and/or seines	.56	.51	.49	.57		.57	.64	.55	.47
52 Leisters	.43	.58	.55	.52	.57		.74	.64	.59
56 Composite fishhooks	.48	.46	.52	.54	.64	.74		.73	.55
25 Driving or pursuing game into water	.52	.49	.51	.54	.55	.64	.73		.56
302 Hide or fur mittens	.48	.53	.53	.50	.47	.59	.55	.56	

north Alaskan coast, southward through almost all of the Sub-Arctic, Plateau, Northwest Coast, and northern California. Nets were of first rank from the Great Lakes northwestward well into the Mackenzie Basin, where they accounted for more captured fish than any other device. It is certain that seines and gill nets are pre-Columbian in many localities because stones probably used as sinkers have been found in quantity by archaeologists in both eastern and western North America. The earliest reported evidence of fish nets is that of Jennings (1968: pp. 296–298). The site cited is the earliest level at Chaluka on Umnak Island in the Aleutians. These nets are dated *circa* 2000 B.C.

Leisters, fish spears with three fixed points, but sometimes with only two, were used where fishing was of first or second rank in food economy. They are superior to simple spears as retrieving instruments because the two outside points are barbed so as to hold the fish securely. Leisters occur throughout the Arctic, Northwest Coast, Plateau, and Sub-Arctic, with the exception of the Mackenzie drainage in the latter area. Leisters are also in the trait inventory of the Chaluka site discussed immediately above. Therefore, they have been used in North America as far back as 2000 B.C. Bandi (1969) offers no earlier dates for either gill nets or leisters in North America.

Composite fishhooks, made from two or more pieces of material which are bound and glued together, occur in the Arctic, Sub-Arctic, Plateau, Northwest Coast, and Northeast. Except for halibut and cod fishing on the Northwest Coast, hooks were relegated to a subordinate position as a means by which fish could be taken. They were far less effective than nets, weirs, and spears. Bandi (1969: p. 70) cites a pre-Okvik date of 3000 B.C. According to Jennings (1968: p. 300) this would put fishhooks in the Asia-Alaska maritime tradition.

Three more traits in this cluster are directly associated with pursuit of game. These are "log or log and stone deadfalls," "advanced snowshoes," and "driving or pursuing land animals into water."

The variety of deadfalls in this trait list occurred primarily in the Sub-Arctic, Plateau, and Northwest Coast. Deadfalls, like pitfalls, are found in all major parts of the world and may possibly date from the Paleolithic.

Advanced types of snowshoes appear to have originated in the western Sub-Arctic of North America. They extend only as far as eastern Siberia in the Old World. While the peoples of the eastern Sub-Arctic may have been more conservative and resisted change more than those of the western Sub-Arctic, they may also have acquired the advanced type at a date so recent that the older types had scarcely had time to be dropped. The latter alternative seems to apply to the west where the advanced variety is frequently reported to be recent (historic period). Snowshoes were indispensible to the traveler in the northern half of the continent and greatly facilitated the pursuit and transport of prey.

The driving of land animals into water or the pursuing of them in water is most characteristic of the Arctic and Sub-Arctic areas, where it is most often associated with the hunting of caribou and moose. The methods of water pursuit have already been described in the discussion concerning bark canoes in Cluster 48.

The other three traits of this cluster, "storage of food on scaffold," "major stone boiling vessels made of bark," and "hide or fur mittens," obviously had no direct association with pursuit of fish and game. Storage on an outdoor scaffold centers in the Sub-Arctic but is also found in the western Arctic, on the Plateau, and on the northern Plains. In these areas meat or fish was the main diet and had to be elevated or buried out of reach of carnivores. To discourage rotting of dried meat, it was placed high on a scaffold where it got a reasonable amount of air.

Mittens were regularly worn in winter in the Arctic, Sub-Arctic, on the Plateau, and northern Plains. They were a necessity without which a hunter could not function with top efficiency. This was especially true of the Eskimo, where the sudden jerk of a powerful sea mammal on a line in the bare hands might sever a finger.

The nine traits in this cluster are not causes of each other regardless of how one might combine them. Why they clustered significantly is not surprising, however, since the great majority are culture elements involved in subsistence activities of a particular northern ecosystem. It is also notable that the traits are evolutionary climaxes of their particular categories in the spatial-temporal framework of the core area involved, indicating an effort to expend energy as efficiently as possible by the people involved.

Cluster 50 (table 48) includes "built-up dog sleds," "tandem arrangement of dog teams," and "rectangloid earth-covered Alaskan house." The built-up sled has quite a limited distribution as it is found on the northern Alaskan coast. Bandi (1969: p. 103) gives an archaeological date of 200 B.C. for one found at Deering, near Point Hope, at an Ipuitak Culture site. Although dogs at Point Hope are mentioned on the same page, Bandi does not say the built-up sled was drawn by dogs. On another page (119) he mentions dog-drawn sleds at Birnirk about 500 A.D. On still another page (68) he mentions hand-drawn sleds of some kind with a date of 300 B.C. at Okvik.

In a tandem arrangement the trace of each dog is fastened to a master trace which alone is attached to the sled. The dogs run in pairs, double file, except for the lead dog which runs alone in front. When the dog sled was introduced into the forested Sub-Arctic by Europeans, it was the tandem arrangement which was universally adopted, since a fan arrangement, in which each dog has a separate trace, could result in half the dogs going on one side of a tree while the

TABLE 48. Trait Clusters 50, 51

	82	83	93	13	102
Map numbers	82	83	93	13	102
Trait numbers	208	211	242	24	264
208 Built-up dog sled		1.00	.57	.27	.60
211 Tandem team	1.00		.57	.16	-.03
242 Rectangloid earth-covered Alaskan house	.57	.57		.18	.05
24 Separation of land and sea mammals by taboos	.27	.16	.18		.59
264 Earth, stone, or snow platform in house	.60	-.03	.05	.59	

others would go on the other side. Therefore, the tandem arrangement, which had long been used in Europe for horses, was the only practical arrangement for a wooded region. "Mush," the universal Indian command to go, is a cognate of the French word "marche." The tandem arrangement in North America apparently has a dual origin: from Siberia to the western Eskimos; from France to the Indians of the Sub-Arctic.

The house type in this cluster's trait list is limited to the northern two-thirds of Alaska including the coasts. Bandi (1969: p. 65) gives a date of 400 B.C. for its appearance on Cape Denbigh. Nothing earlier is mentioned.

No causal relationship can be posited for the three traits in Cluster 50. The particular forms they took were not affected by one another. They resulted from an appreciation of the greater efficiency of the Siberian and European forms by the recipient peoples in the core area of this cluster.

Cluster 51 (table 48) involves only two traits, "separation of land and sea mammals by taboos" and "house platforms made from earth, stone, or snow." Taboos separating land and sea mammals are primarily an Eskimo custom, although reported sporadically on the Northwest Coast. It was taboo to eat both land and sea mammal meat on the same day, taboo to cook them in the same vessel without thoroughly washing it, taboo to dress a seal hide in a caribou-skin tent, etc. The motive behind this practice is uncertain. The Eskimos certainly did not want to alienate animal spirits. It was believed that the soul of a slain animal would tell other animal souls what kind of treatment was received from the hunter who slew it. If the treatment was inadequate, the other animals would not permit themselves to be taken by the hunter, who would therefore be a failure.

The type of platform involved in this cluster was used as a bench by day and bed by night. It was constructed by central and eastern Eskimos. Origins of these platforms seem to be in Alaska and probably ultimately in Asia. This is one of the most arbitrary of clusterings in this study. Nothing suggests a causal relationship between the two. Each trait has its own causes for its occurrence, none of which includes the other.

The traits of Cluster 52 (tables 49 and 50) center in the Arctic: 10 traits occur only in the Arctic, the remaining 12 are found in smaller frequencies in other areas as well, and the distributions of these 12 follow. Those that are limited to the Arctic and the Northwest Coast are: "oil lamp of stone"; "urine for skin dressing agent"; "slain sea mammal given drink"; "whales hunted at sea"; and "harpoon with inflated float." Those traits limited to the Arctic and the Sub-Arctic are: "food covered with stones for storage"; "hide stockings"; "hide boats elongated, pointed ends"; "sinew cords tied on bow longitudinally"; and "tailored hide clothing." A single trait, "double-bladed paddle," occurs in the Sub-Arctic, California, and the Southwest, as well as in the Arctic. Another trait, "oil lamp only for illumination," is found on the Northwest Coast, in the Sub-Arctic, and Southeast, as well as in the Arctic. The single occurrence in the Southeast (Virginia) was a gourd container and is certainly historically independent of the northern cases. Still another trait, "bow drill," is found in the Sub-Arctic and Northwest Coast as well as in the Arctic. The spillovers into the Sub-Arctic and Northwest Coast almost always form continuous distributions with the Arctic occurrences and are assumed to have a common origin, most likely in the Arctic. The split distributions, of which the double-bladed paddle is the best example, may have multiple origins, in this case probably only two because the California and Southwestern cases form a single continuous geographical distribution, as do those in the Arctic and Sub-Arctic.

Ten of the traits in Cluster 52 (tables 49 and 50) are directly involved in or are dependent on sea mammal hunting: the baleen toboggan (204); the sea mammals themselves (1, 17); the hide boat (214, 220); the oil lamp (335, 336, 337); the double-bladed paddle (226); the harpoon (15); and the offering of a drink to the slain animal (23). The oldest of the material traits first appear at about 2000 B.C. in the Aleutian Islands and Alaska (Jennings, 1968: pp. 296,

TABLE 49. Trait Captions for Cluster 52	Number of Tribes Where Present	Estimated Age in Centuries	References
243 Domed snow house dominant	4	29	inferred
30 Tower trap			
204 Baleen toboggan	4	24	Bandi 1969:68.
143 Food covered with stones for storage			
294 Hide stockings			
210 Fan dog team arrangement			
207 Low dog sled	10	15	Bandi 1969:119.
1 Sea mammals dominate subsistence	10	39	Bandi 1969:54-56.
214 Hide boats dominant	13	39	Bandi, 1969:54-56.
250 House made of snow blocks	10	29	inferred
335 Oil lamp for cooking and illumination	12	39	Bandi 1969:89.
226 Double-bladed paddle	21	39	inferred
333 Bow drill			
220 Hide boats elongated, pointed ends	27	39	Bandi 1969:54-56.
343 Sinew cords tied on bow longitudinally	22	13	Bandi 1969:80.
285 Tailored hide clothing	16	39	inferred
337 Oil lamp of stone	18	39	Jennings 1968:298.
336 Oil lamp only for illumination			
325 Urine for skin dressing agent			
23 Slain sea mammal given a drink			
17 Whales hunted at sea	17	39	Bandi 1969:54-56.
15 Harpoon with inflated float	24	24	Bandi 1969:70.

300, 301) but do not reach eastern Canada and Greenland until after 1000 B.C. (Willey, 1966: p. 419).

The snowhouse is difficult to date because it leaves no archaeological evidence, but the scarcity of wood, whalebone, and even suitable stone to build a house frame in the central Arctic suggests that the snowhouse was necessary for survival there from the time of earliest occupation, about 1000 B.C.

Other traits closely determined by environment include the tower trap (30), a cylinder of stones into which an animal fell after seeking the bait at the top. This is a pitfall above ground in an area where the ground was frozen solid most of the year and it was therefore impossible to dig a hole for a conventional pitfall. The covering of food with stones for storage (143) also reflects the impossibility of digging a pit for that purpose. The tailored hide clothing (294, 285) was also necessary for survival in the environment, but the fact that it was made principally of caribou fur suggests that it is much older than the shoreline Eskimo culture. The use of urine to dissolve the fat on the inside of sea mammal hides (325), used for boats more extensively than for clothing, is explained by the absence of any other skin-dressing agent that would do the job.

The sled, first pushed or drawn by humans, is first reported at Okvik, about 300 B.C. The dog sled (207) was apparently later, about 500 A.D. (Bandi, 1969: p. 119). The earliest evidence of the sinew-backed bow (343) is from the Punuk tradition about 700 A.D. (Bandi, 1969: p. 80). However, arrowheads of both chipped stone and antler are reported as early as 4000 B.C. (Bandi, 1969: pp. 54–55).

The essentials of Eskimo and Aleut culture go back to about 2000 B.C. on both the Aleutian Islands and the Alaskan mainland. The heavy dependence on sea mammals, the harpoon, hide boats, oil lamps of stone, and probably tailored fur clothing is certain to have been present at this relatively early date. The occupation of the Aleutian Islands at this time clinches the possession of hide boats, for instance, because the first settlers could not have reached these islands without them.

A glance at the estimated ages of the Arctic traits in table 49 reveals no obvious correlation between the ages and the rank order in the cluster. The most distinct characteristic of Cluster 52 is its close relationship to survival in the Arctic environment, but again most of the traits do not fit into a definite evolutionary order. While it is obvious that sea mammals had to be taken

TABLE 50. Correlations for Cluster 52

Maps	93	16	81	59	114	83	82	4	87	96	135	92	133	88	138	112	136	135	130	13	11	10
Traits	243	30	204	143	294	210	207	1	214	250	335	226	333	220	343	285	337	336	325	23	17	15
243		.81	.49	.52	.59	.62	.62	.46	.54	.62	.57	.42	.43	.37	.41	.36	.46	.38	.47	.62	.34	.28
30	.81		.60	.71	.73	.77	.77	.63	.67	.77	.70	.52	.53	.45	.50	.49	.56	.47	.58	.63	.48	.39
204	.49	.60		.52	.59	.62	.62	.62	.54	.62	.57	.42	.43	.37	.41	.49	.46	.38	.47	.46	.47	.39
143	.52	.71	.52		.73	.77	.77	.77	.67	.77	.70	.52	.62	.52	.58	.51	.56	.47	.49	.54	.49	.40
294	.59	.73	.59	.73		.95	.95	.85	.83	.85	.77	.77	.66	.62	.69	.74	.69	.64	.71	.75	.64	.52
210	.62	.77	.62	.77	.95		1.00	.90	.87	.90	.81	.67	.69	.59	.66	.70	.73	.61	.67	.69	.67	.56
207	.62	.77	.62	.77	.95	1.00		.90	.87	.90	.81	.67	.69	.59	.66	.70	.73	.61	.67	.69	.67	.56
1	.46	.63	.62	.77	.85	.90	.90		.87	.79	.72	.67	.69	.59	.66	.79	.73	.61	.67	.58	.67	.56
214	.54	.67	.54	.67	.83	.87	.87	.87		.87	.79	.71	.79	.67	.75	.82	.84	.70	.72	.69	.72	.60
250	.62	.77	.62	.77	.85	.90	.90	.79	.87		.91	.67	.69	.59	.66	.70	.73	.61	.59	.58	.59	.49
335	.57	.70	.57	.70	.77	.81	.81	.72	.79	.91		.61	.62	.52	.59	.63	.66	.55	.53	.53	.53	.43
226	.42	.52	.42	.52	.77	.67	.67	.67	.71	.67	.61		.55	.50	.62	.63	.58	.52	.55	.53	.49	.39
333	.43	.53	.43	.62	.66	.69	.69	.69	.79	.69	.62	.55		.70	.63	.71	.72	.59	.68	.54	.62	.50
220	.37	.45	.37	.52	.62	.59	.59	.59	.67	.59	.52	.50	.70		.66	.75	.70	.61	.57	.52	.52	.45
343	.41	.50	.41	.58	.69	.66	.66	.66	.75	.66	.59	.62	.63	.66		.78	.73	.65	.59	.58	.53	.52
285	.36	.49	.49	.51	.74	.70	.70	.70	.82	.70	.63	.63	.71	.75	.78		.81	.73	.64	.61	.64	.64
337	.46	.56	.46	.56	.69	.73	.73	.73	.84	.73	.66	.58	.72	.70	.73	.81		.84	.66	.57	.66	.59
336	.38	.47	.38	.47	.64	.61	.61	.61	.70	.61	.55	.52	.59	.61	.65	.73	.84		.76	.61	.60	.61
325	.47	.58	.47	.49	.71	.67	.67	.67	.72	.59	.53	.55	.68	.57	.59	.64	.66	.76		.76	.62	.56
23	.62	.63	.46	.54	.75	.69	.69	.58	.69	.58	.53	.53	.54	.52	.58	.61	.57	.61	.76		.57	.49
17	.34	.48	.47	.49	.64	.67	.67	.67	.72	.59	.53	.49	.62	.52	.53	.64	.66	.60	.62	.51		.72
15	.28	.39	.39	.40	.52	.56	.56	.56	.60	.49	.43	.39	.50	.45	.52	.64	.59	.61	.56	.49	.72	

before their hides could be used for hide-covered boats, the construction of these boats fed back into the ecological cycle and made it possible to take many more sea mammals. This notion of functional feedback to reinforce the trend in the development of Arctic culture is more meaningful than billiard ball or causal chain causality.

Cluster 53 (table 51) consists of only two material traits located in Alaska. The "elbowed digging stick" is limited to the Eskimo on Bering Sea, but the "oil lamp of pottery" extends further inland to include three Athapaskan groups in the Alaskan Sub-Arctic. There is no functional-causal relation, nor any evolutionary or cyclical relation between these traits. The lamp is in part determined by the dependence on sea mammals for food, the fat of these animals from which to render the oil, and the long dark days of winter. The pottery material is generally regarded as derived by diffusion from Asia and first appeared in the Choris culture of about 700 B.C. (Bandi, 1969: p. 65). The stone lamp is much older, 2000 B.C. (*ibid.*: p. 89).

Cluster 54 (table 51) consists of only two traits: the "built up sled pushed or pulled by humans" in the Alaskan Sub-Arctic; the "fire drill rotated by a strap" in the same area. Again there is no reason for this correlation other than an historical one, and both appear to have been derived from the Eskimos in spite of the facts that the Eskimos used dogs to pull their built-up sleds and attached the strap of their drill to a bow. The built-up sled is first reported in the Ipiutak culture of the Eskimo about 200 B.C. (Bandi, 1969: p. 103).

Cluster 55 (table 51) consists of three traits: the "chest yoke for carrying" is limited to Bering Sea and Pacific Eskimo and Aleut, plus the Athapaskan Tanaina; the "shallow wooden bowl or box used as a mortar" is reported for the same Eskimo and Aleut, plus the Athapaskan Ingalik; and the "maul-shaped wooden pestle" is known for the same Eskimo, plus the Ingalik. It seems possible that the Athapaskans derived these objects from the Eskimos, although the use of wood material for two of them is reminiscent of the Northwest Coast; but the same types of these objects are not reported in the latter area.

11. TRAIT MACROCLUSTERS

Here and there in Section 10, above, we have suggested that certain clusters could be combined at a lower level of correlation to form macroclusters. We shall now do this systematically from the tree diagram printout. We arbitrarily choose the 0.01 level of sig-

TABLE 51. Clusters 53, 54, 55

	Map numbers	32	136	82	133	79	48	51
	Trait numbers	66	338	209	332	195	111	119
66	Elbowed digging stick		.57	.32	.20	.28	.40	.66
338	Pottery oil lamp	.57		.57	.37	-.01	-.01	.57
209	Built-up human propelled sled	.32	.57		.65	.28	-.10	.32
332	Strap fire drill	.20	.37	.65		.56	.26	.43
195	Chest yoke for carrying	.28	-.01	.28	.56		.70	.57
111	Shallow wooden bowl or box mortar	.40	-.01	-.10	.26	.70		.81
119	Maul-shaped wooden pestle	.66	.57	.32	.43	.57	.81	

nificance which is associated with a phi of 0.164. The closest bridge in the tree-diagram printout is 0.163. At this bridge, 31 groups remain, of which 6 are singletons, leaving 25 macroclusters of two or more trait members each. Table 52 shows the relation of the 55 clusters to the 25 macroclusters.

The largest macrocluster is *E*, which contains seven clusters and eight additional traits which were singletons in the cluster classification at a bridge of phi = 0.500. This macrocluster may be labeled the horticulture assemblage, because almost all the occurrences of the 63 member traits fall within the area where horticulture was found. A considerable number of traits in this group were dependent on the superior subsistence base provided by horticulture, without which they could not possibly have originated within the various tribal territories in the area or have been accepted when offered by donor tribes in the chains of diffusion. Apart from the details of horticulture and food preparation directly related to farming, these include: metallurgy, high-quality weaving, stone-walled houses and stone architecture, bark paper for writing, litter for nobility, high quality pottery, the Pueblo type of apartment house, class structure in Meso-America, and many other things not in the inventory of this study.

At the same time a number of more trivial items are also found in this horticultural macrocluster, such as: pellet blowgun, snuff tube, calabash hunting disguise, hammock, unwoven bark cloth, spearthrower, hide sandal (which may be as much Spanish as Indian), cactus tongs, curved throwing club used in hunting, club of a stone and stick encased in rawhide used in war, simple fish spear, descriptive kin terms for sisters and cousins, *Nicotiana attenuata* (a wild form of tobacco), and storeroom in the house. Most of these traits would fit into a hunting and gathering culture as well as a horticulture one, and some actually occur among hunters and gatherers.

The order of the traits in Macrocluster *E* shows a definite tendency toward an evolutionary scale, with the high point in Clusters 15 and 16, which center in Meso-America. Clusters 17 to 21 represent a tapering off to lower levels of achievement shared by other horticultural areas.

The second largest macrocluster in table 52 is *K*, with 50 member traits. These traits are most numerous in California, Great Basin, and Southwest; but some extend northward to the Plateau and Northwest Coast, with a few even reaching the western Arctic; and a few extend eastward as far as Plains farmers. They tend to be associated principally with gatherers, hunters, and fishers as opposed to horticulturalists. They are generally absent in the central and eastern Arctic, and in the Sub-Arctic. Although a minority of the trait occurrences in Macrocluster *K* are found among farmers, almost all predate farming in the localities where they are associated with it in the historic period. An example is the pit house, which is older than farming in the Southwest; yet its important role as the kiva in Anasazi and Pueblo culture, where rainmaking and fertility rites dominate the religious ceremonies, would suggest a post-horticultural origin to a novice unfamiliar with the archaeological evidence.

As pointed out in the discussions above of Clusters 26–33, which are members of Macrocluster *K*, geographical environment and the ecology of man's adaptation to it is a partial explanation of the correlations. It is less pervasive here than in the Arctic, and perhaps even the Sub-Arctic, but nonetheless apparent. At the same time a number of member traits have little or nothing to do with ecology, for instance: straight (tubular) pipe shapes; direct fire sweating; primary arrow release; twining of baskets; sinew fibers glued on bow longitudinally; wooden food mortar in side of log instead of in the end; feathers over woven or netted foundation as a ceremonial cape; the chewing, eating, drinking, and licking of tobacco instead of smoking;

fur muff as opposed to mittens; two-bar weaving frame without heddles; basket cap worn only by women; the hand fire drill; radial arrow feathering; and bifurcate collateral kin terms for mother and aunts.

A scanning of the sequence of most of the traits in Macrocluster *K* that appear in tables 37 to 40 reveals no suggestion of a temporal sequence matching the sequence of the ordered correlation matrix. The positions of the singletons, given in table 23, are equally arbitrary. There is no suggestion here of evolution or cycling in the traits in the ordered matrix of Macrocluster *K*.

However, when the entire ordered correlation matrix of all 392 traits is viewed as a single huge macrocluster, it does have a tendency to form a rough scale of evolutionary level and temporal sequence. If the sequence of traits, clusters, and macroclusters in tables 23 and 52 are read backwards, the general trend is from the simple to the complex and from early to late. Macroclusters *Y, X,* and *W* (tables 48–51) all center in the Arctic, with spillovers in the Sub-Arctic and on the Northwest Coast. Although proto-Eskimo and proto-Aleut maritime cultures go back to only about 2000 B.C. (Bandi, 1969: pp. 198–199), there is earlier evidence of land mammal hunters from about 7000 B.C. (*ibid.*) and dates recently reported in the news are as old as any in North America. Kroeber (1939: map 28) rates the Arctic two and three on a seven-step ordinal scale of culture intensity; this is based on technology. Its social organization would surely be only one.

Macrocluster *U* (tables 45–47) centers in the Sub-Arctic, with spillovers into adjacent areas. The traits in this group are probably earlier on the average than those in the Arctic and are almost as closely adapted to geographical environment. Kroeber (1939: map 28) rates the Sub-Arctic only one plus on his seven-step scale of development.

Skipping the macroclusters with only a few member traits, we shall examine *P* (tables 43, 44) next. This group centers on the Northwest Coast, with less frequent occurrences in other areas. Although we have not attempted to date individual traits in this assemblage, archaeologists (e.g., Willey, 1966: pp. 385–387) suggest two directions of influence, one from the Eskimo-Aleut maritime culture and the other from the Old Cordilleran land-based tradition. The earliest dates for the latter are in the Plateau area and go back to about 9000 B.C. Nothing this early has been found on the Northwest Coast. Kroeber (1939: map 28) rates the Northwest Coast three to five on his seven-step ordinal scale and the Plateau only two. The relatively high rating for the Northwest Coast breaks the regularity of the general sequence from the simple to the complex in the entire ordered intertrait correlation matrix.

Macrocluster *N* (table 42) includes three fishing traits plus "meat smoked or fire dried," "mollusk shell spoons," "whole acorn kernel buried in mud," and "bark house materials." This small assemblage is most frequent on the Northwest Coast, Plateau, and in the Sub-Arctic, but spills over into the Arctic, California, Basin, Northeast, and even Southeast. Some of these traits are old, perhaps going back to Paleo-Indian times. Kroeber rates California number three, the Basin one, and the Northeast and Southeast three and

TABLE 52. Concordance of Macroclusters, Clusters, and Singletons

Macro-clusters	Clusters	Singletons not in clusters but in Macroclusters
A	1, 2, 3, 4, 5, 6, 7	39, 182, 80, 387, 44, 314, 75, 266, 263, 329, 387
B	8	154, 382
C	9, 10, 11, 12, 13, 14	51, 236, 153, 196, 327, 9
D	None	120, 124
E	15, 16, 17, 18, 19, 20, 21	354, 53, 145, 13, 383, 179, 140, 165
F	22	102, 150, 186
G	23, 24	27, 247, 178, 354, 364, 22, 98, 26, 170, 281, 307, 108, 248, 340, 5
H	25	238, 348
I	None	334, 28
J	None	297, 346
K	26, 27, 28, 29, 30, 31, 32, 33	110, 141, 57, 278, 173, 107, 18, 303, 319, 20, 121, 291, 352, 287, 331, 345, 326, 277, 233, 379, 224, 157, 261, 136
L	34, 35	38, 59, 64, 35, 32, 313, 7, 370
M	None	385, 375, 29
N	36, 37, 38	292, 6, 159, 49, 41, 369, 33, 43, 128
O	39	40, 162, 254, 206, 135
P	40, 41, 42	270, 376, 279, 306, 16, 97
Q	None	131, 365, 362, 356, 147, 148, 156, 360
R	43	318, 367
S	44	381, 10, 61, 14
T	None	241, 203, 152, 94, 155
U	45, 46, 47, 48, 49	273, 386, 158, 54, 199
V	None	228, 212, 205, 305, 295, 249, 246
W	50, 51, 52	363, 19, 34, 244, 91, 349
X	53, 54, 55	21
Y	None	384, 93, 315

four on his seven-step ordinal scale; but the three and four ratings are not based on these relatively simple traits.

Macrocluster *K* has been discussed above. Its trait content centers in the western United States and consists of details available to hunters and gatherers of wild animals and plants, even though some of the traits spill over into the Southwest. Kroeber's ratings for the Southwest show a lot of variation: one for the Plateau Yumans, two for the Apacheans, three for the River Yumans and Pima-Papago, and five for the Pueblos. About half of the traits in this macrocluster reflect the ecology of the area with more dependence on wild plants than on wild animals. Most of these traits are at least old enough to predate horticulture and some go back to the beginnings of the Desert archaeological culture.

Macrocluster *G*, and especially its Cluster 24 (table 35), centers in the Plains area. Some of its member traits go back to the Paleo-Indian, but others are post-horticulture. Kroeber rates the Plains three and four. An ecological explanation looms large in Cluster 24.

Macrocluster *E*, the largest, was discussed near the beginning of this section and labeled the horticultural assemblage. Most of its member traits are post-horticulture. Its climax is Clusters 15 and 16, which center in Meso-America. Kroeber rates Meso-America six and seven on his scale. These clusters are the high point on the scale of complexity for the ordered matrix of all 392 traits.

Macrocluster *C* (tables 27, 28) centers in the Southwest. Most of its member traits are post-horticulture but some are pre-horticulture. Its general level of development is lower than that of Macrocluster *E* with its climax in Meso-America.

Macrocluster *A* (tables 24, 25, 26) centers in the Southeast, but spills over into the Northeast, Plains, and a little into the Southwest. Most traits are post-horticulture, but a few are earlier. Kroeber's number three rating about matches his average for the various parts of the Southwest.

To sum up the whole trend of level of culture development running through the whole 392-trait ordered matrix, it begins in the Arctic and proceeds through the culture content of other non-horticultural areas. The high point of this group is the Northwest Coast, which is the third large macrocluster in the sequence. The hunter-gatherer macroclusters which follow return to a level lower than that of the Northwest Coast and more comparable to that of the Arctic and Sub-Arctic, in spite of Kroeber's low rating of the latter. When the horticulture level is reached in Macrocluster *E*, a step up in complexity and a later time period is apparent. This assemblage climaxes in Meso-America with the highest level of development. The Southwestern macrocluster which follows is lower in level, but not always earlier because its domesticated plants and other traits diffused to it from Meso-America. Finally, a group of Southeastern traits, at a developmental level comparable to that of the Southwest, ends the sequence. This assemblage is also later in time on the whole than that of Meso-America because some of it was derived from the latter.

Although it would be going much too far to say that the order of the clusters and macroclusters in the 392-trait matrix represent an evolutionary development, the placing of the Southwest and Southeast after Meso-America does seem to match the backwash of diffusion from Meso-America to them. The Arctic culture of the Eskimos and Aleuts obviously was not the earliest stage of general North American cultural evolution. Its relatively late appearance, about 2000 B.C., its special maritime and shoreline characteristics, and its relative isolation from the other culture areas disqualifies it by a wide margin. The minor climax of the Northwest Coast was certainly independent of the major one in Meso-America and influenced only its immediate neighboring areas. The domestication of plants in Meso-America stemmed from the Desert Paleo-Indian culture and the associated advanced development influenced all the cultures to the north that later acquired horticulture. An evolutionary explanation without mention of these major directions of diffusion falls far short of the mark. A correlation matrix from data limited to the historic period cannot resurrect the entire developmental picture, which must rely heavily on archaeology; yet the matrix does reflect in a rough way some of the trends known from archaeology.

The sequence of cultural level of the ordered 392-trait correlation matrix differs from that of the 245-tribe matrix discussed in the section on Intertribal Correlations. From the tree diagrams in the latter section (figs. 2–9) the following sequence is apparent: Arctic, Northwest Coast, Plateau, Sub-Arctic, Northeast, Southeast, Plains, eastern Basin (or western Plains), Central California, western Basin, southern California, Southwest, Meso-America. The curve of cultural intensity or evolutionary level starts out near the bottom in the Arctic, rises to about the middle of the scale on the Northwest Coast, drops near or to the bottom on the Plateau and in the Sub-Arctic, rises to near the middle in the Northeast, Southeast, and Plains, drops a little in the eastern Basin and central California, drops to the bottom level in the western Basin, rises a little in southern California, rises further to about the middle of the scale for the Southwest (range from one to five in various subdivisions), and rises to the highest and second highest level in Meso-America. In short, this curve of cultural level of achievement has two rises to an intermediate level followed by drops to a low level before it rises again to culminate at a high point in Meso-America.

The order of cultural level in either correlation matrix is thus shown not to be a continuous rise or decline but to exhibit pulsations that rise and decline on their way from the simplest to the most complex

TABLE 53. Additional Dated Traits

	Number of Tribes Where Present	Estimated Age in Centuries	References
132 Pottery comal for making tortillas	17	25	Byers 1967-1972(2):11.
125 Rectangloid milling stone with legs	16	29	HMAI 10:177, 285; 11:521.
341 Pellet blowgun	14	29	HMAI 11:521.
330 S. Mexican type metallurgy	14	10	HMAI 10:266.
288 Huipil blouse	10	19	inferred
351 Spearthrower	29	85	Byers 1967-1972(1):304.
255 Stone walled houses	23	22	Willey 1966:113.
300 Hide sandal	45	15	HMAI 10:215.
269 Stone architecture	2	29	Willey 1966:93, 98.
321 Pottery	123	44	Jennings 1968:185.
121 Milling stones, round or oval	55	94	Jennings 1968:139.
312 Twined baskets	144	94	Jennings 1968:139.
151 Natural mollusk shell spoons	65	79	Jennings 1957:111.
50 Weirs equipped with traps	135	44	Jennings 1968:125.
316 Spindle whorl	49	26	HMAI 10:301.
200 Solid short board snowshoes	4	59	Driver and Massey 1957:278-79.
46 Gill nets and/or seines	107	39	Jennings 1968:296-98.
52 Leister	82	39	Jennings 1968:296-98.
56 Composite fishhooks	118	49	Bandi 1969:70.
54 Harpoon, single point	60	39	Jennings 1968:298.
208 Built up sled	1	21	Bandi 1969:103.
242 Rectangloid Alaskan house	6	23	Bandi 1969:65.

cultures. Again, the evidence from archaeology, and to a lesser extent that from linguistics, gives a much better reconstruction of culture history than synchronic cultural data from the historic period. More complicated techniques, such as factor analysis or path analysis are not likely to help interpretation of large quantities of synchronic cultural data very much. A more promising technique which has not been used is multiple scalogram analysis. This would probably reveal a few meaningful Guttman scales that we have overlooked; and at the same time a few more in which the arrangement of the traits does not give any functional, causal, evolutionary, or cyclical interpretation, in spite of the fact that they pass a significance test for a nonrandom ordinal scale.

12. AGE, AREA, AND RANK ORDER

Most of the traits in tables 32 and 49 above were dated in centuries elapsed since the date of first appearance in the archaeological record, and the number of tribes where each was present was given as a measure of the size of the area of geographical distribution. Table 53 gives a few additional traits which have been dated in the same manner, and also the number of tribes where each is present.

Table 54 assembles all of the dated traits in tables 32, 49, and 53, and adds the rank order in the entire 392-trait ordered matrix in column 1, and also the rank order of ages in column 3a. The relation of the traits to the clusters in table 54 is the following: traits 132–300, Cluster 15, table 29; trait 269, Cluster 16, table 30; trait 321, Cluster 18, table 31; traits 70–83, Cluster 21, table 32; trait 121, singleton; trait 312, Cluster 31, table 40; trait 151, Cluster 36, table 42; trait 50, Cluster 38, table 42; trait 316, Cluster 40, table 43; trait 200, Cluster 47, table 46; traits 42, 52, 56, Cluster 49, table 47; trait 54, singleton; traits 208, 242, Cluster 50, table 48; traits 243–15, Cluster 52, table 49.

The Pearson r correlation between columns 2 and 3, number of tribes where present and estimated age in centuries, is 0.51, a modest positive value. There is thus a modest tendency for the more widespread traits to be older. The Spearman rho between columns 1 and 3a is 0.16, and Kendall's tau is 0.10. These are not significantly different from zero and mean that there is no tendency for the ages in this small number of 55 dated traits to vary with the order of traits in the ordered matrix.

IV. INDIVIDUAL TRAIT CORRELATIONS WITH LANGUAGE AND PHYSICAL TYPE

In Section 8 above, we said that race, language, and culture all three correlate higher among each other in the Arctic than in any other area. Here the Inuitid physical type and Eskimo-Aleut language family are almost perfectly correlated with Arctic culture and also with each other. When evidence of time depth from archaeology and glottochronology is added to these correlations, it supports the inference that high correlations among race, language, and culture may indi-

TABLE 54. Age, Area, and Rank Order

Trait Number	1 Rank Order in Matrix	2 Number of Tribes Where Present	3 Estimated Age in Centuries	3a Rank Order of Age
132	1	17	25	19.5
125	2	16	29	25.0
341	3	14	29	25.0
330	4	14	11	2.0
288	5	10	19	8.0
351	6	29	85	52.5
255	7	23	22	12.5
300	8	45	15	5.5
269	9	2	29	25.0
321	10	123	44	46.5
70	11	79	59	49.5
72	12	80	85	52.5
11	13	54	32	29.0
257	14	33	39	38.0
320	15	36	22	12.5
276	16	33	19	8.0
310	17	35	39	38.0
71	18	33	24	17.0
171	19	42	19	8.0
86	20	50	29	25.0
12	21	30	22	12.5
134	22	45	39	38.0
258	23	17	25	19.5
235	24	17	22	12.5
361	25	6	13	3.5
268	26	12	9	1.0
353	27	34	35	30.0
81	28	23	29	25.0
83	29	17	39	38.0
121	30	55	94	54.5
312	31	144	94	54.5
151	32	65	79	51.0
50	33	135	44	46.5
316	34	49	26	21.0
200	35	4	59	49.5
46	36	107	39	38.0
52	37	82	39	38.0
56	38	118	49	48.0
54	39	60	39	38.0
208	40	1	21	10.0
242	41	6	23	15.0
243	42	4	29	25.0
204	43	4	24	17.0
207	44	10	15	5.5
1	45	10	39	38.0
214	46	13	39	38.0
250	47	10	29	25.0
335	48	12	39	38.0
226	49	21	39	38.0
220	50	27	39	38.0
343	51	22	13	3.5
285	52	16	39	38.0
337	53	18	39	38.0
17	54	17	39	38.0
15	55	24	24	17.0

cate long association and subsequent dispersal by migration from a single society that possessed the protorace, protolanguage, and protoculture. This process seems to have been at least approximated in the Arctic, where many, but not all, traits seem to be retentions from proto-Eskimo-Aleut culture.

In this major section IV an attempt is made to find out the relation of the correlation of individual traits to time depth. High correlations of one or more culture traits with a language family or phylum in the historic period cannot give us any sure evidence that the traits belonged to the protolanguage and were dispersed by a combination of culture heritage (retention) and migration. For instance, the correlation (phi) between the apartment house cluster (trait 268) of the Pueblos and the Kiowa-Tanoan language family is 0.58. The correlation between this same trait and the Keres language isolate (singleton) is 0.64. The apartment-house cluster does not appear in the archaeological record of the Southwest until the beginning of the Pueblo III period, about 1000 A.D. The time depth of Kiowa-Tanoan is not less than several thousand years and Keres may be as old. Therefore, the apartment-house cluster is not a part of the protoculture associated with either of the protolanguages. The fact that this culture trait correlates almost equally high with two language families in separate phyla as well would make it impossible to assign it to one protolanguage in preference to the other if the age were unknown from archaeology.

Similarly, a trait may correlate highly with one or more physical types yet be known from archaeology not to be old enough to qualify as a part of the protoculture associated with a proto-physical type. For instance the southern Mexican type of metallurgy (trait 330) correlates 0.64 with the Tlacaid physical type and 0.65 with the Unicid physical type. Although the earliest appearances of the two protoraces is not established, it is surely much earlier than the 900 A.D. date tag for the arrival of Mexican metallurgy by diffusion from South America. Again we have two protounits contending for the same culture trait (assemblage) and no way to choose one over the other.

The above correlations were gleaned from a matrix giving the correlation of each culture trait with every physical type, language family, and language phylum. Although we did not obtain a frequency distribution of these 392 times 78 phi coefficients, a scanning of the matrix shows that a large majority are negative with the mode in the low negative range. In the rest of this section we will display and discuss only those correlations at 0.500 or higher for both a physical type and a language family or phylum.

Table 55 lists 23 traits that have correlations at the 0.500 level or higher with the Inuitid physical type and the Eskimo-Aleut language family. In the Americas the American Arctic-Paleosiberian phylum is represented only by the Eskimo-Aleut family, so all correlations with the phylum are identical to those with the family. All but the last trait, 244, Domoid stone-earth-whalebone house, have already been listed and discussed in section 10 above as trait Cluster 52, tables 49 and 50. Many of these same traits were mentioned still earlier in section 8. Those most necessary for survival in the Arctic probably do belong to a single protorace, protolanguage, and protoculture with a time depth of four thousand years or more. Thus in the case of the Eskimo, our correlations do make chronological sense.

One culture trait, 42, "fish the most important staple in the annual economy," correlates 0.58 with the Deneid physical type and 0.49 with the Salish language family. A second culture trait, 357, "paddle-shaped club," correlates 0.55 with Deneid and 0.61 with Salish. This is a strange result in light of the fact that Deneid correlates higher with Na-Dene phylum or Athapaskan family than with Salish family (according to a cross-classification table in our computer printouts, but not given in this monograph). The highest correlation of any trait with Athapaskan is 0.45 for "needle and thread tattooing" (305); and Na-Dene correlates 0.47 with the same trait. This trait occurred only in the Arctic, western Sub-Arctic, Plateau, and northern Northwest Coast and is almost surely derived from the Eskimo in late prehistoric or historic times. For the Eskimo, the needle is reported as early as 2000 B.C. (Jennings, 1968: p. 298). It is not a proto-Na-Dene or proto-Athapaskan trait. The dominance of fish in the economy is principally located on the Northwest Coast and in the Yukon drainage and does not apply to the most eastern Salish. The paddle-shaped club occurred on both the Northwest Coast and the Plateau. Because the proto-Salish (Jorgensen, 1969) and proto-Na-Denes (Dumond, 1969) probably both occupied the Pacific Coast, the heavy dependence on fish may be a part of the protoculture associated with these language groups and also with the proto-Deneid physical type. We have not found satisfactory archaeological dates for the paddle-shaped club, but it too is more common on the coast and may be quite old.

Culture trait 37, "bark trumpet as auditory decoy," correlates 0.63 with the Illinid physical type and 0.66 with the Algonquian language family. As this was used principally to call moose, a leading game animal, it may be very old and even a part of the protoculture associated with proto-Illinid and proto-Algonquian. We could not find archaeological evidence of its age. A second culture trait, 271, "women dominate house-building division of labor," correlates 0.56 with Illinid and 0.56 with Algonquian. It seems plausible that women did erect the tipis and other portable houses from an early date and that this could be a part of the protoculture associated with the proto-physical type and protolanguage family of this paragraph. A third culture trait, 304, "separate hide or fur sleeves," correlates 0.69 with Illinid and 0.67 with Algonquian. In light of the extreme cold in Canada, where these groups presumably originated, this, too, seems to be a plausible member of a protoculture associated with the physical and linguistic groups. A fourth trait, 355, "sword-shaped clubs," correlates 0.52 with Illinid and 0.51 with Algonquian. In the absence of archaeological evidence, this trait is a more dubious member of the protoculture.

Culture trait 79, "mammal bone (most often buffalo scapula) hoe-blade material," correlates 0.51 with Dakotid physical type and 0.60 with Macro-Siouan language phylum. This trait could not have been a part of the protoculture because it did not appear until horticulture, which was only a minor adjunct to a hunting and gathering economy in Hopewell times, about the beginning of the Christian era. Wedel (1961: p. 88) gives 200 A.D. for the beginning of Plains horticulture. These dates seem much too late for a protoculture trait. A second trait, 221, "round and tub-shaped hide boats," correlates 0.59 with Dakotid and 0.51 with Macro-Siouan. Again with no help from archaeology, the fact that these boats were used mainly to ford streams near permanent village sites suggests that they, too, were post-horticulture in time and not a part of the protoculture. A third trait, 231, "Prairie-Southeast earth lodge," correlates 0.67 with Dakotid, 0.57 with Siouan language family, and 0.60 with Macro-Siouan language phylum. This, too, is post-horticulture and too late to have been a part of the protoculture associated with these proto-physical and proto-linguistic groups. Although the earth lodge is a form of pit house with ultimate origin in Aurignacian or earlier times in the Old World, the Prairie-Southeast variety seems to have diffused with maize from the Southeast in the Christian era. A fourth trait, 267, "circular arrangement of dwellings," was associated with the tipi and correlates 0.64 with Dakotid and 0.51 with Siouan. This

TABLE 55.

High correlations (phi) of culture traits with both Inuitid physical type and Eskimo-Aleut language family. (Trait captions for all but the last trait, 244, Domoid stone-earth-whalebone house, are given in Table 49 in the same order.)

Culture Traits	Inuitid Physical Type	Eskimo-Aleut Language Family
243	.54	.54
30	.67	.67
204	.54	.54
143	.67	.67
294	.83	.83
210	.87	.87
207	.87	.87
1	.78	.87
214	.92	1.00
250	.87	.87
335	.79	.79
226	.64	.71
333	.73	.79
220	.67	.67
343	.75	.75
285	.82	.82
337	.84	.84
336	.70	.70
325	.65	.72
23	.69	.69
17	.65	.72
15	.60	.60
244	.54	.54

trait is a stronger candidate than any of the others in this paragraph for membership in the protoculture but is associated with sib and tribal organization in many cases and therefore also seems too late for a protoculture trait.

No culture trait correlates as high as 0.50 with Lenid physical type, so it will be by-passed. For Hanid physical type, only one trait barely reaches the 0.50 mark and it has no correlation as high with any linguistic group. It will, therefore, be by-passed also. Nootchid physical type achieves only one correlation with a culture trait at the 0.51 mark, but the trait fails to correlate at 0.50 or higher with any linguistic group, thus eliminating it from discussion also.

Culture trait 9, "wild plants and maize as the dominant subsistence," correlates 0.59 with Otamid physical type and 0.64 with Yuman language family. This trait cannot possibly be a member of the protoculture of these physical and linguistic groups because maize did not appear until 700 A.D. among the Yumans (Willey, 1966: pp. 188, 230). Trait 122, "rectangloid slab milling stone," correlates 0.63 with Otamid and 0.62 with Yuman. Because it, too, is associated with maize and horticulture, it is as late as the first trait and not a part of the protoculture.

Culture trait 144, "eastern house-like storage structure," correlates 0.75 with Muskogid physical type and 0.51 with Muskogean language family. It seems likely that the construction and use of such an outbuilding is post-horticulture and therefore not a part of a protoculture as old as the protolanguage and protorace. Trait 188, "Black Drink," correlates 0.62 with Muskogid and 0.57 with Muskogean. Because this was used exclusively as a ceremonial emetic, it too appears to be a post-horticultural development, possibly derived from Meso-America along with religious cults. Trait 238, "Gothic domed thatched house," correlates 0.54 with Muskogid and 0.86 with Caddoan. This large house was occupied by an extended family and was grouped in fairly permanent villages. It therefore appears to be post-horticulture and not a member of any protoculture. Trait 239, "rectangular gabled thatched house," correlates 0.58 with Muskogid and 0.54 with Muskogean. This house also is surely post-horticulture and not a part of any protoculture. Trait 342, "unpoisoned dart blowgun," correlates 0.55 with Muskogid and 0.51 with Muskogean. According to Riley (1952) this type of blowgun did not arrive in the Southeast until the historic period and the earliest date in his list (p. 309) is 1756. Therefore, it is much too late for membership in a protoculture associated with a protolanguage and protorace.

Culture trait 125, "rectangloid milling stone with legs," correlates 0.58 with Tlacaid physical type and 0.53 with Mayan language family. These metates appear in the Valley of Mexico, in the Middle Preclassic period, 1200–700 B.C. (*Handbook of Middle American Indians* **10**: pp. 177, 285). They also appear in Veracruz, where the Tlacaids lived, at about the same time (*ibid.* **11**: p. 521). These dates are too late for membership in the protoculture associated with this protophysical type and protolanguage family. Trait 341, "pellet blowgun," correlates 0.53 with Tlacaid and 0.59 with Mayan. It is first reported in the same Preclassic period, about 1200–700 B.C. (*ibid.* **11**: p. 521). It is also too late for membership in the protoculture.

Culture trait 191, "narcotic mushroom" (Teonanacatl), correlates 0.54 with Tlacaid physical type and 0.63 with Mixe-Zoque language family. This has not been dated by archaelogoists, but it seems unlikely that it was used early enough to be a part of the protoculture of these two groups.

Culture trait 125, "rectangloid milling stone with legs," also correlates high (0.67) with Uinicid physical type and 0.53 with Mayan language family. Its dates, 1200–700 B.C., are too late for membership in the common protoculture. Trait 262, "hammock," correlates 0.62 with Uinicid and 0.59 with Mayan. Archaelogy is of no help in dating the hammock, but because it was used so much more intensively and extensively in tropical South America, its origin must have been there and its arrival in the Mayan area was probably too late for membership in a protoculture. Trait 288, "huipil," correlates 0.77 with Uinicid and 0.55 with Mayan. Because this was woven of domesticated cotton on a waist loom with heddles, it seems too late to be included in a protoculture. Trait 341, "pellet blowgun," correlates 0.75 with Unicid and 0.59 with Mayan. Although the blowgun, inferred from a cache of clay pellets, goes back to 1200–700 B.C. in the references cited two paragraphs above, this is probably too late for membership in a protoculture associated with a protolanguage and protorace.

Early in this section we pointed out that one high correlation of a culture trait with a physical type or a language family was not sufficient to postulate membership of the trait in the protoculture associated with the protophysical type or protolanguage, as was done by Driver (1966) for kin avoidances. However, Driver's inferences about relatively recent diffusions of kin avoidances from one language family where they were very frequent to a neighboring language family where they were very infrequent seems acceptable. What we are saying here is that the projection of this syndrome back to a protolanguage or a very early stage of diversification in the family is not demonstrable. In order to bolster this method of historical inference, the correlations selected in this section were those that were high with both a physical type and a language family.

There were far more high correlations between race, language, and culture in the Arctic than in any other area. About half of these seemed to be plausible members of a protoculture associated with proto-Inuit and proto-Eskimo-Aleut, or at least a very old form of Eskimo culture. In other areas where subsistence was dominated by fishing, hunting, or gathering, at least some of the traits with high double correlations appeared to be candidates for membership in a protoculture or very early culture. However, for peoples who farmed, most of the culture traits with high double correlations with race and language seemed to be too late for membership in any protoculture.

To express it in a different way, those tribal cultures which changed the least over time and made the least progress up the evolutionary ladder seem to have retained the most culture traits assignable to a protoculture, e.g., the Eskimo. Those cultures which changed the most and made the most progress up the evolutionary ladder, such as those in Meso-America, retained the fewest traits from their protocultures because they had replaced them with newer traits more in keeping with the more complex level of culture attained.

There is no magic way to resurrect deep time depths from correlations of data from the historic period. But when bolstered by archaeology and linguistics, historical inferences become much more plausible and accurate and should be pursued.

V. SUMMARY AND CONCLUSIONS

This monograph begins with a review of continental-wide culture area classifications of North American Indians at first White contact. It is pointed out that all such schemes up to Driver *et al.* (1972) are intuitive and are not supported by an explicit and replicable method. Furthermore, with few exceptions (especially Kroeber, 1939), they are classifications on a single level. At the end of this review Murdock's (1967) intuitive culture areas are compared with statistical ones derived from the culture traits in his same *Ethnographic Atlas* (1967). The amount of agreement between the two classifications is only 0.37 on a scale of 0.00 to 1.00. This a low value and makes the point that a researcher's impressions of areal groups need not match those derived statistically from his own data.

The short section 2 on coding mentions that most of the data used in this monograph (appendix) were previously coded and published by Driver and Massey (1957). However, a very small portion of these data was updated by Coffin, who read later sources and a few missed by Driver and Massey, and by Driver who interpolated missing data. The changes made by both researchers added only one per cent more positive data to that previously published by Driver and Massey (1957).

In section 3 it was shown that the Driver-Massey (1957) sample was drawn from only 52 out of 412 relevant subject categories in the *Outline of Cultural Materials* published and used by the Human Relations Area Files. Similarly, the North American part of the sample of Murdock (1967) was drawn from only 56 out of the same 412 three-digit categories. The overlap of the two samples was only 18 out of the 412. Because the two samples contain largely different subject contents, with Driver-Massey's emphasizing material culture and technology and Murdock's stressing social organization, the different areal classifications that follow in the next section on Intertribal Correlations (II) become understandable.

In section 4 a complete tree diagram is shown for all 245 tribes. Such a classification gives almost as many levels as there are tribes in the sample and is over 200 times as sophisticated as a one level classification.

In section 5 a 9-fold level of classification of the Driver-Massey (1957) sample is compared with a 10-fold statistical grouping of the Murdock (1967) sample and with five additional intuitive schemes varying from seven to eleven units. On the average the areal groups of Sturtevant in the *Handbook of North American Indians* correlate a little higher with the other groupings than any of those do with all the others. The ten statistical groups based on Murdock's (1967) sample (Driver *et al.,* 1972) correlate much lower on the average with the other classifications. This makes the point that the intuitive classifiers were thinking more about material culture and technology than about social organization when they put together their areal classifications.

In section 6 the nine language phyla of the Voegelins (1966) are compared statistically with the seven culture area schemes, and with Kroeber's (1939) seven levels of cultural intensity, comparable to what would be called evolutionary levels today. The language phyla correlated highest with Kroeber's (1939) seven intuitive culture areas and lowest with the nine statistical culture areas derived from the Driver-Massey sample. On the average, language phyla correlated 0.42 (Cramér's coefficient) with all of the culture schemes. Then the 56 language families of the Voegelins (1966) were correlated with a 56-fold classification of cultures based on the Driver-Massey sample, resulting in a value of 0.33. This is a little higher than the 0.29 obtained by Driver *et al.* (1972) in a comparison of 55 of the Voegelins' language families with a 55-fold classification of cultures derived from Murdock's (1967) sample.

Section 7 applies the method of language and culture comparison previously used by Jorgensen (1969) and Driver (n.d.). It compares the percentage of cognate words shared with the proportion of culture traits shared by the languages of a single family. This was done for Athapaskan, Salish, and Uto-Aztecan, each of which exhibited a pair of eta coefficients ranging from 0.62 to 0.83, a highly significant range. These values average a little higher than those obtained by correlating Murdock's (1967) sample of culture with the same language families.

In section 8 race, language, and culture are compared. The racial scheme is the intuitive and unpublished one of Georg Neumann. Although a statistically derived classification of race (physical type) would have been preferable, Neumann's racial groups are no more subjective than most culture area groups. The relations of the thirteen racial types to eight culture area schemes range from 0.27 to 0.53 and average 0.42. The relation of the same racial types to language phyla is 0.44. A conclusion is that Neumann's physical types are about equally independent of language and culture and about as independent as one could expect them to be. An artifactual spin-off of comparisons of continuous and near-continuous geographical distributions in cross-classification tables with Cramér's coefficient is that the value is probably always statistically significant, regardless of the kind of data compared and regardless of any causal connection. On the whole, it increases one's confidence in Neumann's scheme to see that it is about equally dependent and independent of language and culture.

In section 10 a long series of trait clusters obtained from a tree-diagram program at a bridge of 0.500 is discussed one at a time. In general the traits packaged together at this relatively high level of correlation show few examples of functional-causal relationship. Likewise, there are few examples of any tendency to form causal chains, evolutionary, or cyclical trends. A considerable number of traits reflect geographical environment and the ecological adjustments of the Indians to it. This comes out strongest in areas without horticulture, as one would anticipate. In spite of a serious attempt to think up explanations or interpretations of the clustered traits, a majority of the relationships do not lend themselves to any conventional kind of interpretation. The now obsolete notion of the Kulturkreis school, that culture traits correlated in space have had a common origin in one locality and subsequent dispersal by migration or diffusion, also fails to work; and counterexamples are numerous. Our conclusion from this longest section is that most of these correlations are due to unknown causes, events, accidents, and agents of history. Lowie's (1920: p. 441) famous phrase that culture is "that planless hodgepodge, that thing of shreds and patches" is still good and applies to most of the relationship within the Driver-Massey sample. It is probably less true of Murdock's sample of social and political organization, but may apply with considerable force in the less structured realm of religion and world view, which neither sample includes in any detail.

Section 11 operates with 25 macroclusters determined by choosing an 0.01 level of significance at a bridge of 0.163 in the tree-diagram printout. These larger and more loosely correlated units exhibit a little more of a tendency toward an evolutionary or cyclical trend, especially the horticultural macrocluster, which builds to a climax in Meso-America. These macroclusters also reflect geographical environment in some cases. However, if each intercorrelation within each macrocluster were thrown into one of a few pigeonholes representing the major kinds of interpretations, most would still end up in the "planless hodgepodge and shreds and patches" category. At the end of this section it is shown that there is a rough trend for the entire 392-trait by trait correlation matrix to vary from simple to complex or complex to simple, according to which end you start at. However, there are irregularities along the way and no simple evolutionary explanation can account for them. The 245-tribe-by-tribe correlation matrix also shows a rough tendency to vary from simple to complex, or vice versa, but the order of areas does not match those of the intertrait matrix exactly.

In section 12 we found a low positive correlation between age and size of area of geographical distribution; but the rank order correlation between rank in the ordered matrix and rank in age was near zero.

Section IV reveals that correlations of individual culture traits at a level of 0.500 or higher with both a physical type and a language family or phylum are rare. Traits of hunters, gatherers, and fishers which showed double correlations of this kind were sometimes, but not always, old enough to have been members of a protoculture associated with a protorace and protolanguage group. This was especially true in the Arctic. In contrast, traits of farmers most often were too late in time to have been members of such protocultures. The prototraits of farmers had largely been replaced by more advanced and recent elements, especially in Meso-America.

APPENDIX

KEY TO CODES

Various items of ethnographic information plus Neumann's physical types and the Voegelins' language families and phyla on the 245 ethnic units covered in this monograph are presented in codified form, first to make the data available to others, and second, to facilitate the entry of the data on punch cards for machine calculations. Codes for ethnic units, e.g., Na1, are those used and explained by Murdock (1967). In this example the *N* refers to North America, the *a* to the first of Murdock's intuitively derived culture areas (a combination of Arctic and Sub Arctic), and the 1 to the first tribe in the culture area. Numbers labeling their respective columns refer to maps in Driver and Massey (1957) and also maps by Neumann (n.d.) and the Voegelins (1966), while the letters listed in the columns refer to culture traits, physical types, or language units covered by the respective maps. Zero designates absence or lack of reporting for all the codes on each map, and for this reason is not listed repeatedly in the key to the codes. The list of culture traits, physical types, and language units follows immediately. The Arabic numerals in the left-most column refer to columns on punch cards.

Map 4. Subsistence areas.

1 A. Sea mammals.
2 B. Fish.
3 C. Caribou, moose.
4 D. Buffalo.
5 E. Large game.
6 F. Balance of animal and wild plants.
7 G. Wild plants, small game.
8 H. Acorn.
9 I. Wild plants, maize.
10 J. Hunting, maize.
11 K. Maize.

Map 5. Turkeys.

12 A. Caged or leashed or bred in captivity.

Map 6. Dogs.

13 A. Raised or fattened for eating.
14 B. Eaten ceremonially, but not reported being raised especially for eating.

Map 10. Sea mammal and turtle hunting with harpoon.

15 A. Harpoon with inflated float.
16 B. Harpoon without float.

Map 11. Whaling and fire driving.

17 A. Whales hunted at sea.
18 B. Driving game with fire.

Map 12. Nets and poisons for mammals.

19 A. Nets for sea mammals.
20 B. Nets for land mammals.
21 C. Aconite poison for sea mammals.

Map 13. Surrounding land mammals, and sea mammal rites.

22 A. Surrounding game without enclosure.
23 B. Slain sea mammal given a drink.
24 C. Separation of land and sea mammals by taboos.

Map 14. Driving land animals into water or over cliff.

25 A. Driving into water or pursuing in water.
26 B. Driving over cliff or toward other natural land hazard.

Map 15. Game fences and enclosures.

27 A. Enclosure.
28 B. Fence without enclosure or latter not reported.

Map 16. Pitfalls.

29 A. Pitfall.
30 B. Tower trap.

Map 17. Deadfalls.

31 A. Logs or combination of logs and stones.
32 B. Stones only.

Map 18. Snares.

33 A. Spring pole snare.
34 B. Only other types mentioned or type not specified.

Map 19. Visual disguises worn by hunter.

35 A. Animal head or hide.
36 B. Calabash head covering.

Map 20. Auditory decoys.

37 A. Trumpet, mostly of bark.
38 B. Leaf or grass held in hands or mouth.
39 C. Only other types mentioned, or insufficient information to classify.

Map 21. Dogs used in hunting, and fish poisoning.
40 A. Dogs used in hunting.
41 B. Fish poisoning.

Map 23. Relative amount of fish eaten.
42 A. Most important staple in annual economy.
43 B. A staple but of secondary importance.
44 C. Commonly eaten but not a staple.
45 D. Little eaten or absent from diet.

Map 25. Fish nets.
46 A. Gill nets and/or seines.
47 B. Only small hand nets.
48 C. Other types, or type unknown.
49 D. Bush nets or drags of willow, grapevine, etc.

Map 26. Weirs and traps.
50 A. Weirs equipped with traps.
51 B. Simple pens or obstructions, or traps without weirs.

Map 27. Fish spears.
52 A. Leister.
53 B. Simple spear.

Map 28. Fish harpoons.
54 A. Single point.
55 B. Double point.

Map 29. Fish hooks.
56 A. Composite fishhooks.
57 B. Only simpler fishhooks.

Map 30. Seed gathering containers.
58 A. Basketry.
59 B. Hide.
60 C. Pottery.
61 D. Canoe.

Map 31. Seed beaters.
62 A. Woven basketry.
63 B. Stick(s), including bundle of sticks.

Map 32. Digging tools for wild plants.
64 A. Straight-handled stick.
65 B. Crutch-handled stick.
66 C. Elbowed tool.

Map 33. Cutters, tongs, and poles.
67 A. Cactus tongs.
68 B. End-bladed cutters.
69 C. Gathering poles.

Map 34. Maize and cotton.
70 A. Ethnographical evidence of maize.
71 B. Ethnographical evidence of cotton.

Map 35. Farming tools.
72 A. End-pointed stick.
73 B. End-bladed stick.
74 C. Sword-like tool.

Map 36. Hoe blade materials.
75 A. Wood.
76 B. Shell.
77 C. Copper.
78 D. Fish bone.
79 E. Mammal bone.
80 F. Stone.

Map 37. Irrigation.
81 A. Irrigation ditches.
82 B. Natural flood irrigation.
83 C. Wing-fences, dykes, dams to control runoff.

Map 38. Burning.
84 A. Burning to clear or fertilize agricultural land.
85 B. Burning for better wild crop (includes tobacco if not sown and otherwise cultivated).

Map 39. Horticultural sexual division of labor.
86 A. Men only or principally.
87 B. Women only or principally.

Map 40. Boiling Methods.
88 A. Direct fire boiling.
89 B. Stone boiling.

Map 41. Major direct fire boiling vessels.
90 A. Pottery.
91 B. Stone.

Map 42. Minor direct fire boiling vessels.
92 A. Paunch or hide.
93 B. Woven basket.
94 C. Bark.

Map 43. Major stone boiling vessels.
95 A. Woven basket.
96 B. Bark.

Map 44. Minor stone boiling vessels.
97 A. Wooden dugout.
98 B. Hide, paunch, or thorax of animal.

Map 45. Earth oven.
99 A. Animal foods.
100 B. Plant foods.

Map 46. Acorn preparation.
101 A. Boiling whole with lye to leach.
102 B. Boiling before eating.
103 C. Mixed Southeastern processes.
104 D. Eaten without leaching.
105 E. Pulverizing before leaching.
106 F. Immersion or burial in mud of whole kernel.

Map 47. Stone food mortars.
107 A. Portable hollowed mortar.
108 B. Portable slab or block mortar.

Map 48. Wooden food mortars.
109 A. In end of log.
110 B. In side of log.
111 C. Shallow wooden bowl or box as mortar.

Map 49. Other food mortars and appurtenances.
112 A. Basket hopper.
113 B. Pit mortar.
114 C. Hide mortar (conical or flat).

Map 50. Stone pestles or mauls used for food.

115 A. Hafted.

116 B. Unhafted.

Map 51. Wooden pestles used for food.

117 A. One end bulbous.

118 B. Both ends bulbous (dumbbell).

119 C. Maul-shaped.

120 D. Plain or no details.

Map 52. Milling stones.

121 A. Round or oval shape.

122 B. Rectangloid slab.

123 C. Rectangloid slab in bin.

124 D. Rectangloid trough.

125 E. Rectangloid with legs.

Map 53. Meat drying.

126 A. Meat smoked or fire dried.

127 B. Meat only sun or air dried or smoking not reported.

Map 54. Fish drying.

128 A. Fish smoked.

129 B. Fish sun or air dried exclusively or smoking not reported.

Map 55. Fish processing and pottery comal.

130 A. Fish pulverized.

131 B. Fish allowed to decay.

132 C. Pottery comal for making tortillas.

Map 56. Seed parching.

133 A. In basketry container.

134 B. In pottery container.

135 C. On flat stone.

Map 57. Pit and cave storage of food.

136 A. Pit storage of food.

137 B. Storage of food in cave or rock shelter.

Map 58. Scaffold storage of food.

138 A. On scaffold or platform (including platform in tree).

139 B. On rectangular shade or house.

Map 59. Other kinds of food storage.

140 A. Storeroom in house.

141 B. Tall central California granery.

142 C. Coiled Oasis granery.

143 D. Food covered with stones.

144 E. Eastern house-like structure.

145 F. Other house-like structures.

Map 60. Salt added to food.

146 A. Salt (Sodium Chloride).

Map 61. Major materials for spoons and ladles.

147 A. Wood.

148 B. Horn or bone.

Map 62. Minor materials for spoons and ladles.

149 A. Pottery.

150 B. Tortoise shell.

151 C. Natural mollusk shell.

152 D. Scapula.

153 E. Gourd.

154 F. Basketry.

155 G. Bark.

Map 63. Bear ceremonialism and first game rites.

156 A. Bear ceremonialism.

157 B. Special attention to first game youth kills.

Map 64. First mammal and fish rites.

158 A. First mammal rites.

159 B. Minor first fish rites.

160 C. Major first fish rites.

Map 65. First fruits rites.

161 A. Green corn ceremonies in Prairie and East.

162 B. Other first fruits rites.

Map 67. Dominant species of tobacco.

163 A. Nicotiana rustica.

164 B. Nicotiana bigelovii group (bigelovii, quadrivalvus, multivalvus).

165 C. Nicotiana attenuata.

166 D. Nicotiana trigonophylla.

167 E. Nicotiana species (unnamed).

Map 68. Probable aboriginal source of tobacco.

168 A. Cultivated.

169 B. Gathered wild.

170 C. Only obtained in trade.

Map 69. Uses of tobacco other than pipe smoking.

171 A. Cigar or cigarette.

172 B. Snuffing with snuff tube.

173 C. Chewing, eating, drinking, licking.

Map 70. Pipe shapes.

174 A. Elbowed (angled) pipe.

175 B. Straight (tubular) pipe.

Map 71. Pipe materials.

176 A. Wood or cane.

177 B. Stone.

Map 72. Pipe materials (continued).

178 A. Bone or horn.

179 B. Pottery or clay.

Map 73. Alcoholic beverages.

180 A. Agave or dasylirion.

181 B. Cacti.

Map 74. Alcoholic beverages (continued).

182 A. Persimmon.

183 B. Mesquite or screwbean.

184 C. Maize.

Map 75. Agave baked in earth oven.

185 A. Present.

Map 76. Peyote.

186 A. Source areas of peyote.

187 B. First reported between the 16th and 19th centuries.

Map 77. Other narcotics.

188 A. Black drink.

189 B. Mescal bean.

190 C. Jimsonweed.

191 D. Teonanacatl (mushroom).

192 E. Oloiuqui

Map 78. Carrying baskets and nets.

193 A. Carrying basket.

194 B. Carrying net.

Map 79. Other carrying devices.

195 A. Chest yoke.

196 B. Coolie yoke.

197 C. Litter for nobility.

198 D. Parfleche.

Map 80. Snowshoes.

199 A. Oval or bear paw, one piece frame.

200 B. Solid short board.

201 C. Advanced types.

Map 81. Toboggans.

202 A. Board.

203 B. Bark.

204 C. Baleen.

205 D. Hide.

206 E. Branch or brush.

Map 82. Sleds.

207 A. Low dog sled.

208 B. Built-up dog sled.

209 C. Built-up human sled.

Map 83. Dog team arrangement.

210 A. Fan team.

211 B. Tandem team.

Map 84. Dog packing and travois.

212 A. Dog packing, and tent poles dragged.

213 B. Dog travois.

Map 87. Dominant boat types.

214 A. Hide, elongated.

215 B. Bark.

216 C. Dugout.

217 D. Balsa.

218 E. Bull boat.

219 F. Log or pole raft.

Map 88. Hide boats.

220 A. Elongated, pointed ends.

221 B. Round and tub-shaped.

Map 89. Wood and bark boats.

222 A. Bark canoe.

223 B. Dugout canoe

Map 90. Rafts and balsas.

224 A. Log or pole raft.

225 B. Balsa.

Map 92. Paddles.

226 A. Double-bladed paddle.

227 B. Crutch-handled single-bladed paddle.

Map 93. Dominant house types.

228 A. Double lean-to.

229 B. Rectangular plank house.

230 C. Semi-subterranean Plateau house.

231 D. Prairie-Southeast earth lodge.

232 E. Mohave-type, 4-pitch-roof house.

233 F. Crude conical tipi.

234 G. Plains tipi.

235 H. Rectangular, flat roof house.

236 I. Rectangular, domed roof house.

237 J. Pyramidal or hip-roof rectangloid house.

238 K. Gothic dome, thatched house.

239 L. Rectangular, gabled house, thatched.

240 M. Domed bark, mat, thatch, hide house.

241 N. Rectangular, barrel-roofed house.

242 P. Rectangloid earth-covered Alaskan house.

243 Q. Domed snow house.

244 R. Domoid stone-earth-whalebone house.

Map 94. Rectangular and "ridged conical" houses.

245 A. Rectangular ground plan.

246 B. "Ridged conical" house.

Map 95. Conical and sub-conical houses.

247 A. 3 pole foundation.

248 B. 4 pole foundation.

249 C. No specified number of poles, or not mentioned.

Map 96. Snow and bark house materials.

250 A. Snow blocks.

251 B. Bark.

Map 97. Hide and thatch house covering.

252 A. Hide.

253 B. Thatch.

Map 98. Mat-covered and stone houses.

254 A. Woven or sewn mats.

255 B. Stone walls.

Map 99. Earth covering of houses.

256 A. Unprocessed earth or sod.

257 B. Mud wattle.

Map 100. Earth covering of houses (continued).

258 A. Adobe bricks.

259 B. Other kinds of earth or adobe.

Map 101. Semi-subterranean houses, tunnel entrances, and hammocks.

260 A. Semi-subterranean house.

261 B. Tunnel entrance.

262 C. Hammock.

Map 102. Platforms and benches.

263 A. Log, pole or plank platform.

264 B. Earth, stone or snow platform.

265 C. Bench along wall, not slept on.

Map 104. Community aspects.

266 A. Palisade around town.

267 B. Circular arrangement of dwellings.

268 C. Apartment house cluster.

269 D. Stone architecture.

Map 106. Dominant house-building division of labor.

270 A. Men.

271 B. Women.

Map 107. Sweating.

272 A. Direct fire sweating.

273 B. Water vapor sweating.

Map 108. Dominant clothing materials.

274 A. Hide and fur.

275 B. Hide, fur, and plant material other than cotton.

276 C. Cotton dominant or preferred.

Map 109. Fur strip and feather clothing.

277 A. Twisted fur strips, woven or netted.

278 B. Feather covering over woven or netted foundation.

Map 110. Aboriginal uses of wool or hair.

279 A. Large garments of woven wool or hair.

280 B. Only small articles of clothing of woven wool or hair: belts, ribbons, garters, neck bands, leggings; or embroidery on hide materials.

281 C. Only bags or ropes of wool or hair mentioned.

Map 111. Quill work, bark cloth, and bark paper beaters.

282 A. Porcupine quill decoration.

283 B. Unwoven bark cloth.

284 C. Bark paper beaters.

Map 112. Hide and cloth clothing.

285 A. Tailored hide clothing.

286 B. Semi-tailored hide, 18th century or earlier.

287 C. Semi-tailored hide, 19th century westward extension.

288 D. Huipil.

289 E. Quechquemitl.

Map 113. Headgear and haircutting.

290 A. Basket or wood rain-hat worn by both sexes.

291 B. Basket cap worn only by women.

292 C. Basket cap worn by both sexes.

293 D. Men's hair cut or shaved to form pattern on scalp, or roached headdress.

Map 114. Stockings and leggings.

294 A. Hide stockings.

295 B. Hide stockings and/or moccasins sewn to leggings or breeches.

296 C. Thigh length leggings for men.

297 D. Knee length leggings for men.

Map 115. Moccasins.

298 A. Hard (separate) sole.

299 B. Soft (continuous) sole.

Map 116. Sandals and footgear frequency isopeth.

300 A. Hide sandal.

301 B. Plant material sandal.

Map 117. Hand and arm covering.

302 A. Hide or fur mittens.

303 B. Fur muff.

304 C. Separate hide or fur sleeves.

Map 118. Tattooing and head deformation.

305 A. Needle and thread tattooing.

306 B. Intentional head deformation.

Map 120. Dominant non-cooking containers.

307 A. Hide.

308 B. Bark.

309 C. Wood.

310 D. Pottery.

311 E. Woven baskets.

Map 121. Twining or coiling of baskets, bags, or mats.

312 A. Twining.

313 B. Coiling.

Map 122. Plaiting of baskets, bags, or mats.

314 A. Plaiting.

Map 124. Knotless netting and spindle whorl.

315 A. Knotless netting.

316 B. Spindle whorl.

Map 125. Weaving devices.

317 A. Bow loom.

318 B. One bar or cord, suspended warp.

319 C. Two bar frame without heddles.

320 D. Two bar frame with heddles.

Map 127. Pottery vessels.

321 A. Ethnological data.

Map 128. Pottery making methods.

322 A. Coiling.

323 B. Modeling.

324 C. Molding.

Map 130. Skin dressing agents.

325 A. Urine.

326 B. Brains.

Map 131. Sexual division of labor for skin dressing.

327 A. Men only or principally.

328 B. Women only or principally.

Map 132. Metallurgy (modified from Rivet).

329 A. Native copper cold hammered.

330 B. Southern Mexican type of metallurgy.

Map 133. Fire drills.

331 A. Hand drill.

332 B. Strap drill.

333 C. Bow drill.

Map 134. Percussion fire making.

334 A. Present.

Map 135. Uses of oil lamp.

335 A. Cooking and illumination.

336 B. Illumination only.

Map 136. Materials of oil lamp.

337 A. Stone.

338 B. Pottery.

339 C. Shell.

Map 137. Bow body of two or more pieces.

340 A. Common or rare.

Map 138. Blowguns and sinew-backed bows.

341 A. Pellet blowgun.

342 B. Unpoisoned dart blowgun.

343 C. Sinew cords tied on bow longitudinally; same but rare or obtained in trade.

344 D. Sinew fibers glued on bow longitudinally; same but rare or obtained in trade.

Map 139. Arrow feathering.

345 A. Radial.

346 B. Tangential.

Map 140. Arrow releases.

347 A. Primary.

348 B. Secondary or tertiary.

349 C. Mediterranean.

350 D. Mongolian.

Map 141. Spearthrower.

351 A. Ethnological or both ethnological and archeological.

Map 142. Slings.

352 A. For hunting or warfare or only boy's toy.

Map 143. Clubs.

353 A. Curved throwing club.

354 B. Stone and stick encased in rawhide.

355 C. Sword-shaped clubs.

Map 144. Clubs (continued).

352 A. Antler club.

357 B. Paddle-shaped club.

358 C. Potato-masher club.

359 D. Obsidian-edged club.

Map 145. Body armor.

360 A. Hide.

361 B. Cotton.

362 C. Rods or slats twined together.

363 D. Slats or plates perforated, sewn or tied together.

Map 146. Shields.

364 A. Hide.

365 B. Rod, slat, board, bark.

Map 152. Cross-cousin marriage.

366 A. Man marries mother's brother's daughter.

367 B. Man marries father's sister's daughter.

368 C. Man marries either mother's brother's daughter or father's sister's daughter.

Map 154. Post-nuptial residence.

369 A. Patrilocal.

370 B. Bilocal or neolocal.

371 C. Matrilocal.

372 D. Avunculocal.

Map 156. Descent.

373 A. Patrilineal with exogamy.

374 B. Matrilineal with exogamy.

375 C. Bilateral.

Map 160. Mother-aunt terms of reference.

376 A. Lineal.

377 B. Generation.

378 C. Bifurcate merging.

379 D. Bifurcate collateral.

Map 161. Sister and female cousin terms of reference.

380 A. Crow.

381 B. Omaha.

382 C. Iroquois.

383 D. Descriptive.

384 E. Eskimo.

385 F. Hawaiian.

Map 162. Sexual dominance in subsistence pursuits.

386 A. Patridominant.

387 B. Matridominant.

388 C. Balanced.

Map 164. Kin avoidances.

389 A. Mother-in-law - Son-in-law.

390 B. Father-in-law - Son-in-law.

391 C. Father-in-law - Daughter-in-law.

392 D. Mother-in-law - Daughter-in-law.

Map 165. G.K. Neumann's physical varieties of American Indians.

393 A. Inuitid.

394 B. Aleutid.

395 C. Deneid.

396 D. Illinid.

397 E. Dakotid.

398 F. Lenid.

399 G. Hanid.

400 H. Nootchid.

401 I. Otamid.

402 J. Muskogid.

403 K. Iswanid.

404 L. Tlacaid.

405 M. Uinicid.

Map 166. C.F. and F.M. Voegelins' language families and isolates.

406 A0. Eskimo-Aleut family.

407 A1. Athapascan family.

408 A2. Tlingit isolate.

409 A3. Haida isolate.

410 A4. Algonquian family.

411 A5. Yurok isolate.

412 A6. Wiyot isolate.

Map 166. (continued)

413 A7. Muskogean family.
414 A8. Natchez isolate.
415 A9. Siouan family.
416 B0. Catawba isolate.
417 B1. Iroquoian family.
418 B2. Caddoan family.
419 B3. Yuchi isolate.
420 B4. Yuman family.
421 B5. Seri isolate.
422 B6. Pomo family.
423 B7. Palaihnihan family.
424 B8. Shastan family.
425 B9. Yanan family.
426 C0. Chimariko isolate.
427 C1. Washo isolate.
428 C2. Salinan family.
429 C3. Karok isolate.
430 C4. Chumashan family.
431 C5. Yokuts family.
432 C6. Maidu family.
433 C7. Wintun family.
434 C8. Miwok-Castanoan family.
435 C9. Klamath-Modoc isolate.
436 D0. Sahaptin-Nez Perce family.
437 D1. Coos family.
438 D2. Yakonan family.

Map 166. (continued)

439 D3. Takelma isolate.
440 D4. Chinookan family.
441 D5. Tsimshian isolate.
442 D6. Zuni isolate.
443 D7. Mixe-Zoque family.
444 D8. Totonacan family.
445 D9. Huave isolate.
446 E0. Kiowa-Tanoan family.
447 E1. Uto-Aztecan family.
448 E2. Keres isolate.
449 E3. Yuki family.
450 E4. Kutenai isolate.
451 E5. Karankawa isolate.
452 E6. Chimakuan family.
453 E7. Salish family.
454 E8. Wakashan family.
455 E9. Timucuan isolate.
456 F0. Tarascan isolate.
457 F1. Otomian family.
458 F2. Popolocan family.
459 F3. Chinantecan family.
460 F4. Zapotecan family.
461 F5. Mayan family.

Map 167. C.F. and F.M. Voegelins' language phyla.

462 A. American Arctic-Paleosiberian phylum.
463 B. Na-dene phylum.
464 C. Macro-Algonquian phylum.
465 D. Macro-Siouan phylum.
466 E. Hokan phylum.
467 F. Penutian phylum.
468 G. Aztec-Tanoan phylum.
469 H. (Phylum affiliation undetermined).
470 I. Oto-Manguean phylum.

Ethnic Units	Map Numbers 4	5	6	10	11	12	13	14	15	16	17	18	19	20	21	23	25	26	27	28	29	30	31	32	33	34	35	36	37	38
Na1 Nabesna	C	O	O	O	O	O	O	A	B	O	A	B	O	C	A	B	A	A	A	A	A	O	O	O	O	O	O	O	O	O
Na2 Tareumiut	A	O	O	A	A	A	O	A	B	A	B	B	A	O	A	B	A	O	A	A	A	O	O	O	O	O	O	O	O	O
Na3 Copper Eskimo	A	O	O	B	O	O	BC	A	B	AB	O	B	A	O	A	O	O	A	A	B	A	O	O	O	O	O	O	O	O	O
Na4 Kaska	C	O	O	O	O	B	A	AB	A	A	A	A	O	A	A	B	A	A	A	A	A	O	O	A	O	O	O	O	O	O
Na5 Naskapi	C	O	O	O	O	B	A	AB	B	O	A	A	O	A	A	C	A	O	A	A	A	O	O	O	O	O	O	O	O	O
Na6 Nunivak	A	O	O	A	A	A	B	O	O	A	B	B	A	O	A	B	A	O	A	A	A	O	O	C	O	O	O	O	O	O
Na7 Attawapiskat	C	O	O	O	O	O	O	A	B	O	A	A	O	A	A	B	A	O	A	A	A	O	O	A	O	O	O	O	O	O
Na8 Ingalik	C	O	O	O	O	O	BC	A	A	A	A	B	A	O	O	B	A	B	A	A	A	O	O	AC	O	O	O	O	O	O
Na9 Aleut	A	O	O	A	A	C	A	O	O	O	A	B	A	O	O	B	O	A	A	A	A	O	O	A	O	O	O	O	O	O
Na10 Chugach	B	O	O	A	A	C	B	A	O	O	A	A	A	O	A	A	O	A	A	A	A	O	O	A	O	O	O	O	O	O
Na12 Nunamiut	C	O	O	O	O	B	C	A	B	A	B	B	A	O	O	C	A	B	A	A	A	O	O	O	O	O	O	O	O	O
Na13 Baffinland	A	O	O	A	A	O	BC	A	B	AB	B	B	A	O	A	O	O	A	A	A	A	O	O	O	O	O	O	O	O	O
Na14 Polar Eskimo	A	O	O	A	A	O	O	A	B	AB	B	B	O	O	A	B	O	O	A	A	A	O	O	O	O	O	O	O	O	O
Na15 Dogrib	C	O	O	O	O	O	O	A	A	O	A	A	A	O	O	A	A	O	B	O	A	O	O	O	O	O	O	O	O	O
Na16 Satudene	B	O	O	O	O	O	O	A	B	A	A	A	A	O	A	B	A	A	A	O	A	O	O	O	O	O	O	O	O	O
Na17 Slave	C	O	O	O	O	O	O	A	A	A	A	A	O	O	A	A	A	A	B	O	A	O	O	O	O	O	O	O	O	O
Na18 Chilcotin	B	O	O	O	O	B	A	A	A	A	A	A	O	A	A	A	A	A	A	B	A	O	O	B	O	O	O	O	O	O
Na19 Carrier	B	O	O	O	O	O	O	A	O	O	A	A	O	O	A	B	A	A	A	A	A	O	O	O	O	O	O	O	O	O
Na20 Kutchin	C	O	O	O	O	B	A	A	A	O	A	B	A	O	A	B	A	B	B	O	A	O	O	O	O	O	O	O	O	O
Na21 Caribou Eskimo	C	O	O	A	A	O	BC	A	B	AB	B	B	A	O	A	B	O	A	A	A	A	O	O	O	O	O	O	O	O	O
Na22 Iglulik	A	O	O	A	A	O	BC	A	B	AB	O	B	A	O	A	B	O	A	A	A	A	O	O	O	O	O	O	O	O	O
Na23 Labrador	A	O	O	A	A	A	C	A	B	AB	B	B	A	O	A	B	O	A	A	A	A	O	O	O	O	O	O	O	O	O
Na24 Angmagsalik	A	O	O	A	A	O	B	A	B	A	B	B	O	O	A	B	O	B	A	B	A	O	O	O	O	O	O	O	O	O
Na25 Greenlandeea	A	O	O	A	A	O	B	A	B	AB	B	B	A	O	A	B	O	B	A	B	A	O	O	O	O	O	O	O	O	O
Na26 Tanaina	B	O	O	A	O	O	O	A	A	A	A	A	O	O	A	B	O	A	A	A	A	O	O	A	O	O	O	O	O	O
Na27 Tahltan	C	O	O	O	O	B	O	A	B	O	A	A	O	O	A	B	A	A	A	A	A	O	O	A	O	O	O	O	O	O
Na28 Sekani	C	O	O	O	O	B	A	A	A	A	A	B	A	A	A	D	A	A	A	A	A	O	O	A	O	O	O	O	O	O
Na29 Beaver	C	O	O	O	O	O	O	A	A	A	A	A	A	A	A	D	A	A	B	O	A	O	O	A	O	O	O	O	O	O
Na30 Chipewyan	C	O	O	O	O	O	O	A	A	O	A	A	O	A	O	B	A	A	B	O	A	O	O	O	O	O	O	O	O	O
Na31 Eastern Cree	C	O	O	O	O	O	O	A	B	A	A	A	O	A	A	B	A	O	A	A	A	O	O	A	O	O	O	O	O	O
Na32 Montagnais	C	O	O	O	O	B	O	A	B	O	A	A	O	A	A	B	A	A	A	A	A	O	O	O	O	O	O	O	O	O
Na33 N. Saulteaux	C	O	B	O	O	O	O	A	B	O	A	B	O	A	A	B	A	A	B	O	A	O	O	A	O	O	O	O	O	O
Na34 Pekangekum	C	O	B	O	O	O	O	A	B	O	A	A	O	A	A	B	A	A	A	A	A	D	O	A	O	O	O	O	O	O
Na35 Nipigon	C	O	B	O	O	O	O	A	A	O	A	B	O	A	A	B	A	A	A	A	A	D	B	A	O	O	O	O	O	O
Na36 Chippewa	C	O	B	O	O	O	O	A	A	O	A	B	O	A	A	B	A	A	B	O	A	D	B	A	O	O	O	O	O	O

Ethnic Units	Map Numbers																													
	39	40	41	42	43	44	45	46	47	48	49	50	51	52	53	54	55	56	57	58	59	60	61	62	63	64	65	67	68	69
Na1 Nabesna	O	B	O	A	B	O	O	O	O	O	O	O	O	O	A	O	B	O	A	A	O	O	AB	G	A	B	O	O	O	O
Na2 Tareumiut	O	A	B	O	O	O	O	O	O	O	O	A	O	O	O	O	O	O	A	A	O	O	AB	O	AB	O	O	O	O	O
Na3 Copper Eskimo	O	A	B	O	O	O	O	O	O	O	O	O	O	O	O	B	B	O	O	O	D	O	B	O	AB	O	O	O	O	O
Na4 Kaska	O	B	O	O	AB	B	O	O	O	O	O	B	O	O	A	A	O	O	A	A	D	O	AB	O	AB	O	O	O	O	O
Na5 Naskapi	O	AB	O	A	O	O	O	O	O	O	O	O	O	O	A	A	O	O	O	A	O	O	AB	O	AB	A	O	O	O	O
Na6 Nunivak	O	A	A	O	O	O	O	O	O	C	O	O	C	O	O	B	B	O	A	A	F	O	AB	O	AB	O	O	O	O	O
Na7 Attawapiskat	O	AB	B	AC	B	A	O	O	O	O	O	O	O	O	A	O	O	O	O	A	O	O	O	O	AB	A	O	O	O	O
Na8 Ingalik	O	A	A	C	O	O	O	O	O	O	O	O	C	O	A	B	A	O	A	A	F	O	A	O	AB	B	O	O	O	O
Na9 Aleut	O	AB	B	O	O	B	O	O	O	O	O	O	O	O	O	B	B	O	A	O	O	O	AB	O	AB	A	O	O	O	O
Na10 Chugach	O	B	O	A	A	A	B	O	O	C	O	O	C	O	B	A	B	O	A	A	O	O	AB	O	AB	B	O	O	O	O
Na12 Nunamiut	O	A	B	O	O	O	O	O	O	O	O	O	O	O	O	O	O	O	A	A	O	O	B	O	AB	B	O	O	O	O
Na13 Baffinland	O	A	B	O	O	O	O	O	O	O	O	O	O	O	O	O	O	O	O	O	D	O	B	O	AB	O	O	O	O	O
Na14 Polar Eskimo	O	A	B	A	O	O	O	O	O	O	O	O	O	O	O	O	O	O	O	O	D	O	B	O	A	O	O	O	O	O
Na15 Dogrib	O	B	B	A	AB	B	O	O	O	O	O	O	O	O	A	A	O	O	O	A	O	O	A	G	AB	O	O	O	O	O
Na16 Satudene	O	B	B	O	AB	O	O	O	O	O	O	O	O	O	A	B	O	O	O	A	O	O	B	O	A	O	O	O	O	O
Na17 Slave	O	B	O	C	AB	O	O	O	O	O	O	O	O	O	A	A	O	O	O	A	O	O	A	O	AB	O	O	O	O	O
Na18 Chilcotin	O	AB	O	A	AB	O	AB	O	B	O	O	O	D	O	A	B	O	O	A	A	O	O	AB	G	AB	O	O	O	O	O
Na19 Carrier	O	B	O	O	AB	A	O	O	O	O	O	O	O	O	A	B	B	O	A	A	O	O	AB	O	A	B	O	O	O	O
Na20 Kutchin	O	AB	B	O	AB	B	O	O	O	O	O	B	O	O	A	A	A	O	A	A	F	O	AB	O	AB	O	O	O	O	O
Na21 Caribou Eskimo	O	A	B	O	O	O	O	O	O	O	O	O	O	O	A	B	B	O	A	O	O	O	B	O	A	O	O	O	O	O
Na22 Iglulik	O	A	B	O	O	O	O	O	O	O	O	O	O	O	O	O	O	O	A	O	D	O	B	O	AB	O	O	O	O	O
Na23 Labrador	O	A	B	O	O	O	O	O	O	O	O	O	O	O	A	O	O	O	A	O	D	O	AB	O	B	O	O	O	O	O
Na24 Angmagsalik	O	A	B	A	O	O	O	O	O	O	O	O	O	O	O	O	O	O	O	O	D	O	B	O	B	O	O	O	O	O
Na25 Greenlandeea	O	A	B	O	O	O	O	O	O	O	O	O	O	O	O	O	O	O	O	O	D	O	AB	O	B	O	O	O	O	O
Na26 Tanaina	O	B	O	O	AB	O	A	O	O	O	O	O	O	O	A	O	B	O	A	A	F	O	AB	O	AB	B	O	O	O	O
Na27 Tahltan	O	B	O	O	AB	A	O	O	O	O	O	B	O	O	A	A	O	O	A	A	O	O	AB	O	A	O	O	O	O	O
Na28 Sekani	O	B	O	O	AB	O	O	O	O	O	O	B	O	O	A	O	O	O	A	A	O	O	AB	O	A	O	O	O	O	O
Na29 Beaver	O	B	O	O	AB	O	O	O	O	O	O	O	O	O	A	O	O	O	O	A	O	O	AB	O	A	O	O	O	O	O
Na30 Chipewyan	O	AB	O	A	AB	O	O	O	O	O	O	O	O	O	A	A	O	O	O	A	O	O	B	O	A	AB	O	O	O	O
Na31 Eastern Cree	O	AB	B	AC	B	A	O	O	O	O	O	O	O	O	A	O	O	O	O	A	O	O	O	O	AB	A	O	O	O	O
Na32 Montagnais	O	AB	O	A	B	A	O	O	O	O	O	O	O	O	A	O	O	O	O	A	O	O	A	CDG	AB	A	O	O	O	O
Na33 N. Saulteaux	O	AB	A	A	B	O	O	O	B	O	O	B	O	O	A	A	O	O	O	A	O	O	A	O	AB	A	O	O	O	O
Na34 Pekangekum	O	AB	A	A	B	O	O	O	B	O	O	B	O	O	A	A	O	O	O	A	O	O	A	O	AB	A	O	O	O	O
Na35 Nipigon	O	AB	O	A	B	O	O	O	O	O	O	O	O	O	A	A	O	O	O	A	O	O	O	O	AB	A	B	O	O	O
Na36 Chippewa	O	AB	A	A	B	O	O	O	O	O	BC	B	O	O	A	A	O	O	O	A	O	O	A	O	AB	A	B	O	O	O

Ethnic Units	Map Numbers																													
	70	71	72	73	74	75	76	77	78	79	80	81	82	83	84	87	88	89	90	92	93	94	95	96	97	98	99	100	101	102
Na1 Nabesna	0	0	0	0	0	0	0	0	0	A	C	A	0	0	A	B	A	A	0	B	A	A	C	B	A	0	0	0	0	A
Na2 Tareumiut	0	0	0	0	0	0	0	0	0	0	C	C	AB	AB	0	A	A	0	0	A	P	A	C	A	A	0	A	0	AB	A
Na3 Copper Eskimo	0	0	0	0	0	0	0	0	0	0	B	D	A	A	A	A	A	0	0	A	Q	0	0	A	A	0	0	0	B	AB
Na4 Kaska	0	0	0	0	0	0	0	0	0	0	AC	AD	0	0	A	B	A	AB	A	B	F	A	C	B	A	0	A	0	0	0
Na5 Naskapi	0	0	0	0	0	0	0	0	0	0	ABC	A	0	0	0	B	A	A	0	0	F	B	C	0	A	0	0	0	0	0
Na6 Nunivak	0	0	0	0	0	0	0	0	0	A	C	0	A	A	0	A	A	0	0	AB	P	A	0	0	0	0	A	0	AB	A
Na7 Attawapiskat	0	0	0	0	0	0	0	0	0	0	ABC	A	0	0	0	B	0	A	A	0	F	0	A	B	A	0	A	0	0	0
Na8 Ingalik	0	0	0	0	0	0	0	0	0	0	AC	0	C	0	0	B	A	AB	A	AB	P	AB	C	B	A	A	A	0	AB	AB
Na9 Aleut	0	0	0	0	0	0	0	0	0	0	C	0	0	0	0	A	A	B	0	A	P	A	0	0	0	0	A	0	AB	A
Na10 Chugach	0	0	0	0	0	0	0	0	0	A	BC	0	0	0	A	A	A	B	0	B	B	A	0	B	0	0	A	0	AB	A
Na12 Nunamiut	0	0	0	0	0	0	0	0	0	0	C	0	B	B	A	A	A	0	0	A	P	A	C	A	A	0	A	0	AB	A
Na13 Baffinland	0	0	0	0	0	0	0	0	0	0	A	C	A	A	0	A	A	0	0	A	Q	B	C	A	A	B	0	0	B	B
Na14 Polar Eskimo	0	0	0	0	0	0	0	0	0	0	A	0	A	A	0	A	A	0	0	A	R	B	0	A	A	B	0	0	B	B
Na15 Dogrib	0	0	0	0	0	0	0	0	0	0	C	AD	0	0	0	B	0	A	0	0	F	AB	C	0	A	0	0	0	0	0
Na16 Satudene	0	0	0	0	0	0	0	0	0	0	C	AD	0	0	A	B	A	A	0	0	F	AB	C	0	A	0	0	0	0	0
Na17 Slave	0	0	0	0	0	0	0	0	0	0	C	AD	0	0	A	B	0	A	0	0	A	AB	C	B	A	0	0	0	0	0
Na18 Chilcotin	0	AB	0	0	0	0	0	0	0	0	AC	D	0	0	A	B	0	B	A	B	A	AB	0	B	0	0	A	0	A	0
Na19 Carrier	0	0	0	0	0	0	0	0	A	0	AC	0	0	0	A	B	0	B	0	B	A	A	0	B	0	0	A	0	A	0
Na20 Kutchin	0	0	0	0	0	0	0	0	0	0	C	0	C	0	0	B	0	A	0	A	F	AB	C	B	A	0	0	0	0	0
Na21 Caribou Eskimo	0	0	0	0	0	0	0	0	0	0	B	D	A	A	A	A	A	0	0	A	Q	B	C	A	A	0	0	0	B	B
Na22 Iglulik	0	0	0	0	0	0	0	0	0	0	0	CD	A	A	A	A	A	0	0	A	Q	B	0	A	A	B	0	0	B	B
Na23 Labrador	0	0	0	0	0	0	0	0	0	0	A	0	A	A	A	A	A	0	0	A	R	B	0	A	A	B	0	0	B	B
Na24 Angmagsalik	0	0	0	0	0	0	0	0	0	0	A	0	A	A	A	A	A	0	0	A	R	B	0	A	A	B	0	0	B	0
Na25 Greenlandeea	0	0	0	0	0	0	0	0	0	0	A	CD	A	A	0	A	A	0	0	A	R	B	0	A	A	B	0	0	B	B
Na26 Tanaina	0	0	0	0	0	0	0	0	0	A	AC	0	C	0	0	B	A	AB	0	0	P	AB	C	B	A	0	A	0	AB	A
Na27 Tahltan	0	0	0	0	0	0	0	0	0	0	AC	D	0	0	A	B	A	AB	0	0	A	A	C	B	A	0	A	0	0	0
Na28 Sekani	0	0	0	0	0	0	0	0	0	0	C	0	0	0	A	B	0	AB	0	0	F	AB	C	B	A	0	0	0	0	0
Na29 Beaver	0	0	0	0	0	0	0	0	0	0	C	A	0	0	A	B	0	A	0	0	F	A	AB	B	A	0	0	0	0	0
Na30 Chipewyan	0	0	0	0	0	0	0	0	0	0	C	AD	0	0	AB	B	0	A	0	0	F	B	C	0	A	0	0	0	0	0
Na31 Eastern Cree	0	0	0	0	0	0	0	0	0	0	ABC	A	0	0	0	B	0	A	0	0	F	0	A	B	A	0	0	0	0	0
Na32 Montagnais	0	0	0	0	0	0	0	0	0	0	ABC	A	0	0	0	B	A	A	0	0	F	0	C	B	A	0	0	0	0	0
Na33 N. Saulteaux	0	0	0	0	0	0	0	0	0	0	ABC	A	0	0	0	B	0	A	0	0	F	0	AB	B	A	0	0	0	0	0
Na34 Pekangekum	0	0	0	0	0	0	0	0	0	0	ABC	A	0	0	0	B	0	A	0	0	F	0	AB	B	A	0	0	0	0	0
Na35 Nipigon	0	0	0	0	0	0	0	0	0	0	ABC	A	0	0	0	B	0	A	0	0	M	0	A	B	A	A	0	0	0	0
Na36 Chippewa	0	0	0	0	0	0	0	0	0	0	ABC	A	0	0	0	B	0	A	0	0	F	0	A	B	A	A	0	0	0	0

Ethnic Units	Map Numbers 104	106	107	108	109	110	111	112	113	114	115	116	117	118	120	121	122	124	125	127	128	130	131	132	133	134	135	136	137	138
Na1 Nabesna	O	A	B	A	A	O	A	B	O	B	B	O	A	A	B	B	O	O	O	O	O	B	B	A	B	A	O	O	O	O
Na2 Tareumiut	O	A	A	A	O	O	O	A	O	A	A	O	A	A	A	B	O	O	O	O	O	A	B	A	C	A	AB	A	O	C
Na3 Copper Eskimo	O	A	O	A	O	O	O	O	O	A	AB	O	A	O	A	B	O	O	O	O	O	A	B	A	BC	A	AB	A	A	C
Na4 Kaska	O	A	B	A	A	B	A	B	C	C	B	O	A	A	B	B	O	O	A	A	O	B	B	A	C	A	O	O	O	C
Na5 Naskapi	O	B	B	A	A	B	A	A	O	B	B	O	A	O	B	O	O	A	O	O	O	B	B	O	C	A	O	O	O	O
Na6 Nunivak	O	A	A	A	O	B	O	A	A	A	A	O	A	A	A	AB	O	O	O	A	O	A	AB	A	C	A	B	A	O	C
Na7 Attawapiskat	O	B	B	A	A	B	A	B	O	C	B	O	AC	O	B	O	O	A	A	O	O	B	B	O	A	A	O	O	O	O
Na8 Ingalik	A	A	AB	A	A	B	O	A	O	A	AB	O	A	A	B	AB	O	O	O	A	C	A	B	A	B	O	B	B	O	C
Na9 Aleut	O	A	B	A	O	B	O	A	A	O	AB	O	A	O	A	A	O	O	O	O	B	A	B	A	C	O	B	A	O	C
Na10 Chugach	O	A	B	A	O	A	O	A	A	O	A	O	A	A	A	A	O	O	O	O	O	A	B	A	BC	O	B	A	O	C
Na12 Nunamiut	O	A	A	A	O	O	O	A	O	B	A	O	A	A	A	B	O	O	O	A	B	O	AB	A	C	A	AB	A	O	C
Na13 Baffinland	O	A	O	A	O	O	O	A	O	A	A	A	A	A	A	B	O	O	O	O	O	A	B	O	C	A	AB	A	A	C
Na14 Polar Eskimo	O	AB	O	A	A	B	O	A	O	A	A	A	A	O	A	O	O	O	O	O	O	A	B	O	C	A	AB	A	A	C
Na15 Dogrib	O	B	B	A	A	B	A	B	O	B	B	O	A	A	B	B	O	A	A	O	O	B	B	A	O	A	O	O	O	O
Na16 Satudene	O	B	B	A	A	B	A	B	O	B	B	O	A	A	B	B	O	A	A	O	O	B	B	A	O	A	O	O	O	O
Na17 Slave	O	A	B	A	A	B	A	B	O	B	B	O	A	A	B	B	O	A	A	O	O	O	B	A	O	A	O	O	O	O
Na18 Chilcotin	O	A	B	B	A	A	A	B	O	C	B	O	A	O	E	AB	O	B	A	O	O	B	B	A	A	A	O	O	O	D
Na19 Carrier	O	A	B	B	O	A	A	B	O	O	B	O	A	A	E	B	O	B	A	O	O	B	B	A	AC	O	O	O	O	D
Na20 Kutchin	O	O	B	A	A	O	A	B	O	B	B	O	A	A	B	B	O	A	A	O	O	B	B	A	B	A	O	O	A	C
Na21 Caribou Eskimo	O	A	O	A	O	O	O	A	O	A	AB	A	A	A	A	O	O	O	O	O	O	A	B	O	C	A	AB	A	A	C
Na22 Iglulik	O	A	O	A	O	B	O	A	O	A	AB	A	A	A	A	B	O	O	O	O	O	A	B	O	C	A	AB	A	A	C
Na23 Labrador	O	B	O	A	O	O	O	A	O	A	A	A	A	O	A	B	O	O	O	O	O	A	B	O	C	A	AB	A	A	C
Na24 Angmagsalik	O	B	O	A	A	B	O	A	O	A	A	A	A	A	A	O	O	O	O	O	O	A	B	O	C	A	AB	A	A	C
Na25 Greenlandeea	O	B	O	A	O	B	O	A	O	A	A	O	A	A	A	B	O	O	O	O	O	A	B	O	C	A	AB	A	O	C
Na26 Tanaina	O	A	B	A	O	O	A	A	A	B	B	O	A	A	B	AB	O	O	O	O	A	B	B	A	B	O	B	A	O	C
Na27 Tahltan	O	A	B	A	O	O	A	B	O	B	B	O	A	A	B	B	O	O	O	O	O	B	B	A	AC	O	O	O	O	O
Na28 Sekani	O	A	B	A	A	B	A	B	O	C	B	O	A	A	B	B	O	O	A	O	O	B	B	A	O	A	O	O	O	D
Na29 Beaver	O	B	B	A	A	B	A	B	O	C	B	O	A	A	B	B	O	O	A	O	O	B	B	A	O	A	O	O	O	O
Na30 Chipewyan	O	B	B	A	A	B	A	B	O	B	B	A	A	A	B	B	O	O	A	O	O	B	B	A	O	A	B	O	O	O
Na31 Eastern Cree	O	B	B	A	A	B	A	B	O	C	B	O	AC	O	B	O	O	A	A	O	O	B	B	O	A	A	O	O	O	O
Na32 Montagnais	O	B	B	A	A	B	A	B	O	B	B	O	AC	O	B	O	A	A	O	O	O	B	B	O	O	A	O	O	O	O
Na33 N. Saulteaux	O	B	B	A	A	B	A	B	O	C	B	O	AC	O	B	O	O	A	A	A	O	B	B	A	A	A	O	O	O	O
Na34 Pekangekum	O	B	B	A	A	B	A	B	O	C	B	O	AC	O	B	O	O	A	A	A	O	B	B	A	A	A	O	O	O	O
Na35 Nipigon	O	B	B	A	A	B	A	B	O	C	B	O	AC	O	B	O	O	O	A	O	O	B	B	A	A	A	O	O	O	O
Na36 Chippewa	O	B	B	A	A	B	A	B	O	C	B	O	AC	O	B	O	O	O	A	A	C	B	B	A	A	A	O	O	O	O

Ethnic Units		Map Numbers																	
		139	140	141	142	143	144	145	146	152	154	156	160	161	162	164	165	166	167
Na1	Nabesna	A	B	O	O	O	B	A	O	C	C	B	O	C	A	O	C	A1	B
Na2	Tareumiut	AB	C	A	A	O	O	D	O	O	A	C	D	O	A	O	A	A	A
Na3	Copper Eskimo	AB	O	A	A	O	O	O	O	O	A	C	D	E	A	O	A	A	A
Na4	Kaska	A	O	O	A	O	A	AC	B	A	C	B	C	A	A	A	C	A1	B
Na5	Naskapi	A	C	O	A	O	O	O	O	C	A	C	D	C	A	O	D	A4	C
Na6	Nunivak	AB	O	A	A	O	O	O	B	O	O	A	D	C	C	ABCDA		A	A
Na7	Attawapiskat	O	C	O	A	C	O	O	O	C	A	C	D	C	A	AB	D	A4	C
Na8	Ingalik	A	C	O	A	O	A	O	O	O	B	C	A	E	A	O	C	A1	B
Na9	Aleut	AB	O	A	O	O	O	C	B	O	O	O	C	C	A	O	B	A	A
Na10	Chugach	A	B	A	A	O	O	AC	B	C	A	C	A	O	A	A	A	A	A
Na12	Nunamiut	AB	O	A	O	O	O	O	O	O	A	C	O	O	A	O	A	A	A
Na13	Baffinland	B	C	A	A	O	O	O	O	O	A	C	O	O	A	O	A	A	A
Na14	Polar Eskimo	O	O	O	A	O	O	O	O	O	A	C	D	E	A	O	A	A	A
Na15	Dogrib	A	B	O	O	O	O	A	B	O	B	C	C	O	A	O	C	A1	B
Na16	Satudene	A	O	O	O	O	O	A	O	O	B	C	A	O	A	O	C	A1	B
Na17	Slave	A	O	O	O	O	O	C	B	O	B	C	D	F	A	O	C	A1	B
Na18	Chilcotin	A	A	O	A	B	O	AC	O	O	A	C	O	F	A	O	C	A1	B
Na19	Carrier	A	A	O	O	O	A	AC	B	C	A	B	A	C	A	O	C	A1	B
Na20	Kutchin	A	C	O	O	O	A	C	O	O	B	B	D	C	A	O	C	A1	B
Na21	Caribou Eskimo	AB	BC	A	A	O	O	O	O	O	A	C	D	E	A	O	A	A	A
Na22	Iglulik	B	C	A	A	O	O	O	O	O	A	C	O	O	A	O	A	A	A
Na23	Labrador	B	C	A	A	O	O	O	O	O	A	C	O	E	A	O	A	A	A
Na24	Angmagsalik	O	O	O	A	O	O	O	O	O	A	C	O	E	A	O	A	A	A
Na25	Greenlandeea	B	C	O	A	O	O	O	O	O	A	C	O	E	A	O	A	A	A
Na26	Tanaina	A	C	O	A	O	A	AC	B	O	A	B	D	C	A	O	C	A1	B
Na27	Tahltan	B	A	O	O	O	O	AC	O	O	C	B	O	A	A	A	C	A1	B
Na28	Sekani	AB	C	O	O	O	A	AC	B	O	A	C	D	F	A	O	C	A1	B
Na29	Beaver	A	C	O	O	O	A	AC	B	O	B	C	A	F	A	ABCDC		A1	B
Na30	Chipewyan	A	BC	O	A	O	A	O	B	B	B	C	A	C	A	O	C	A1	B
Na31	Eastern Cree	O	C	O	A	C	O	O	O	C	A	C	D	C	A	O	D	A4	C
Na32	Montagnais	A	C	O	A	C	O	O	O	C	A	C	D	C	A	O	D	A4	C
Na33	N. Saulteaux	O	O	O	O	O	O	O	O	C	A	A	D	C	A	AC	D	A4	C
Na34	Pekangekum	O	O	O	A	C	O	O	O	C	A	A	D	C	A	O	D	A4	C
Na35	Nipigon.	A	AB	O	A	C	O	O	A	C	A	A	D	C	A	O	D	A4	C
Na36	Chippewa	A	AB	O	A	C	O	O	A	C	A	A	D	C	A	ABCDD		A4	C

Ethnic Units	Map Numbers 4	5	6	10	11	12	13	14	15	16	17	18	19	20	21	22	25	26	27	28	29	30	31	32	33	34	35	36	37	38
Na37 Rainy River	C	O	B	O	O	O	O	A	A	O	A	B	O	A	A	B	A	A	A	A	A	D	B	A	O	O	O	O	O	O
Na38 Katikitegon	J	O	B	O	B	B	A	A	A	O	A	B	O	A	A	B	A	A	A	A	A	D	B	A	O	A	A	AE	O	A
Na39 E. Ojibwa	J	O	B	O	O	B	O	A	O	O	A	B	O	A	A	B	A	A	A	A	A	O	O	A	O	A	O	A	O	A
Na40 Ottawa	C	O	B	O	O	B	O	A	O	O	A	B	O	A	A	B	A	A	A	A	A	O	O	A	O	A	O	A	O	A
Na41 Micmac	C	O	O	B	O	O	O	A	B	O	A	B	A	A	A	B	A	A	A	A	A	O	O	A	O	O	O	O	O	O
Na42 Potawatomi	J	O	A	O	O	O	O	O	O	O	A	A	O	A	O	B	A	A	A	A	A	D	B	A	O	A	A	O	O	A
Nb1 Haida	B	O	B	A	O	O	O	O	O	O	A	A	O	C	A	A	A	A	A	B	A	O	O	O	O	O	O	O	O	O
Nb2 Twana	B	O	O	B	O	A	O	A	B	A	A	A	O	O	A	A	A	A	A	B	A	O	O	B	O	O	O	O	O	O
Nb3 Kwakiutl	B	O	B	A	O	B	B	A	O	O	A	B	O	O	A	A	A	A	A	B	A	O	O	A	O	O	O	O	O	B
Nb4 Yurok	F	O	O	B	O	O	C	A	B	A	AB	A	A	O	A	B	A	A	O	B	A	A	A	A	C	O	O	O	O	B
Nb5 Eyak	B	O	O	A	O	O	O	A	O	A	A	B	O	O	A	A	O	B	A	A	A	O	O	O	O	O	O	O	O	O
Nb6 Tolowa	B	O	O	B	B	O	C	A	B	A	A	A	A	O	AB	A	A	A	B	B	A	O	O	A	O	O	O	O	O	B
Nb7 Tsimshian	B	O	B	B	O	O	O	A	O	O	A	A	O	C	A	A	A	A	A	B	A	O	O	B	O	O	O	O	O	O
Nb8 Haisla	B	O	B	B	O	O	O	A	O	O	A	A	O	O	A	A	A	A	A	B	A	O	O	B	O	O	O	O	O	O
Nb9 Bellacoola	B	O	B	A	O	A	O	A	O	A	A	A	O	O	A	A	A	A	A	B	A	O	O	A	O	O	O	O	O	O
Nb10 Alkatcho	B	O	O	O	O	O	O	A	O	O	A	A	O	O	A	B	A	A	A	A	A	O	O	O	O	O	O	O	O	O
Nb11 Nootka	B	O	B	A	A	O	O	A	O	A	A	B	O	C	A	A	A	A	A	B	A	O	O	A	O	O	O	O	O	O
Nb12 Klahuse	B	O	B	A	O	AB	A	A	O	A	A	A	A	B	A	A	A	A	A	B	A	O	O	B	O	O	O	O	O	O
Nb13 Squamish	B	O	B	B	O	B	A	A	O	A	A	A	A	B	A	A	A	A	A	B	A	O	O	B	O	O	O	O	O	O
Nb14 Comox	B	O	B	A	O	AB	A	A	O	O	A	B	A	B	A	A	A	A	A	B	A	O	O	A	O	O	O	O	O	O
Nb15 Lummi	B	O	B	B	O	B	A	A	O	A	A	A	A	B	A	A	A	A	A	B	A	O	O	B	O	O	O	O	O	O
Nb16 Klallam	B	O	B	B	A	O	O	A	O	A	A	A	O	O	A	A	A	A	A	B	A	O	O	B	O	O	O	O	O	O
Nb17 Puyallup	B	O	O	B	O	O	O	A	O	A	A	A	O	B	A	A	A	A	A	B	A	O	O	B	O	O	O	O	O	O
Nb18 Quileute	B	O	O	A	A	O	O	A	O	A	A	A	O	O	A	A	A	A	A	B	A	O	O	O	O	O	O	O	O	O
Nb19 Chinook	B	O	B	B	O	B	AC	A	A	A	A	B	O	C	O	A	A	A	A	B	A	O	O	B	O	O	O	O	O	O
Nb20 Tillamook	B	O	O	B	B	O	O	A	B	A	O	A	A	O	A	A	A	A	O	B	A	O	O	O	O	O	O	O	O	O
Nb21 Coos	B	O	O	B	O	O	O	A	O	A	O	O	O	O	A	A	A	A	O	B	A	O	O	A	O	O	O	O	O	O
Nb22 Tlingit	B	O	O	B	A	O	A	A	O	O	A	B	O	O	A	A	A	A	A	A	A	O	O	A	O	O	O	O	O	O
Nb23 Bellabella	B	O	B	B	O	B	O	A	O	O	A	A	O	O	A	A	A	A	A	B	A	O	O	B	O	O	O	O	O	O
Nb24 Makah	B	O	O	A	A	O	O	A	O	A	A	A	O	O	A	A	A	A	A	B	A	O	O	O	O	O	O	O	O	O
Nb25 Quinault	B	O	O	A	A	O	O	A	O	A	A	A	O	C	A	A	A	A	A	B	A	O	O	A	O	O	O	O	O	O
Nb26 Cowichan	B	O	B	A	O	AB	A	A	O	O	A	B	A	B	A	A	A	A	A	B	A	O	O	A	O	O	O	O	O	O
Nb27 Stalo	B	O	B	B	O	A	O	A	B	A	A	A	O	O	A	A	A	A	A	B	A	O	O	B	O	O	O	O	O	O
Nb28 Alsea	B	O	O	B	O	O	O	A	B	A	A	B	A	C	A	A	A	A	O	B	A	O	O	B	O	O	O	O	O	O
Nb29 Siuslaw	B	O	O	B	O	O	O	A	O	A	A	A	A	O	A	A	A	A	O	B	A	O	O	B	O	O	O	O	O	O

Ethnic Units	39	40	41	42	43	44	45	46	47	48	49	50	51	52	53	54	55	56	57	58	59	60	61	62	63	64	65	67	68	69
	Map Numbers																													
Na37 Rainy River	O	AB	A	A	O	O	O	O	O	O	BC	O	O	O	A	A	O	O	O	A	O	O	A	O	AB	A	B	O	O	O
Na38 Katikitegon	A	AB	A	C	B	O	O	A	B	B	BC	O	B	O	A	A	O	BC	A	A	O	O	A	CG	AB	A	B	A	A	O
Na39 E. Ojibwa	B	AB	A	A	B	A	O	A	O	A	O	O	B	O	A	A	A	O	O	A	O	O	A	O	B	A	O	O	A	O
Na40 Ottawa	B	AB	A	A	B	A	O	A	O	A	O	O	B	O	A	A	A	O	O	A	O	O	A	O	AB	A	O	O	A	O
Na41 Micmac	O	AB	A	C	O	A	B	O	O	O	O	O	O	A	A	A	B	O	A	O	O	O	A	CG	AB	A	O	A	A	O
Na42 Potawatomi	B	AB	A	O	B	O	B	A	O	B	O	O	B	O	A	A	O	C	A	O	O	O	A	O	AB	A	B	A	A	O
Nb1 Haida	O	B	O	O	A	A	A	O	O	O	O	A	O	O	A	A	B	O	A	A	O	O	AB	C	AB	B	O	E	A	C
Nb2 Twana	O	B	O	O	AB	A	AB	F	O	O	O	B	O	O	A	A	O	O	A	A	O	O	O	O	O	C	O	O	O	O
Nb3 Kwakiutl	O	B	O	O	O	O	AB	O	O	O	O	O	O	O	A	A	O	O	A	A	O	O	AB	C	AB	C	O	O	O	O
Nb4 Yurok	O	AB	A	O	A	O	AB	EF	B	O	A	B	O	O	A	A	A	B	O	O	O	A	AB	C	AB	C	B	B	A	O
Nb5 Eyak	O	B	O	O	A	O	O	O	O	O	O	O	O	O	A	O	B	O	A	A	O	O	AB	O	AB	B	O	O	O	O
Nb6 Tolowa	O	B	O	O	A	AB	AB	EF	B	O	A	B	O	O	A	A	A	B	O	O	O	A	AB	C	AB	C	B	B	A	O
Nb7 Tsimshian	O	B	O	O	AB	AB	A	O	O	O	O	A	O	O	A	A	B	O	A	A	O	O	AB	C	AB	C	B	O	C	C
Nb8 Haisla	O	B	O	O	B	B	A	O	O	O	O	O	O	O	A	A	O	O	A	A	O	O	AB	C	B	C	O	O	O	O
Nb9 Bellacoola	O	B	O	O	O	B	A	O	O	O	O	A	O	O	A	A	B	O	A	A	O	O	AB	O	AB	C	O	O	O	O
Nb10 Alkatcho	O	B	O	O	AB	A	O	O	O	O	O	O	O	O	A	A	B	O	A	A	O	O	AB	O	A	B	O	O	O	O
Nb11 Nootka	O	B	O	O	O	A	AB	D	O	O	O	O	O	O	A	A	B	O	A	A	O	O	AB	C	AB	C	B	O	O	O
Nb12 Klahuse	O	B	O	O	O	O	AB	O	O	O	O	B	O	O	A	A	O	O	A	A	O	O	AB	C	AB	O	O	O	O	O
Nb13 Squamish	O	B	O	O	O	O	AB	O	O	O	O	B	O	O	A	A	O	O	A	A	A	O	AB	C	A	C	B	O	O	O
Nb14 Comox	O	B	O	O	O	O	AB	O	O	O	O	B	O	O	A	A	O	O	A	A	O	O	AB	C	AB	C	O	O	O	O
Nb15 Lummi	O	B	O	O	O	O	AB	O	O	O	O	B	O	O	A	A	O	O	A	A	A	O	AB	C	AB	C	B	O	O	O
Nb16 Klallam	O	B	O	O	A	O	AB	D	B	O	O	B	O	O	A	A	O	O	A	A	O	O	A	O	B	C	O	O	O	O
Nb17 Puyallup	O	B	O	O	O	O	AB	O	O	O	O	B	O	O	A	A	O	O	A	A	O	O	O	O	O	C	B	O	O	O
Nb18 Quileute	O	B	O	O	B	A	AB	O	O	O	O	B	O	O	A	A	B	O	A	A	O	O	AB	O	O	C	O	O	O	O
Nb19 Chinook	O	B	O	O	AB	AB	AB	F	O	AB	O	B	A	O	A	A	A	O	A	A	O	O	AB	C	A	C	B	O	B	O
Nb20 Tillamook	O	B	O	O	AB	A	AB	F	O	O	O	B	O	O	A	A	A	O	O	A	O	A	AB	C	A	C	O	O	A	O
Nb21 Coos	O	B	O	O	AB	AB	AB	F	B	O	A	B	O	O	A	A	O	O	A	O	O	A	AB	C	AB	C	O	O	A	O
Nb22 Tlingit	O	B	O	O	A	AB	A	O	O	O	O	A	O	O	A	A	B	O	A	A	F	O	AB	O	A	B	B	E	A	C
Nb23 Bellabella	O	B	O	O	B	B	A	O	O	O	O	O	O	O	A	A	O	O	A	A	O	O	AB	C	AB	C	O	O	O	O
Nb24 Makah	O	B	O	O	B	A	AB	O	O	O	O	B	O	O	A	A	O	O	A	A	O	O	AB	O	O	C	O	O	O	O
Nb25 Quinault	O	B	O	O	A	O	AB	O	O	O	O	B	O	O	A	A	B	O	A	A	O	O	A	O	O	C	O	O	O	O
Nb26 Cowichan	O	B	O	O	O	O	AB	D	O	O	O	B	O	O	A	A	O	O	A	A	O	O	AB	C	AB	C	O	O	O	O
Nb27 Stalo	O	B	O	O	A	A	AB	F	O	O	O	B	O	O	A	A	O	O	A	A	O	O	O	O	O	C	B	O	O	O
Nb28 Alsea	O	B	O	O	AB	AB	AB	F	O	O	O	B	O	O	A	A	A	O	A	O	O	A	AB	C	AB	C	B	O	A	O
Nb29 Siuslaw	O	B	O	O	A	AB	AB	F	B	O	A	B	O	O	A	A	A	O	A	O	O	A	AB	C	AB	C	B	O	A	O

Ethnic Units	70	71	72	73	74	75	76	77	78	79	80	81	82	83	84	87	88	89	90	92	93	94	95	96	97	98	99	100	101	102
	Map Numbers																													
Na37 Rainy River	O	O	O	O	O	O	O	O	O	O	ABC	A	O	O	O	B	O	A	O	O	M	O	A	B	A	A	O	O	O	O
Na38 Katikitegon	A	B	O	O	O	O	O	O	O	O	ABC	AE	O	O	O	B	O	A	O	O	M	B	A	B	A	A	O	O	O	A
Na39 E. Ojibwa	A	B	O	O	O	O	O	O	O	O	AC	A	O	O	O	B	O	A	O	O	M	O	C	B	A	A	O	O	O	O
Na40 Ottawa	A	B	O	O	O	O	O	O	O	O	AC	A	O	O	O	B	O	A	O	O	M	O	C	B	A	A	O	O	O	O
Na41 Micmac	A	AB	A	O	O	O	O	O	O	O	C	A	O	O	O	B	A	A	O	B	F	O	B	B	A	A	O	O	O	O
Na42 Potawatomi	A	B	O	O	O	O	O	O	O	O	O	O	O	O	O	B	B	AB	O	O	M	A	C	B	A	A	O	O	O	O
Nb1 Haida	O	O	O	O	O	O	O	O	A	O	O	O	O	O	O	C	O	AB	O	B	B	A	O	B	O	A	O	O	A	AB
Nb2 Twana	O	O	O	O	O	O	O	O	O	O	A	O	O	O	O	C	O	B	O	O	B	A	O	O	O	A	O	O	O	A
Nb3 Kwakiutl	O	O	O	O	O	O	O	O	A	O	O	O	O	O	O	C	O	AB	A	B	B	A	O	B	O	O	O	O	A	AB
Nb4 Yurok	B	AB	O	O	O	O	O	O	AB	O	A	O	O	O	O	C	O	B	O	O	B	A	O	B	O	O	A	O	AB	B
Nb5 Eyak	O	O	O	O	O	O	O	O	A	O	BC	E	O	O	O	C	A	B	O	B	B	AB	C	B	A	O	O	O	O	A
Nb6 Tolowa	B	AB	B	O	O	O	O	O	AB	O	A	O	O	O	O	C	O	B	A	O	B	A	O	B	B	O	O	O	A	O
Nb7 Tsimshian	O	O	O	O	O	O	O	O	A	O	AC	O	O	O	A	C	O	AB	O	B	B	A	O	B	O	O	A	O	A	AB
Nb8 Haisla	O	O	O	O	O	O	O	O	A	O	AC	O	O	O	O	C	O	AB	O	B	B	A	O	B	O	O	O	O	A	AB
Nb9 Bellacoola	O	O	O	O	O	O	O	O	A	O	AC	O	O	O	O	C	O	AB	O	B	B	A	O	B	O	O	A	O	A	A
Nb10 Alkatcho	O	O	O	O	O	O	O	O	A	O	AC	O	O	O	A	B	O	B	O	B	A	A	O	B	O	O	A	O	A	O
Nb11 Nootka	O	O	O	O	O	O	O	O	A	O	O	O	O	O	O	C	O	B	O	B	B	A	O	B	O	O	O	O	O	A
Nb12 Klahuse	O	O	O	O	O	O	O	O	O	O	AC	O	O	O	O	C	O	B	O	B	B	A	O	B	O	A	A	O	AB	A
Nb13 Squamish	O	B	O	O	O	O	O	O	O	O	AC	O	O	O	O	C	O	AB	O	B	B	A	O	B	O	A	O	O	AB	A
Nb14 Comox	O	O	O	O	O	O	O	O	O	O	C	O	O	O	O	C	O	B	O	B	B	A	O	O	O	A	O	O	A	A
Nb15 Lummi	O	B	O	O	O	O	O	O	O	O	AC	O	O	O	O	C	O	AB	O	B	B	A	O	B	O	A	O	O	AB	A
Nb16 Klallam	O	O	O	O	O	O	O	O	A	O	A	O	O	O	O	C	O	B	O	O	B	A	O	O	O	A	O	O	O	A
Nb17 Puyallup	O	O	O	O	O	O	O	O	O	O	A	O	O	O	O	C	O	B	O	O	B	A	C	O	O	A	O	O	O	A
Nb18 Quileute	O	O	O	O	O	O	O	O	A	O	A	O	O	O	O	C	O	B	O	O	B	A	O	O	O	A	O	O	O	A
Nb19 Chinook	O	AB	O	O	O	O	O	O	A	O	O	O	O	O	O	C	O	B	O	B	B	A	O	B	O	A	A	O	A	A
Nb20 Tillamook	AB	B	O	O	O	O	O	O	A	O	O	O	O	O	O	C	O	B	O	O	B	A	O	O	B	O	O	O	A	A
Nb21 Coos	B	O	O	O	O	O	O	O	A	O	O	O	O	O	O	C	O	B	O	O	B	A	O	O	B	O	O	O	A	O
Nb22 Tlingit	O	O	O	O	O	O	O	O	A	O	C	O	O	O	A	C	A	B	O	B	B	A	C	B	A	A	A	O	A	AB
Nb23 Bellabella	O	O	O	O	O	O	O	O	A	O	AC	O	O	O	O	C	O	AB	O	B	B	A	O	B	O	O	O	O	A	AB
Nb24 Makah	O	O	B	O	O	O	O	O	A	O	O	O	O	O	O	C	O	B	O	B	B	A	O	O	O	A	O	O	O	A
Nb25 Quinault	O	O	B	O	O	O	O	O	A	O	A	O	O	O	O	C	O	B	A	B	B	A	C	O	O	A	A	O	A	A
Nb26 Cowichan	O	O	O	O	O	O	O	O	O	O	C	O	O	O	O	C	O	B	O	B	B	A	O	O	O	A	O	O	A	A
Nb27 Stalo	O	O	O	O	O	O	O	O	O	O	O	O	O	O	O	C	O	B	O	O	B	A	O	O	O	A	O	O	O	A
Nb28 Alsea	AB	A	O	O	O	O	O	O	A	O	O	O	O	O	O	C	O	B	O	O	B	A	O	O	O	O	O	O	A	O
Nb29 Siuslaw	AB	B	O	O	O	O	O	O	A	O	O	O	O	O	O	C	O	B	O	O	B	A	O	O	B	O	O	O	A	O

Ethnic Units	Map Numbers 104	106	107	108	109	110	111	112	113	114	115	116	117	118	120	121	122	124	125	127	128	130	131	132	133	134	135	136	137	138
Na37 Rainy River	O	B	B	A	A	B	A	B	O	C	B	O	AC	O	B	O	O	O	A	A	C	B	B	A	A	A	O	O	O	O
Na38 Katikitegon	O	B	B	A	A	O	A	B	D	C	B	O	C	O	B	AB	A	O	AB	A	C	B	B	A	A	A	O	O	O	O
Na39 E. Ojibwa	O	B	B	A	A	B	A	B	O	C	B	O	AC	O	B	O	A	O	A	A	O	B	B	A	A	A	O	O	O	O
Na40 Ottawa	O	B	B	A	A	B	A	B	O	C	B	O	AC	O	B	O	A	O	A	A	O	B	B	A	A	A	O	O	O	O
Na41 Micmac	A	B	B	A	O	B	A	B	D	C	B	O	AC	O	B	A	A	O	O	A	O	O	B	A	A	A	O	O	O	O
Na42 Potawatomi	O	B	B	A	O	C	A	B	D	C	B	O	O	O	B	O	A	O	AB	A	C	B	B	A	O	O	O	O	O	O
Nb1 Haida	A	A	B	B	O	A	A	C	A	O	B	O	O	O	C	A	A	B	B	O	O	A	B	A	AC	O	O	O	O	O
Nb2 Twana	O	A	B	B	O	A	O	C	A	O	B	O	O	B	E	A	A	B	C	O	O	B	AB	A	A	O	O	O	O	D
Nb3 Kwakiutl	A	A	B	B	O	A	O	O	A	O	O	O	O	B	C	A	A	B	CB	O	O	A	A	A	A	O	B	C	O	D
Nb4 Yurok	O	A	AB	B	O	O	O	C	C	D	AB	O	B	O	E	A	O	O	O	O	O	B	O	O	A	A	O	O	O	D
Nb5 Eyak	O	A	B	A	O	A	O	A	A	O	A	O	A	A	A	A	O	O	O	O	O	O	B	A	AB	O	B	AC	O	C
Nb6 Tolowa	O	A	AB	B	A	O	O	C	B	D	AB	O	B	O	E	A	O	O	O	O	O	B	O	O	A	A	O	O	O	O
Nb7 Tsimshian	A	A	B	B	O	A	A	O	A	O	B	O	A	O	C	A	A	B	B	O	O	O	AB	A	A	O	B	AC	O	O
Nb8 Haisla	A	A	B	B	O	A	O	O	A	O	B	O	O	O	C	A	A	B	CB	O	O	AB	AB	A	O	O	B	C	O	O
Nb9 Bellacoola	A	A	B	B	A	A	O	O	A	O	B	O	O	B	C	A	A	B	CB	O	O	O	AB	A	A	O	B	C	O	D
Nb10 Alkatcho	O	A	B	B	O	A	A	B	O	O	B	O	A	A	E	B	O	B	A	O	O	B	B	A	AC	O	O	O	O	D
Nb11 Nootka	A	A	B	B	O	A	A	O	A	O	O	O	O	B	C	A	A	B	O	O	O	O	O	A	A	O	B	C	O	D
Nb12 Klahuse	O	A	B	B	B	A	O	C	A	O	B	O	A	B	C	A	A	B	CB	O	O	B	AB	A	A	O	O	O	O	D
Nb13 Squamish	O	A	B	B	B	A	O	O	O	O	B	O	A	B	C	A	A	B	C	O	O	B	AB	A	A	O	O	O	O	D
Nb14 Comox	O	A	B	B	B	A	O	O	A	O	O	O	O	B	C	A	A	B	CB	O	O	B	AB	A	A	O	O	O	O	D
Nb15 Lummi	O	A	B	B	B	A	O	C	O	O	B	O	A	B	C	A	A	B	C	O	O	B	AB	A	A	O	O	O	O	D
Nb16 Klallam	O	A	B	B	O	A	O	C	A	O	O	O	O	O	A	A	A	B	C	O	O	B	B	A	A	O	O	O	O	D
Nb17 Puyallup	O	A	B	B	O	A	O	O	B	O	B	O	O	B	A	A	A	B	C	O	O	B	B	A	A	O	O	O	O	D
Nb18 Quileute	O	A	B	B	O	A	O	O	A	O	O	O	O	B	A	A	O	B	C	O	O	B	O	A	A	O	O	O	O	D
Nb19 Chinook	O	A	B	B	A	O	O	C	A	O	A	O	A	B	A	A	A	O	O	O	O	B	B	A	A	A	O	O	O	D
Nb20 Tillamook	O	A	B	B	A	O	O	C	A	D	B	O	A	B	A	A	O	O	O	O	O	B	B	O	A	A	O	O	O	D
Nb21 Coos	O	A	AB	B	A	O	O	C	B	D	B	O	O	O	A	A	O	O	O	O	O	B	O	O	A	O	O	O	O	D
Nb22 Tlingit	A	A	B	B	O	A	A	B	A	O	B	O	A	A	C	A	O	O	B	O	O	AB	B	A	AC	A	B	A	O	D
Nb23 Bellabella	A	A	B	B	O	A	O	O	A	O	B	O	O	B	C	A	O	B	CB	O	O	AB	AB	A	A	O	B	C	O	D
Nb24 Makah	O	A	B	B	O	A	O	C	A	O	O	O	O	B	A	A	O	B	C	O	O	B	O	A	A	O	O	O	O	D
Nb25 Quinault	A	A	B	B	A	A	O	O	A	O	B	O	O	B	A	A	A	B	C	O	O	B	O	A	A	A	O	O	O	D
Nb26 Cowichan	O	A	B	B	B	O	O	O	O	O	O	O	A	B	C	A	A	B	C	O	O	O	AB	A	A	O	O	O	A	D
Nb27 Stalo	O	A	B	B	O	A	O	O	A	O	B	O	O	B	A	A	O	B	C	O	O	B	AB	A	A	O	O	O	O	D
Nb28 Alsea	O	A	B	B	A	O	O	C	O	D	B	O	A	B	A	A	O	O	O	O	O	B	O	O	A	A	O	O	O	D
Nb29 Siuslaw	O	A	B	B	A	O	O	C	O	D	B	O	A	B	A	A	O	O	O	O	O	B	AB	O	A	A	O	O	O	D

Ethnic Units	Map Numbers																	
	139	140	141	142	143	144	145	146	152	154	156	160	161	162	164	165	166	167
Na37 Rainy River	A	AB	O	A	C	O	O	A	C	A	A	D	C	A	O	D	A4	C
Na38 Katikitegon	A	AB	O	A	C	O	O	A	C	A	A	D	C	A	O	D	A4	C
Na39 E. Ojibwa	O	B	O	O	C	O	O	A	C	A	A	D	C	A	O	D	A4	C
Na40 Ottawa	O	B	O	O	C	O	O	A	C	A	A	D	C	A	O	D	A4	C
Na41 Micmac	A	A	O	O	C	O	O	B	O	A	C	A	E	A	O	D	A4	C
Na42 Potawatomi	O	C	O	O	C	O	O	A	O	A	A	D	C	A	A	D	A4	C
Nb1 Haida	O	A	O	A	O	A	AC	O	C	D	B	C	A	A	ABC	C	A3	B
Nb2 Twana	O	O	O	A	O	B	O	O	O	A	C	A	F	A	O	C	E7	H
Nb3 Kwakiutl	AB	C	O	A	O	B	A	O	O	A	C	A	F	A	O	C	E8	H
Nb4 Yurok	AB	O	O	A	O	AB	AC	O	O	A	C	A	F	C	O	G	A5	C
Nb5 Eyak	A	O	A	O	O	A	A	A	C	D	B	D	C	A	A	A	A1	B
Nb6 Tolowa	AB	A	O	A	O	AB	A	O	A	A	C	A	C	A	O	G	A1	B
Nb7 Tsimshian	AB	A	O	A	O	A	AC	B	C	D	B	C	C	A	A	C	D5	F
Nb8 Haisla	B	A	O	O	O	O	AC	O	C	A	B	C	C	A	O	C	E8	H
Nb9 Bellacoola	A	AC	O	A	O	O	AC	O	O	A	C	A	F	A	O	C	E7	H
Nb10 Alkatcho	A	A	O	O	O	A	AC	B	C	A	B	A	C	A	O	C	A1	B
Nb11 Nootka	AB	A	O	A	O	B	A	O	O	A	C	A	F	A	O	C	E8	H
Nb12 Klahuse	B	A	O	A	B	B	A	O	O	A	C	A	F	A	O	C	E7	H
Nb13 Squamish	B	A	O	A	B	B	A	O	O	A	C	A	F	A	O	C	E7	H
Nb14 Comox	B	A	O	A	O	AB	A	O	O	A	C	A	F	A	O	C	E7	H
Nb15 Lummi	B	A	O	A	B	B	A	O	O	A	C	A	F	A	O	C	E7	H
Nb16 Klallam	A	O	O	A	O	B	O	O	O	A	C	A	F	A	O	C	E7	H
Nb17 Puyallup	A	O	O	A	O	B	O	O	O	A	C	A	F	A	O	C	E7	H
Nb18 Quileute	AB	O	O	O	O	B	O	O	O	A	C	A	F	A	O	C	E6	H
Nb19 Chinook	AB	O	O	O	B	B	AC	A	O	A	C	O	F	A	O	C	D4	F
Nb20 Tillamook	AB	A	O	O	O	B	O	O	O	A	C	O	O	A	O	C	E7	H
Nb21 Coos	AB	A	O	O	O	B	A	O	O	A	C	O	C	A	O	C	D1	F
Nb22 Tlingit	A	A	A	A	O	AB	AC	B	B	D	B	D	A	A	ABCD	C	A2	B
Nb23 Bellabella	A	AC	O	A	O	O	AC	O	C	A	C	A	F	A	O	C	E8	H
Nb24 Makah	AB	O	O	O	O	B	O	O	O	A	C	A	F	A	O	C	E8	H
Nb25 Quinault	AB	A	O	A	O	B	C	O	O	A	C	A	E	A	O	C	E7	H
Nb26 Cowichan	B	A	O	A	O	AB	A	O	O	A	C	A	F	A	O	C	E7	H
Nb27 Stalo	A	O	O	A	O	B	O	O	O	A	C	A	F	A	O	C	E7	H
Nb28 Alsea	AB	A	O	O	O	B	O	O	O	A	C	A	C	A	O	C	D2	F
Nb29 Siuslaw	AB	A	O	A	O	B	A	O	O	A	C	O	C	A	O	C	D2	F

Ethnic Units	Map Numbers 4	5	6	10	11	12	13	14	15	16	17	18	19	20	21	23	25	26	27	28	29	30	31	32	33	34	35	36	37	38
Nb30 Takelma	F	O	O	O	B	O	O	A	B	A	A	B	A	B	A	B	A	A	O	A	A	A	A	A	O	O	O	O	O	O
Nb31 Tututni	B	O	O	B	B	O	C	A	B	A	A	A	A	O	A	A	A	A	O	B	A	O	O	A	O	O	O	O	O	O
Bb32 Shasta	F	O	O	A	B	O	O	AB	A	A	O	A	A	B	A	B	D	A	O	B	A	AB	A	A	C	O	O	O	O	O
Nb33 Chimariko	F	O	O	O	B	B	O	O	B	A	AB	A	A	B	B	B	A	A	O	B	A	AB	A	A	C	O	O	O	O	B
Nb34 Karok	F	O	O	B	O	O	C	A	O	A	A	A	A	B	A	B	A	A	O	B	A	A	A	A	C	O	O	O	O	O
Nb35 Hupa	F	O	O	O	B	O	C	A	B	A	AB	A	A	B	AB	B	D	A	O	B	A	A	A	A	C	O	O	O	O	B
Nb36 Wiyot	F	O	O	B	B	O	C	A	B	A	AB	A	A	B	AB	B	D	A	A	B	A	A	A	A	C	O	O	O	O	B
Nb37 Lassik	F	O	O	O	B	O	O	A	B	O	O	A	A	B	AB	B	D	A	O	B	A	A	A	A	C	O	O	O	O	B
Nb38 Mattole	F	O	O	O	B	O	C	A	B	O	O	A	A	B	AB	B	D	A	B	B	A	A	A	A	C	O	O	O	O	B
Nb39 Sinkyone	F	O	O	O	B	O	O	A	B	O	O	A	A	B	AB	B	D	A	B	B	A	A	A	A	C	O	O	O	O	B
Nc1 Nomlaki	H	O	O	O	B	B	O	O	B	O	B	A	A	O	B	B	A	A	B	B	A	A	A	A	C	O	O	O	O	O
Nc2 Tubatulabal	H	O	O	O	B	B	O	O	O	O	AB	A	A	O	B	D	O	O	O	O	B	A	A	A	BC	O	O	O	O	B
Nc3 Yokuts	H	O	A	O	B	B	A	O	B	O	B	A	A	O	AB	D	A	A	O	B	B	A	A	A	C	O	O	O	O	B
Nc4 Atsugewi	F	O	B	O	B	B	O	AB	A	A	AB	A	A	B	AB	B	A	A	A	B	A	AB	A	B	C	O	O	O	O	B
Nc5 Miwok	H	O	O	O	B	B	A	AB	B	A	B	A	A	B	AB	B	D	A	B	B	O	A	A	A	C	O	O	O	O	B
Nc6 Diegueno	G	O	O	O	B	B	O	O	B	O	B	O	A	O	A	B	B	B	O	O	B	A	A	A	ABC	O	O	O	O	B
Nc7 Yuki	H	O	O	O	B	O	O	B	O	O	O	A	A	B	AB	B	A	A	O	B	A	A	A	A	C	O	O	O	O	B
Nc8 Klamath	F	O	B	O	B	B	O	A	O	A	A	A	A	B	A	B	A	B	A	B	A	A	A	B	O	O	O	O	O	B
Nc9 Modoc	F	O	O	O	B	B	O	AB	A	A	A	A	A	B	A	B	A	A	A	B	A	AB	A	B	C	O	O	O	O	B
Nc10 Achomawi	F	O	B	O	B	B	O	AB	A	A	O	A	A	B	AB	B	A	A	A	B	A	AB	A	B	C	O	O	O	O	B
Nc11 Yana	H	O	O	O	B	O	O	O	O	O	O	A	A	B	B	B	A	A	O	B	A	A	A	A	C	O	O	O	O	O
Nc12 Maidu	H	O	O	O	B	B	O	AB	B	A	AB	A	A	B	B	B	A	A	B	B	B	AB	A	A	C	O	O	O	O	B
Nc13 Nisenan	H	O	O	O	B	B	O	AB	B	A	O	A	A	B	AB	B	A	A	O	B	B	A	A	A	C	O	O	O	O	B
Nc14 Wintu	F	O	O	O	B	B	O	O	B	A	B	A	A	B	AB	B	D	A	O	B	A	AB	A	A	C	O	O	O	O	B
Nc15 Coast Yuki	H	O	O	O	B	O	O	B	O	O	O	A	A	B	AB	B	D	A	O	B	A	A	A	A	C	O	O	O	O	B
Nc16 Huchnom	H	O	O	O	B	O	O	B	O	O	O	A	A	B	AB	B	O	A	O	B	A	A	A	A	C	O	O	O	O	B
Nc17 Northern Pomo	H	O	O	O	B	B	O	B	B	A	O	A	A	O	B	B	D	A	B	B	B	A	A	A	C	O	O	O	O	B
Nc18 Eastern Pomo	H	O	O	O	B	B	O	B	B	A	O	A	A	O	B	B	A	A	B	B	B	A	A	A	C	O	O	O	O	B
Nc19 Southern Pomo	H	O	O	O	B	B	O	O	B	A	O	A	A	O	B	B	A	A	B	B	B	A	A	A	C	O	O	O	O	B
Nc20 Wappo	H	O	O	O	B	B	O	O	O	O	O	A	A	O	B	B	A	A	O	B	B	A	A	A	C	O	O	O	O	B
Nc21 Lake Miwok	H	O	O	O	B	B	O	B	B	A	O	A	A	O	B	B	D	A	O	B	B	A	A	A	C	O	O	O	O	B
Nc22 Patwin	H	O	O	O	B	B	A	O	A	O	O	A	A	O	AB	B	A	A	O	O	B	A	A	A	C	O	O	O	O	O
Nc23 Monachi	H	O	B	O	B	B	A	AB	A	A	B	A	A	B	AB	B	D	A	O	B	B	A	A	A	C	O	O	O	O	B
Nc24 Lake Yokuts	H	O	A	O	B	B	A	O	A	O	B	A	A	O	AB	D	A	A	O	B	B	A	A	A	C	O	O	O	O	B
Nc25 Wukchumni	H	O	A	O	B	B	A	AB	B	A	B	A	A	B	AB	B	D	A	O	B	B	A	A	A	C	O	O	O	O	B

Ethnic Units	Map Numbers																													
	39	40	41	42	43	44	45	46	47	48	49	50	51	52	53	54	55	56	57	58	59	60	61	62	63	64	65	67	68	69
Nb30 Takelma	O	B	O	O	A	O	O	EF	B	O	A	B	O	O	A	B	A	O	A	O	O	A	AB	C	AB	O	B	B	AB	O
Nb31 Tututni	O	B	O	O	AB	AB	AB	EF	B	O	A	B	O	O	A	A	A	O	A	O	O	A	AB	C	AB	C	B	O	A	O
Nb32 Shasta	O	AB	B	O	A	O	AB	EF	B	O	A	B	O	O	A	B	A	A	A	O	O	A	AB	C	AB	B	O	B	AB	O
Nb33 Chimariko	O	B	O	O	A	O	AB	EF	B	O	A	B	O	O	A	A	A	A	A	O	O	A	O	C	AB	B	O	B	AB	O
Nb34 Karok	O	AB	O	O	A	O	AB	EF	AB	O	A	B	O	O	A	A	A	A	O	O	O	A	AB	C	AB	C	B	B	A	O
Nb35 Hupa	O	AB	O	O	A	O	AB	EF	B	O	A	B	O	O	A	A	A	A	A	O	O	A	AB	C	AB	AB	B	B	A	O
Nb36 Wiyot	O	AB	B	O	A	O	AB	EF	B	O	A	B	O	O	A	A	A	A	O	O	O	A	AB	C	AB	AB	B	B	A	O
Nb37 Lassik	O	B	O	O	A	O	AB	EF	B	O	A	B	O	O	A	A	A	A	A	O	O	A	AB	C	AB	AB	B	B	A	O
Nb38 Mattole	O	B	O	O	A	O	AB	EF	B	O	A	B	O	O	A	A	A	A	A	O	O	A	AB	C	AB	AB	B	B	A	O
Nb39 Sinkyone	O	B	O	O	A	O	AB	EF	B	O	A	B	O	O	A	A	A	A	A	O	O	A	AB	C	AB	AB	B	B	A	O
Nc1 Nomlaki	O	B	O	O	A	O	AB	EF	B	O	A	B	O	O	A	B	A	A	O	O	A	A	O	O	AB	O	O	B	O	O
Nc2 Tubatulabal	O	AB	O	O	A	O	AB	E	A	B	A	B	O	AB	B	B	O	A	A	A	B	A	O	O	B	O	O	B	AB	C
Nc3 Yokuts	O	AB	AB	O	A	O	AB	E	A	B	A	B	O	A	B	B	A	A	A	O	B	A	O	CD	AB	B	B	B	AB	C
Nc4 Atsugewi	O	B	O	O	A	O	AB	EF	B	O	A	B	O	A	A	B	A	A	O	O	O	A	O	C	AB	O	B	B	AB	O
Nc5 Miwok	O	B	O	O	A	O	AB	E	A	O	O	B	O	A	A	B	A	A	O	O	B	A	O	C	AB	B	B	B	AB	C
Nc6 Diegueno	O	A	A	O	O	O	AB	E	A	O	A	B	O	AB	B	B	O	B	B	O	C	A	O	DF	B	O	O	B	B	O
Nc7 Yuki	O	B	O	O	A	O	AB	EF	B	O	A	B	O	O	A	B	A	A	A	O	O	A	O	C	AB	O	B	B	A	O
Nc8 Klamath	O	B	O	O	A	O	AB	O	AB	A	O	B	D	A	A	B	A	A	AB	O	O	O	A	C	B	B	B	C	B	O
Nc9 Modoc	O	B	O	O	A	O	AB	O	AB	A	A	B	D	A	A	B	A	A	A	O	O	O	AB	C	AB	B	B	O	AB	C
Nc10 Achomawi	O	B	O	O	A	O	AB	EF	AB	O	A	B	O	A	A	B	A	A	A	O	O	A	AB	C	AB	B	O	B	AB	O
Nc11 Yana	O	B	O	O	A	O	AB	EF	B	O	A	B	O	O	A	B	O	A	O	O	O	A	O	O	B	O	B	B	AB	O
Nc12 Maidu	O	AB	B	O	A	O	AB	EF	B	B	A	B	O	A	A	B	O	A	O	O	B	A	O	C	AB	B	B	B	A	O
Nc13 Nisenan	O	B	O	O	A	O	AB	EF	AB	B	O	B	O	A	A	B	A	A	O	O	B	A	O	O	AB	B	B	B	A	O
Nc14 Wintu	O	B	O	O	A	O	AB	EF	B	O	A	B	O	O	A	B	A	A	A	O	A	A	O	C	AB	B	O	B	AB	O
Nc15 Coast Yuki	O	B	O	O	A	O	AB	EF	B	O	A	B	O	O	A	B	A	A	A	O	O	A	O	C	AB	O	B	B	A	O
Nc16 Huchnom	O	B	O	O	A	O	AB	EF	B	O	A	B	O	O	A	B	A	A	A	O	O	A	O	C	AB	O	B	B	A	O
Nc17 Northern Pomo	O	B	O	O	A	O	AB	EF	B	O	A	B	O	O	A	B	B	A	A	O	A	A	O	C	AB	O	O	B	B	O
Nc18 Eastern Pomo	O	B	O	O	A	O	AB	EF	B	O	A	B	O	O	A	B	B	A	A	O	A	A	O	C	AB	O	O	B	B	O
Nc19 Southern Pomo	O	B	O	O	A	O	AB	EF	B	O	A	B	O	O	A	B	B	A	A	O	A	A	O	C	AB	O	O	B	B	O
Nc20 Wappo	O	B	O	O	A	O	AB	E	B	O	A	B	O	O	A	A	O	A	O	O	A	A	O	C	AB	O	O	B	B	O
Nc21 Lake Miwok	O	B	O	O	A	O	AB	EF	B	O	A	B	O	O	A	B	B	A	A	O	B	A	O	C	AB	O	O	B	B	O
Nc22 Patwin	O	B	O	O	A	O	AB	E	B	B	A	B	O	O	A	B	O	A	A	O	B	A	O	O	B	O	O	B	O	O
Nc23 Monachi	O	AB	AB	O	A	O	AB	E	A	B	O	B	O	O	O	B	A	A	A	O	B	A	O	AC	B	B	B	B	AB	C
Nc24 Lake Yokuts	O	AB	AB	O	A	O	AB	E	A	B	A	B	O	A	A	B	O	A	A	O	B	A	O	C	B	B	B	B	AB	C
Nc25 Wukchumni	O	AB	AB	O	A	O	AB	E	A	B	A	B	O	A	A	B	A	A	A	O	F	A	O	AC	B	B	B	B	AB	C

Ethnic Units	70	71	72	73	74	75	76	77	78	79	80	81	82	83	84	87	88	89	90	92	93	94	95	96	97	98	99	100	101	102
	Map Numbers																													
Nb30 Takelma	B	AB	O	O	O	O	O	O	A	O	A	O	O	O	O	C	O	B	AB	O	C	O	O	B	B	A	A	O	A	O
Nb31 Tututni	B	B	B	O	O	O	O	O	A	O	O	O	O	O	O	C	O	B	O	O	B	A	O	B	B	O	O	O	A	O
Nb32 Shasta	B	AB	O	O	O	O	O	O	A	O	A	O	O	O	O	C	O	B	AB	O	B	O	C	B	AB	A	A	O	A	O
Nb33 Chimariko	B	AB	A	O	O	O	O	O	AB	O	A	O	O	O	O	C	O	B	AB	O	F	O	B	B	B	O	A	O	AB	O
Nb34 Karok	B	AB	O	O	O	O	O	O	AB	O	A	O	O	O	O	C	O	B	A	O	B	O	O	B	O	O	A	O	O	B
Nb35 Hupa	B	AB	O	O	O	O	O	O	AB	O	A	O	O	O	O	C	O	B	O	O	B	AB	O	B	O	O	A	O	AB	B
Nb36 Wiyot	B	AB	O	O	O	O	O	O	AB	O	A	O	O	O	O	C	O	B	O	O	B	AB	C	B	O	O	A	O	AB	B
Nb37 Lassik	B	AB	B	O	O	O	O	O	AB	O	A	O	O	O	O	C	O	B	A	O	F	AB	C	B	B	O	A	O	AB	B
Nb38 Mattole	B	AB	B	O	O	O	O	O	AB	O	A	O	O	O	O	C	O	B	A	O	F	AB	O	B	B	O	A	O	AB	B
Nb39 Sinkyone	B	AB	B	O	O	O	O	O	AB	O	A	O	O	O	O	C	O	B	A	O	F	AB	C	B	B	O	A	O	AB	B
Nc1 Nomlaki	B	O	O	O	O	O	O	O	AB	O	O	O	O	O	O	D	O	O	B	O	F	O	C	B	B	O	A	O	AB	O
Nc2 Tubatulabal	B	AB	B	O	O	O	O	C	AB	O	O	O	O	O	O	D	O	O	AB	O	F	B	B	B	B	A	A	O	AB	O
Nc3 Yokuts	B	A	B	O	O	O	O	C	AB	O	O	O	O	O	O	D	O	O	AB	O	M	B	C	B	B	A	A	O	AB	O
Nc4 Atsugewi	B	A	O	O	O	O	O	O	AB	O	A	O	O	O	O	C	O	B	AB	O	C	O	C	B	AB	A	A	O	A	O
Nc5 Miwok	B	A	O	O	O	O	O	C	AB	O	A	O	O	O	O	D	O	O	AB	O	F	O	B	B	B	O	A	O	AB	O
Nc6 Diegueno	B	A	B	O	O	A	O	C	AB	B	O	O	O	O	O	D	O	O	B	A	M	AB	C	O	B	O	A	O	O	O
Nc7 Yuki	B	A	O	O	O	O	O	O	AB	O	O	O	O	O	O	D	O	O	O	O	F	B	C	B	B	O	A	O	AB	O
Nc8 Klamath	AB	AB	B	O	O	O	O	O	A	O	A	E	O	O	O	C	O	B	B	O	C	B	O	B	AB	A	A	O	A	O
Nc9 Modoc	AB	B	O	O	O	O	O	O	AB	O	A	E	O	O	O	D	O	B	B	O	C	O	B	B	AB	A	A	O	A	O
Nc10 Achomawi	AB	AB	O	O	O	O	O	O	AB	O	A	O	O	O	O	C	O	B	B	O	C	O	B	B	AB	A	A	O	A	O
Nc11 Yana	B	O	O	O	O	O	O	O	AB	O	O	O	O	O	O	C	O	B	AB	O	F	O	C	B	B	O	A	O	A	O
Nc12 Maidu	B	AB	O	O	O	O	O	O	AB	O	A	O	O	O	O	C	O	B	AB	O	C	B	C	B	B	O	A	O	A	A
Nc13 Nisenan	B	AB	O	O	O	O	O	O	AB	O	A	O	O	O	O	D	O	O	AB	O	F	B	B	B	B	O	A	O	AB	A
Nc14 Wintu	B	AB	O	O	O	O	O	O	AB	O	A	O	O	O	O	C	O	B	AB	O	F	O	B	B	B	O	A	O	AB	O
Nc15 Coast Yuki	B	A	O	O	O	O	O	O	AB	O	O	O	O	O	O	D	O	O	O	O	F	B	C	B	B	O	A	O	AB	O
Nc16 Huchnom	B	A	O	O	O	O	O	O	AB	O	O	O	O	O	O	D	O	O	O	O	F	B	C	B	B	O	A	O	AB	O
Nc17 Northern Pomo	B	A	O	O	O	O	O	O	AB	O	O	O	O	O	O	D	O	O	AB	O	F	O	C	B	B	O	A	O	AB	A
Nc18 Eastern Pomo	B	A	O	O	O	O	O	O	AB	O	O	O	O	O	O	D	O	O	AB	O	F	O	C	B	B	O	A	O	AB	O
Nc19 Southern Pomo	B	A	O	O	O	O	O	O	AB	O	O	O	O	O	O	D	O	O	AB	O	F	O	O	B	B	O	A	O	AB	O
Nc20 Wappo	B	A	O	O	O	O	O	O	AB	O	O	O	O	O	O	D	O	O	B	O	M	O	O	B	B	O	A	O	AB	O
Nc21 Lake Miwok	B	A	O	O	O	O	O	O	AB	O	O	O	O	O	O	D	O	O	AB	O	F	O	C	B	B	O	A	O	AB	A
Nc22 Patwin	B	O	O	O	O	O	O	O	AB	O	O	O	O	O	O	D	O	O	B	O	M	O	C	B	B	O	A	O	AB	A
Nc23 Monachi	B	AB	B	O	O	O	O	C	AB	O	A	O	O	O	O	D	O	O	AB	O	F	B	C	B	B	A	A	O	AB	O
Nc24 Lake Yokuts	B	A	O	O	O	O	O	C	AB	O	O	O	O	O	O	D	O	O	AB	O	M	B	C	O	B	A	A	O	AB	O
Nc25 Wukchumni	B	A	O	O	O	O	O	C	AB	O	O	O	O	O	O	D	O	O	AB	O	M	B	C	B	B	A	A	O	AB	O

Ethnic Units	Map Numbers																												
	104	106	107	108	109	110	111	112	113	114	115	116	117	118	120	121	122	124	125	127	128	130	131	132	133	134	135	136	137	138
Nb30 Takelma	O	A	AB	B	A	O	A	C	B	O	B	O	AB	B	A	A	O	O	O	O	O	B	AB	O	A	A	O	O	O	D
Nb31 Tututni	O	A	A	B	A	O	O	C	B	D	B	O	O	O	A	A	O	O	O	O	O	B	AB	O	A	A	O	O	O	D
Nb32 Shasta	O	A	AB	B	O	O	A	C	C	O	AB	O	B	B	A	A	O	O	O	O	O	B	AB	O	A	A	O	O	O	D
Nb33 Chimariko	O	A	AB	B	A	O	O	O	O	O	AB	O	B	O	A	A	A	A	C	O	O	B	A	O	A	O	O	O	O	D
Nb34 Karok	O	A	AB	B	O	O	A	O	C	D	A	O	O	O	A	A	O	A	O	O	O	B	O	O	A	A	O	O	O	D
Nb35 Hupa	O	A	A	B	A	O	O	O	C	D	A	B	O	O	E	A	O	A	C	O	O	B	O	O	A	O	O	O	O	D
Nb36 Wiyot	O	A	A	B	A	O	O	O	C	D	A	B	O	O	E	A	O	O	C	O	O	B	O	O	A	O	O	O	O	D
Nb37 Lassik	O	A	A	B	A	O	O	O	C	D	A	O	O	O	E	A	O	O	C	O	O	B	O	O	A	A	O	O	O	D
Nb38 Mattole	O	A	A	B	A	O	O	O	C	D	A	O	O	O	E	A	O	O	C	O	O	B	O	O	A	A	O	O	O	D
Nb39 Sinkyone	O	A	A	B	A	O	O	O	C	D	A	O	O	O	E	A	O	O	C	O	O	B	O	O	A	A	O	O	O	D
Nc1 Nomlaki	O	A	A	B	AB	O	O	O	O	O	B	O	O	O	E	AB	O	O	C	O	O	B	A	O	A	O	O	O	O	D
Nc2 Tubatulabal	O	A	A	B	A	O	O	O	B	O	A	O	B	O	E	AB	O	O	C	A	A	B	AB	O	A	O	O	O	O	D
Nc3 Yokuts	O	A	A	B	AB	O	O	C	B	O	A	AB	B	O	E	AB	O	O	BC	A	A	B	AB	O	A	A	O	O	O	D
Nc4 Atsugewi	O	A	AB	B	AB	O	O	C	B	O	A	AB	AB	B	E	A	O	O	O	O	O	B	AB	O	A	O	O	O	O	D
Nc5 Miwok	O	A	A	B	AB	O	O	C	B	O	A	O	B	O	E	AB	O	O	C	O	O	B	A	O	A	A	O	O	O	D
Nc6 Diegueno	O	A	A	B	AB	O	O	O	C	O	O	B	O	O	E	AB	O	O	C	A	A	B	A	O	A	A	O	O	O	O
Nc7 Yuki	O	A	A	B	A	O	O	O	O	O	O	O	B	O	E	AB	O	O	O	O	O	B	O	O	A	O	O	O	O	D
Nc8 Klamath	O	AB	B	B	B	O	A	C	C	C	B	B	AB	B	E	A	O	O	C	O	O	B	B	O	A	O	O	O	O	D
Nc9 Modoc	O	A	B	B	B	O	O	C	C	O	A	B	AB	B	E	A	A	O	C	O	O	B	B	O	A	O	O	O	O	D
Nc10 Achomawi	O	A	AB	B	AB	O	O	C	B	O	AB	B	AB	B	E	A	A	O	C	O	O	B	AB	O	A	A	O	O	O	D
Nc11 Yana	O	A	AB	B	AB	O	O	O	B	O	A	A	A	O	E	AB	O	O	O	O	O	B	A	O	A	O	O	O	O	D
Nc12 Maidu	O	A	A	B	AB	O	O	C	B	O	AB	O	A	O	E	AB	O	A	C	O	O	B	A	O	A	A	O	O	O	D
Nc13 Nisenan	O	A	AB	B	AB	O	O	O	O	O	A	O	B	O	E	AB	O	O	C	O	O	B	A	O	A	A	O	O	O	D
Nc14 Wintu	O	A	AB	B	A	O	O	O	O	O	AB	O	B	O	E	A	A	O	O	O	O	B	A	O	A	O	O	O	O	D
Nc15 Coast Yuki	O	A	A	B	A	O	O	O	O	O	O	O	B	O	E	AB	O	O	O	O	O	B	O	O	A	O	O	O	O	D
Nc16 Huchnom	O	A	A	B	A	O	O	O	O	O	O	O	B	O	E	AB	O	O	O	O	O	B	O	O	A	O	O	O	O	D
Nc17 Northern Pomo	O	A	A	B	AB	O	O	O	O	O	B	O	B	O	E	AB	O	O	O	O	O	B	A	O	A	A	O	O	O	D
Nc18 Eastern Pomo	O	A	A	B	AB	O	O	O	O	O	B	O	B	O	E	AB	O	O	O	O	O	B	A	O	A	A	O	O	O	D
Nc19 Southern Pomo	O	A	A	B	AB	O	O	O	O	O	O	O	B	O	E	AB	O	O	O	O	O	B	A	O	A	A	O	O	O	D
Nc20 Wappo	O	A	A	B	AB	O	O	O	O	O	O	O	O	O	E	AB	O	O	O	O	O	B	A	O	A	O	O	O	O	D
Nc21 Lake Miwok	O	A	A	B	AB	O	O	O	O	O	B	O	B	O	E	AB	O	O	O	O	O	B	A	O	A	O	O	O	O	D
Nc22 Patwin	O	A	A	B	AB	O	O	O	O	O	O	O	O	O	E	AB	O	O	O	O	O	B	A	O	A	O	O	O	O	D
Nc23 Monachi	O	A	A	B	AB	O	O	C	B	O	A	AB	B	O	E	AB	O	O	C	A	A	B	AB	O	A	A	O	O	O	D
Nc24 Lake Yokuts	O	A	A	B	AB	O	O	O	B	O	A	AB	B	O	E	AB	O	O	BC	A	A	B	AB	O	A	A	O	O	O	D
Nc25 Wukchumni	O	A	A	B	AB	O	O	C	B	O	A	AB	B	O	E	AB	O	O	BC	A	A	B	AB	O	A	A	O	O	O	D

Ethnic Units	Map Numbers																	
	139	140	141	142	143	144	145	146	152	154	156	160	161	162	164	165	166	167
Nb30 Takelma	A	A	O	O	O	O	AC	O	O	A	C	D	B	C	O	C	D3	F
Nb31 Tututni	AB	A	O	A	O	B	A	O	A	A	C	O	C	A	O	C	A1	B
Nb32 Shasta	A	A	O	O	O	O	AC	O	O	A	C	D	C	C	O	C	B8	E
Nb33 Chimariko	A	A	O	A	O	O	AC	O	O	A	C	D	E	C	O	C	C	E
Nb34 Karok	AB	AB	O	A	O	AB	AC	O	O	A	C	D	F	C	O	C	C3	E
Nb35 Hupa	AB	AB	O	A	O	AB	A	O	O	A	C	D	F	C	O	C	A1	B
Nb36 Wiyot	AB	AB	O	A	O	O	A	A	O	A	C	D	F	C	O	C	A6	C
Nb37 Lassik	AB	AB	O	A	O	O	A	A	O	A	C	A	F	C	AC	C	A1	B
Nb38 Mattole	AB	AB	O	A	O	O	A	A	O	A	C	O	F	C	AC	C	A1	B
Nb39 Sinkyone	AB	AB	O	A	O	O	A	A	O	A	C	A	B	C	AC	C	A1	B
Nc1 Nomlaki	A	A	O	A	O	O	A	O	O	A	A	D	B	C	AC	H	C7	F
Nc2 Tubatulabal	A	A	O	A	O	O	O	O	O	A	C	D	F	C	O	H	E1	G
Nc3 Yokuts	A	ABC	O	A	O	O	O	O	O	A	A	D	F	C	ABCD	H	C5	F
Nc4 Atsugewi	A	AC	O	A	O	O	AC	A	O	A	C	D	E	C	AC	G	B7	E
Nc5 Miwok	A	AB	O	A	O	O	O	O	A	A	A	D	B	C	AC	H	C8	F
Nc6 Diegueno	AB	B	O	A	A	C	O	A	O	A	A	D	C	C	O	H	B4	E
Nc7 Yuki	AB	AB	O	A	O	O	A	O	O	A	C	D	F	C	ABCD	G	E3	H
Nc8 Klamath	A	A	O	O	O	O	AC	A	O	A	C	D	F	C	O	C	C9	F
Nc9 Modoc	A	A	O	A	O	B	AC	O	O	A	C	D	F	C	O	C	C9	F
Nc10 Achomawi	A	A	O	A	O	O	AC	O	O	A	C	D	F	C	AC	G	B7	E
Nc11 Yana	O	AD	O	O	O	O	O	O	O	A	C	C	E	C	O	G	B9	E
Nc12 Maidu	A	ABC	O	A	O	O	O	O	O	A	C	D	C	C	ABCD	G	C6	F
Nc13 Nisenan	A	A	O	A	O	O	O	O	O	A	C	D	F	C	AC	G	C6	F
Nc14 Wintu	A	A	O	A	O	O	AC	O	O	A	C	D	B	C	AC	H	C7	F
Nc15 Coast Yuki	AB	AB	O	A	O	O	A	O	O	A	C	A	F	C	ABCD	G	E3	H
Nc16 Huchnom	AB	AB	O	A	O	O	A	O	O	A	C	D	F	C	ABCD	G	E3	H
Nc17 Northern Pomo	AB	AB	O	A	O	O	A	O	O	A	C	D	B	C	ABCD	G	B6	E
Nc18 Eastern Pomo	AB	AB	O	A	O	O	A	O	O	A	C	D	B	C	ABCD	G	B6	E
Nc19 Southern Pomo	AB	AB	O	A	O	O	A	O	O	A	C	D	A	C	ABCD	G	B6	E
Nc20 Wappo	O	A	O	A	O	O	O	O	A	A	C	D	A	C	ACD	G	E3	H
Nc21 Lake Miwok	AB	AB	O	A	O	O	A	O	O	A	C	D	B	C	ABCD	H	C8	F
Nc22 Patwin	O	A	O	A	O	O	O	O	A	A	A	C	B	C	AC	H	C7	F
Nc23 Monachi	A	AB	O	A	O	O	O	O	O	A	C	C	F	C	ABCD	H	E1	G
Nc24 Lake Yokuts	A	AB	O	A	O	O	O	O	O	A	A	D	B	C	ABCD	H	C5	F
Nc25 Wukchumni	A	AB	O	A	O	O	O	O	O	A	A	D	F	C	ABCD	H	C5	F

Ethnic Units	Map Numbers 4	5	6	10	11	12	13	14	15	16	17	18	19	20	21	23	25	26	27	28	29	30	31	32	33	34	35	36	37	38
Nc26 Salinan	H	O	O	O	B	B	O	O	O	O	O	A	A	O	B	D	B	B	B	O	B	A	AB	A	C	O	O	O	O	O
Nc27 Kawaiisu	G	O	O	O	B	B	O	O	B	O	B	A	A	O	A	D	O	O	O	O	B	A	A	A	BC	O	O	O	O	O
Nc28 Chumash	B	O	O	B	B	O	A	O	A	O	A	A	A	O	B	A	A	B	O	O	B	A	A	A	AC	O	O	O	O	O
Nc29 Gabrielino	H	O	O	B	B	B	O	O	O	O	A	O	A	O	O	B	B	B	O	O	B	A	A	A	AC	O	O	O	O	O
Nc30 Serrano	G	O	O	O	O	B	O	O	O	O	B	O	A	O	O	D	O	O	O	O	O	A	A	A	BC	O	O	O	O	B
Nc31 Cahuilla	G	O	O	O	B	B	O	O	B	O	B	A	A	O	A	D	O	B	O	O	O	A	A	A	ABC	O	O	O	O	B
Nc32 Cupeno	H	O	O	O	B	B	O	O	B	O	B	O	A	O	A	B	B	B	O	O	B	A	A	A	ABC	O	O	O	O	O
Nc33 Luiseno	H	O	O	B	B	B	O	O	B	O	B	O	A	O	AB	B	B	B	O	O	B	A	A	A	ABC	O	O	O	O	O
Nc34 Kiliwa	G	O	O	O	B	B	A	O	B	A	B	B	A	O	A	C	O	B	B	O	B	A	B	A	ABC	O	O	O	O	O
Nd1 Tenino	B	O	O	O	O	B	A	B	O	O	A	A	A	B	B	A	A	A	A	A	A	O	O	B	O	O	O	O	O	O
Nd2 Southern Ute	E	O	O	O	B	B	A	B	B	A	O	O	A	B	O	D	O	A	B	O	O	AB	AB	A	C	O	O	O	O	B
Nd3 Havasupai	K	O	O	O	B	B	A	B	B	O	B	O	A	O	A	D	O	O	O	O	O	A	A	A	ABC	A	A	O	A	O
Nd4 Sanpoil	B	O	O	O	O	O	A	AB	B	A	A	A	A	B	A	A	A	A	A	A	A	O	O	B	O	O	O	O	O	O
Nd5 Hukundika	E	O	O	O	O	O	A	B	O	O	B	O	A	O	O	D	O	A	B	O	B	AB	A	A	C	O	O	O	O	O
Nd6 Washo	G	O	O	O	B	B	O	O	A	O	B	O	A	O	O	D	A	A	O	A	A	A	A	A	C	O	O	O	O	B
Nd7 Kutenai	O	O	O	O	B	O	A	AB	A	A	A	A	O	B	A	B	A	A	A	A	A	O	O	B	O	O	O	O	O	O
Nd9 Lillooet	B	O	O	O	O	O	A	AB	A	A	A	A	A	B	A	A	A	A	A	B	A	O	O	B	O	O	O	O	O	O
Nd10 Thompson	B	O	O	O	O	B	O	A	B	O	A	A	O	B	A	A	A	A	A	B	A	O	O	B	O	O	O	O	O	O
Nd11 Shuswap	C	O	O	O	O	B	O	A	A	A	A	A	A	B	A	B	A	A	A	A	A	O	O	B	O	O	O	O	O	O
Nd12 Flathead	E	O	O	O	O	O	A	AB	B	O	A	A	A	C	A	C	O	A	A	A	A	O	O	B	O	O	O	O	O	O
Nd13 Kalispel	E	O	O	O	B	O	A	A	O	O	A	A	O	C	A	B	A	A	A	A	A	O	O	B	O	O	O	O	O	O
Nd14 Coeur d'Alene	E	O	O	O	B	O	A	A	A	O	A	A	A	B	A	B	A	A	A	B	A	O	O	B	O	O	O	O	O	O
Nd15 Sinkaietk	B	O	O	O	O	B	O	B	B	A	A	A	O	O	A	A	A	A	A	AB	A	O	O	B	O	O	O	O	O	O
Nd16 Wenatchi	B	O	O	O	O	O	A	O	O	A	A	A	O	O	AB	A	A	A	A	A	A	B	O	B	O	O	O	O	O	O
Nd17 Klikitat	B	O	O	O	B	B	A	B	O	A	A	B	A	B	AB	A	A	A	A	A	A	O	O	B	O	O	O	O	O	O
Nd18 Wishram	B	O	B	O	O	O	O	O	A	A	A	A	O	B	O	A	A	A	A	A	A	O	O	B	O	O	O	O	O	B
Nd19 Umatilla	B	O	O	O	O	B	O	O	O	O	O	O	O	B	O	A	A	A	A	A	A	O	O	B	O	O	O	O	O	O
Nd20 Nez Perce	E	O	O	O	O	B	A	O	A	O	A	B	A	C	O	B	A	A	A	A	A	O	O	B	O	O	O	O	O	O
Nd22 Wadadokado	F	O	O	O	B	B	O	O	A	A	AB	A	A	O	B	D	O	O	O	A	O	A	A	A	O	O	O	O	O	B
Nd24 Kidutokado	F	O	O	O	B	B	O	O	A	A	B	B	A	O	A	D	O	A	O	A	O	A	A	A	O	O	O	O	O	B
Nd27 Kuyuidokado	G	O	O	O	O	B	O	O	A	A	AB	A	A	O	O	B	O	A	O	A	A	A	A	A	C	O	O	O	O	B
Nd30 Eastern Mono	G	O	O	O	B	B	A	O	A	O	AB	A	A	O	AB	D	O	B	O	O	B	A	A	A	C	O	O	O	O	B
Nd32 Panamint	G	O	O	O	O	B	A	O	O	O	B	A	A	O	A	D	O	O	O	O	O	A	A	A	C	O	O	O	O	B
Nd39 Spring Valley	G	O	O	O	B	B	A	B	A	O	B	A	A	O	O	D	O	O	O	O	O	A	A	A	C	O	O	O	O	B
Nd43 White Knife	F	O	O	O	O	B	A	O	B	O	B	O	A	O	O	D	O	O	O	O	A	A	A	A	C	O	O	O	O	B

Ethnic Units	Map Numbers																													
	39	40	41	42	43	44	45	46	47	48	49	50	51	52	53	54	55	56	57	58	59	60	61	62	63	64	65	67	68	69
Nc26 Salinan	0	AB	B	0	A	0	0	E	AB	B	A	B	0	A	0	B	0	A	0	0	C	A	0	CF	B	0	0	0	B	C
Nc27 Kawaiisu	0	AB	A	0	A	0	AB	E	0	B	A	0	0	A	A	0	0	A	A	0	B	A	0	0	B	0	0	0	AB	C
Nc28 Chumash	0	AB	B	0	A	0	B	E	AB	0	A	B	0	A	B	B	0	A	0	0	F	A	A	CF	AB	0	0	0	B	C
Nc29 Gabrielino	0	AB	B	0	A	0	0	E	AB	0	A	B	0	A	B	0	0	AB	0	0	0	A	0	CF	B	0	0	0	B	C
Nc30 Serrano	0	AB	A	0	A	0	0	0	0	0	A	B	0	A	B	0	0	A	B	0	C	A	0	0	B	0	B	0	B	C
Nc31 Cahuilla	0	A	A	0	0	0	B	E	A	A	A	B	0	B	B	0	0	A	B	0	C	A	0	AF	AB	0	B	B	B	C
Nc32 Cupeno	0	AB	A	0	A	0	B	E	A	0	A	B	0	B	B	0	0	AB	B	0	C	A	0	AF	B	0	B	B	B	C
Nc33 Luiseno	0	AB	A	0	A	0	B	E	A	0	A	B	0	B	B	0	0	AB	B	0	C	A	0	CF	B	0	B	B	B	C
Nc34 Kiliwa	0	A	A	0	0	0	AB	E	A	0	0	B	0	AB	B	B	0	B	B	0	0	A	0	C	B	0	0	0	B	0
Nd1 Tenino	0	B	0	0	AB	B	AB	F	0	A	C	B	0	0	A	B	A	0	A	A	F	0	AB	C	AB	AC	N	0	0	0
Nd2 Southern Ute	0	AB	A	0	A	A	AB	D	0	0	0	A	0	A	A	A	0	A	AB	A	0	A	AB	0	AB	0	0	C	B	0
Nd3 Havasupai	0	AB	A	0	A	0	AB	0	A	0	0	B	0	B	B	0	0	A	AB	0	0	A	B	0	B	0	0	D	B	0
Nd4 Sanpoil	0	B	0	0	AB	AB	AB	0	B	0	C	B	D	0	A	B	0	C	A	A	F	0	AB	C	AB	AC	B	0	B	0
Nd5 Hukundika	0	AB	A	0	A	B	AB	0	AB	0	C	0	0	A	A	A	0	A	A	0	0	A	B	0	0	0	0	0	B	0
Nd6 Washo	0	B	0	0	A	B	AB	E	0	0	0	B	0	A	A	B	0	A	0	0	0	A	0	0	B	B	0	C	B	0
Nd7 Kutenai	0	B	0	0	AB	A	AB	0	B	0	C	A	0	0	A	A	A	C	A	A	0	0	B	C	A	AC	B	0	A	0
Nd9 Killooet	0	AB	B	0	AB	0	AB	0	B	A	C	B	AD	0	A	A	A	C	A	A	0	0	AB	0	AB	C	B	0	0	0
Nd10 Thompson	0	AB	0	A	AB	AB	B	0	B	0	0	B	A	0	A	B	B	0	A	A	0	0	AB	G	AB	C	B	C	AB	0
Nd11 Shuswap	0	AB	0	A	AB	0	A	0	0	B	0	B	A	0	A	B	0	0	A	A	0	0	AB	0	AB	0	0	C	B	0
Nd12 Flathead	0	B	0	0	0	B	AB	0	B	0	C	A	0	0	A	B	A	0	A	A	0	0	AB	F	B	A	B	0	B	0
Nd13 Kalispel	0	B	0	0	AB	B	AB	0	B	0	0	0	0	0	A	B	0	0	A	A	0	0	AB	0	AB	0	B	0	0	0
Nd14 Coeur d'Alene	0	B	0	0	AB	B	AB	0	AB	0	C	B	0	0	A	A	A	0	A	A	F	0	AB	C	B	AC	B	0	0	0
Nd15 Sinkaietk	0	B	0	0	AB	B	AB	0	B	0	C	B	0	0	A	B	A	0	AB	A	AF	0	0	0	A	AC	B	C	B	0
Nd16 Wenatchi	0	B	0	0	A	A	A	F	AB	AB	0	B	0	0	A	B	0	C	A	A	0	0	AB	C	AB	AC	B	0	B	0
Nd17 Klikitat	0	B	0	0	AB	B	AB	EF	0	0	0	B	A	0	A	B	A	0	A	A	0	0	AB	C	AB	AC	B	0	0	0
Nd18 Wishram	0	B	0	0	0	0	B	F	0	AB	0	B	0	A	A	B	A	0	A	0	0	0	AB	0	B	C	B	0	0	0
Nd19 Umatilla	0	B	0	0	A	0	AB	F	0	B	C	B	D	0	A	B	A	0	A	A	0	0	AB	C	AB	AC	B	0	0	0
Nd20 Nez Perce	0	B	0	0	A	0	AB	0	A	B	A	B	0	0	A	A	A	0	A	A	0	0	B	0	0	0	0	C	B	0
Nd22 Wadadokado	0	B	0	0	A	B	AB	0	A	0	0	B	0	A	A	B	0	A	AB	0	0	0	B	0	B	0	0	B	B	0
Nd24 Kidutokado	0	B	0	0	A	B	AB	0	A	0	0	B	0	A	B	B	0	A	A	0	0	0	0	0	AB	B	0	0	B	0
Nd27 Kuyuidokado	0	B	0	0	A	B	AB	E	A	A	0	B	0	A	B	B	A	A	AB	0	0	A	0	0	B	B	0	0	B	0
Nd30 Eastern Mono	0	AB	0	0	A	0	AB	E	B	A	0	B	0	A	A	0	A	A	A	0	0	A	0	0	AB	0	0	C	B	C
Nd32 Panamint	0	AB	A	0	A	0	AB	0	0	A	0	B	0	A	0	0	0	A	A	0	0	A	0	0	B	0	0	C	B	C
Nd39 Spring Valley	0	AB	A	0	A	B	AB	0	0	0	0	B	0	A	A	B	0	A	A	0	0	A	B	0	B	0	0	C	B	0
Nd43 White Knife	0	AB	A	0	A	B	AB	0	0	0	0	B	0	A	0	0	0	A	A	0	0	A	0	0	0	0	0	C	B	0

Ethnic Units	Map Numbers																													
	70	71	72	73	74	75	76	77	78	79	80	81	82	83	84	87	88	89	90	92	93	94	95	96	97	98	99	100	101	102
Nc26 Salinan	B	AB	O	O	O	O	O	C	AB	O	O	O	O	O	O	D	O	O	B	O	M	O	O	O	B	A	O	O	O	O
Nc27 Kawaiisu	B	AB	O	O	O	O	O	C	AB	O	O	O	O	O	O	O	O	O	AB	O	F	O	C	O	B	A	A	O	AB	O
Nc28 Chumash	B	AB	O	O	O	O	O	C	AB	B	O	O	O	O	O	O	O	B	B	A	M	O	O	O	B	O	A	O	O	A
Nc29 Gabrielino	B	AB	O	O	O	O	O	C	AB	O	O	O	O	O	O	O	O	B	B	A	M	O	O	O	B	O	O	O	O	O
Nc30 Serrano	B	AB	B	O	O	O	O	C	AB	B	O	O	O	O	O	O	O	O	O	O	M	O	C	O	B	O	O	O	O	O
Nc31 Cahuilla	B	AB	B	O	O	A	O	C	AB	O	O	O	O	O	O	D	O	O	O	O	M	AB	C	O	B	O	A	O	O	O
Nc32 Cupeno	B	AB	B	O	O	A	O	C	AB	O	O	O	O	O	O	D	O	B	B	A	M	AB	C	O	B	O	A	O	O	O
Nc33 Luiseno	B	AB	B	O	O	O	O	C	AB	O	O	O	O	O	O	D	O	B	B	A	M	AB	C	O	B	O	A	O	O	O
Nc34 Kiliwa	B	A	O	O	O	A	O	C	AB	O	O	O	O	O	O	D	O	O	B	O	M	A	O	O	B	O	O	O	O	O
Nd1 Tenino	AB	AB	O	O	O	O	O	O	A	O	O	O	O	O	O	C	O	B	A	O	C	AB	A	B	O	A	A	O	A	O
Nd2 Southern Ute	AB	B	O	O	O	O	O	O	A	O	A	O	O	O	O	F	O	O	A	O	F	O	A	B	AB	O	O	O	O	O
Nd3 Havasupai	AB	O	O	O	O	O	O	O	A	O	O	O	O	O	O	F	O	O	A	O	F	A	B	O	B	O	A	O	B	O
Nd4 Sanpoil	AB	AB	O	O	O	O	O	O	O	O	A	DE	O	O	O	C	O	B	A	O	C	B	O	O	O	A	A	O	A	O
Nd5 Hukundika	AB	B	O	O	O	O	O	O	A	D	O	O	O	O	AB	O	B	O	O	O	F	O	B	O	AB	O	O	O	O	O
Nd6 Washo	AB	B	O	O	O	O	O	O	AB	O	A	O	O	O	O	D	O	O	B	O	F	B	A	B	B	A	A	O	AB	O
Nd7 Kutenai	AB	B	O	O	O	O	O	O	O	D	A	DE	O	O	A	B	O	AB	O	O	G	B	B	O	A	A	O	O	O	O
Nd9 Lillooet	AB	B	O	O	O	O	O	O	O	O	AC	D	O	O	O	C	O	AB	A	B	C	A	O	B	O	A	A	O	A	A
Nd10 Thompson	AB	AB	AB	O	O	O	O	O	A	O	AC	E	O	O	A	C	O	AB	A	B	C	A	B	B	O	A	A	O	A	O
Nd11 Shuswap	AB	AB	O	O	O	O	O	O	O	O	AC	DE	O	O	A	B	O	AB	A	O	C	AB	B	B	O	A	A	O	A	O
Nd12 Flathead	AB	B	A	O	O	O	O	O	O	D	AC	E	O	O	O	B	B	AB	A	O	G	B	B	B	A	A	O	O	O	O
Nd13 Kalispel	AB	AB	O	O	O	O	O	O	O	D	A	O	O	O	O	B	O	AB	A	O	C	B	B	B	O	A	A	O	A	O
Nd14 Coeur d'Alene	AB	AB	A	O	O	O	O	O	O	D	AC	DE	O	O	O	B	O	AB	A	O	C	B	O	B	O	A	A	O	A	O
Nd15 Sinkaietk	AB	B	B	O	O	O	O	O	O	O	AC	DE	O	O	O	C	O	B	A	O	C	B	AB	O	O	A	A	O	A	O
Nd16 Wenatchi	AB	AB	A	O	O	O	O	O	O	O	AC	O	O	O	O	C	O	B	A	O	C	B	O	O	O	A	A	O	AB	O
Nd17 Klikitat	AB	AB	A	O	O	O	O	O	O	O	A	O	O	O	O	C	O	B	A	O	C	A	C	B	O	A	A	O	AB	O
Nd18 Wishram	O	O	O	O	O	O	O	O	O	O	O	O	O	O	O	C	O	B	O	B	C	A	O	O	O	A	A	O	A	O
Nd19 Umatilla	AB	AB	O	O	O	O	O	O	A	O	A	DE	O	O	AB	C	O	B	A	O	C	AB	A	O	A	A	A	O	A	O
Nd20 Nez Perce	AB	AB	O	O	O	O	O	O	O	D	A	O	O	O	O	C	O	B	O	O	C	AB	AB	O	A	A	A	O	A	O
Nd22 Wadadokado	AB	AB	B	O	O	O	O	O	AB	O	A	O	O	O	O	D	O	O	B	O	F	O	A	B	AB	A	O	O	O	O
Nd24 Kidutokado	AB	B	O	O	O	O	O	O	AB	O	A	O	O	O	O	D	O	O	B	O	F	O	A	B	AB	A	O	O	O	O
Nd27 Kuyuidokado	AB	B	O	O	O	O	O	O	AB	O	A	O	O	O	O	D	O	O	AB	O	F	O	C	O	B	O	A	O	AB	O
Nd30 Eastern Mono	B	AB	B	O	O	O	O	C	AB	O	A	O	O	O	O	D	O	O	AB	O	F	B	AB	O	B	A	A	O	AB	O
Nd32 Panamint	B	AB	B	O	O	O	O	C	AB	O	A	O	O	O	O	O	O	O	O	O	F	B	B	O	B	A	A	O	AB	O
Nd39 Spring Valley	AB	B	O	O	O	O	O	O	AB	O	C	O	O	O	O	D	O	O	O	O	F	O	B	B	B	O	A	O	O	O
Nd43 White Knife	AB	B	O	O	O	O	O	O	A	O	A	O	O	O	O	D	O	O	B	O	F	O	C	O	B	O	O	O	O	O

Ethnic Units	Map Numbers																												
	104	106	107	108	109	110	111	112	113	114	115	116	117	118	120	121	122	124	125	127	128	130	131	132	133	134	135	136	137	138
Nc26 Salinan	O	A	A	B	A	O	O	O	B	O	O	O	O	O	E	AB	O	O	O	O	O	B	A	O	A	O	O	O	O	D
Nc27 Kawaiisu	O	A	A	B	AB	O	O	O	B	O	A	O	B	O	E	AB	O	O	B	A	A	B	A	O	A	A	O	O	O	D
Nc28 Chumash	O	A	A	B	AB	O	O	O	B	D	O	O	O	O	E	AB	O	O	O	O	O	B	A	O	A	O	O	O	O	D
Nc29 Gabrielino	O	A	A	B	AB	O	O	O	B	O	O	B	O	O	E	AB	O	O	O	O	O	B	A	O	A	O	O	O	O	O
Nc30 Serrano	O	O	A	B	AB	O	O	O	C	O	O	O	O	O	E	AB	O	O	C	A	A	B	A	O	A	A	O	O	O	D
Nc31 Cahuilla	O	A	A	B	AB	O	O	O	C	O	A	B	O	O	E	AB	A	O	C	A	A	B	A	O	A	A	O	O	O	D
Nc32 Cupeno	O	A	A	B	AB	O	O	O	C	O	O	B	O	O	E	AB	O	O	C	A	A	B	A	O	A	A	O	O	O	D
Nc33 Luiseno	O	A	A	B	AB	O	O	O	C	O	O	B	O	O	E	AB	O	O	C	A	A	B	A	O	A	A	O	O	O	D
Nc34 Kiliwa	O	O	O	B	A	O	O	O	B	O	O	B	O	B	E	AB	O	O	C	A	A	B	A	O	A	A	O	O	O	O
Nd1 Tenino	O	A	B	B	A	O	A	C	B	C	AB	O	A	O	E	A	A	O	O	O	O	B	B	A	A	A	O	O	O	D
Nd2 Southern Ute	O	B	B	B	O	O	A	B	B	C	A	A	O	O	E	AB	O	O	O	A	A	B	B	O	A	A	O	O	A	D
Nd3 Havasupai	O	A	B	B	A	O	O	C	O	O	A	O	O	O	E	AB	O	O	O	A	A	B	A	A	A	A	O	O	O	D
Nd4 Sanpoil	O	A	B	B	A	O	A	B	B	C	B	O	A	O	E	AB	O	O	O	O	C	B	B	O	A	A	O	O	A	D
Nd5 Hukundika	O	B	B	B	A	C	A	B	O	C	AB	O	O	O	E	O	O	O	O	O	O	B	B	O	A	O	O	O	A	D
Nd6 Washo	O	O	B	B	A	O	O	O	B	D	A	O	O	O	E	AB	O	O	C	O	O	B	A	O	A	O	O	O	O	D
Nd7 Kutenai	B	B	B	B	A	O	A	B	O	C	AB	O	A	O	B	AB	A	O	O	A	C	B	B	O	A	O	O	O	A	D
Nd9 Lillooet	A	A	B	B	A	A	A	B	O	C	B	A	A	O	E	AB	O	B	C	O	O	B	AB	A	A	A	B	A	O	D
Nd10 Thompson	O	A	B	B	A	A	A	B	B	C	B	O	A	B	E	AB	A	B	C	O	O	B	B	A	A	A	O	O	A	D
Nd11 Shuswap	O	A	B	B	A	B	A	B	B	C	AB	A	A	A	B	AB	O	O	O	O	O	B	B	A	A	O	O	O	O	D
Nd12 Flathead	B	B	B	B	O	O	A	B	B	C	AB	O	A	O	A	A	O	O	O	O	O	B	B	O	A	O	O	O	A	D
Nd13 Kalispel	O	A	B	B	A	O	A	B	B	C	B	O	A	O	E	A	A	O	O	O	O	B	B	O	A	O	O	O	A	D
Nd14 Coeur d'Alene	O	A	B	B	A	O	A	B	B	C	B	O	A	O	E	A	A	O	O	O	O	B	B	O	A	O	O	O	A	D
Nd15 Sinkaietk	O	A	B	B	A	O	A	B	B	C	B	O	A	O	E	AB	O	B	O	O	O	B	B	A	A	A	O	O	A	D
Nd16 Wenatchi	O	A	B	B	A	A	O	C	B	C	B	O	A	O	E	AB	A	B	C	O	O	B	B	A	A	A	O	O	A	D
Nd17 Klikitat	O	A	B	B	A	A	O	C	B	C	B	O	A	O	E	A	A	O	O	O	O	B	B	A	A	O	O	O	A	D
Nd18 Wishram	O	A	B	B	O	O	O	C	B	O	O	O	A	B	E	A	O	O	O	O	O	B	O	A	A	O	O	O	O	D
Nd19 Umatilla	O	A	B	B	A	O	O	C	B	C	AB	O	A	O	E	AB	A	O	O	O	C	B	B	A	A	A	O	O	A	D
Nd20 Nez Perce	O	A	B	B	A	A	A	B	B	C	AB	O	A	O	E	AB	O	O	O	O	O	B	B	O	A	O	O	O	A	D
Nd22 Wadadokado	O	A	B	B	A	O	O	C	O	C	A	O	O	O	E	AB	O	O	C	O	O	B	B	O	A	O	O	O	O	D
Nd24 Kidutokado	O	AB	B	B	A	O	A	C	O	D	B	O	O	O	E	AB	O	O	C	O	O	B	B	O	A	O	O	O	O	D
Nd27 Kuyuidokado	O	AB	B	B	A	O	O	C	B	C	AB	B	O	O	E	AB	O	O	C	O	O	B	AB	O	A	O	O	O	O	D
Nd30 Eastern Mono	O	A	A	B	AB	O	O	C	B	D	A	O	O	O	E	AB	O	O	C	A	A	B	AB	O	A	O	O	O	O	D
Nd32 Panamint	O	A	A	B	AB	O	O	C	B	O	A	AB	O	O	E	AB	O	O	C	A	A	B	A	O	A	A	O	O	O	D
Nd39 Spring Valley	O	A	B	B	A	O	O	C	B	C	B	O	O	O	E	AB	O	O	C	A	A	B	O	O	A	O	O	O	A	D
Nd43 White Knife	O	O	B	B	A	O	O	C	O	C	O	O	O	O	E	AB	O	O	C	A	O	B	O	O	A	O	O	O	A	D

Ethnic Units	Map Numbers																	
	139	140	141	142	143	144	145	146	152	154	156	160	161	162	164	165	166	167
Nc26 Salinan	A	A	O	A	O	O	O	O	O	A	A	O	O	C	AC	G	C2	E
Nc27 Kawaiisu	A	A	O	A	O	O	O	O	O	B	C	O	F	C	O	H	E1	G
Nc28 Chumash	A	B	O	A	A	O	O	O	O	A	A	A	O	A	O	G	C4	E
Nc29 Gabrielino	A	O	O	A	A	C	O	O	O	A	A	O	O	C	O	H	C8	G
Nc30 Serrano	A	O	O	A	A	O	O	O	O	A	C	D	C	C	O	H	E1	G
Nc31 Cahuilla	AB	AB	O	A	A	C	O	O	O	A	A	D	C	C	O	H	E1	G
Nc32 Cupeno	AB	ABC	O	A	A	O	O	O	O	A	A	D	C	C	O	H	E1	G
Nc33 Luiseno	AB	ABC	O	A	A	O	O	O	O	A	A	D	C	C	O	H	E1	G
Nc34 Kiliwa	AB	AB	O	A	A	C	O	O	O	A	A	O	C	C	O	I	B4	E
Nd1 Tenino	A	AB	O	A	O	O	AC	A	O	A	C	D	F	A	O	C	D	F
Nd2 Southern Ute	A	AB	O	A	O	O	A	A	O	C	C	D	F	A	O	H	E1	G
Nd3 Havasupai	O	AB	O	A	A	O	O	O	O	A	C	D	C	C	O	I	B4	E
Nd4 Sanpoil	A	A	O	A	B	AB	C	A	O	A	C	O	F	A	O	C	E7	H
Nd5 Hukundika	O	O	O	O	B	O	A	A	O	C	C	C	F	A	O	H	E1	G
Nd6 Washo	A	O	O	A	O	O	O	O	O	A	C	D	F	C	O	H	C1	E
Nd7 Kutenai	A	A	O	A	B	B	O	A	O	A	C	D	F	A	A	D	E4	H
Nd9 Lillooet	A	A	O	A	B	AB	ACD	B	O	A	C	A	F	A	O	C	E7	H
Nd10 Thompson	AB	A	O	A	B	AB	ACD	AB	O	A	C	O	F	A	O	C	E7	H
Nd11 Shuswap	O	A	O	A	BC	AB	ACD	B	O	A	C	A	F	A	O	C	E7	H
Nd12 Flathead	A	A	O	O	B	O	C	A	O	A	C	D	F	A	O	E	E7	H
Nd13 Kalispel	A	A	O	O	B	AB	AC	A	O	A	C	O	F	A	O	C	E7	H
Nd14 Coeur d'Alene	A	A	O	A	B	AB	C	AB	O	A	C	O	O	A	AC	E	E7	H
Nd15 Sinkaietk	A	AB	O	A	BC	AB	AC	AB	O	A	C	D	F	A	O	C	E7	H
Nd16 Wenatchi	A	A	O	A	O	O	O	A	O	A	C	O	O	A	O	C	E7	H
Nd17 Klikitat	A	A	O	A	B	B	A	A	O	A	C	O	F	A	O	C	D	F
Nd18 Wishram	A	O	O	O	O	O	O	A	O	A	C	D	F	A	O	C	D4	F
Nd19 Umatilla	A	A	O	O	B	O	O	O	O	A	C	O	F	A	O	C	D	F
Nd20 Nez Perce	A	A	O	O	B	O	A	A	O	A	C	O	F	A	O	E	D	F
Nd22 Wadadokado	A	A	O	O	B	O	O	O	O	B	C	D	F	C	O	H	E1	G
Nd24 Kidutokado	A	A	O	A	O	O	O	A	O	B	C	D	F	C	O	H	E1	G
Nd27 Kuyuidokado	A	A	O	A	O	O	A	A	O	B	C	D	F	B	O	H	E1	G
Nd30 Eastern Mono	A	AD	O	A	O	O	O	O	O	B	C	D	F	C	ABCDH		E1	G
Nd32 Panamint	A	A	O	A	O	O	O	O	C	B	C	D	F	B	O	H	E1	G
Nd39 Spring Valley	A	A	O	A	O	O	O	A	C	B	C	D	O	B	O	H	E1	G
Nd43 White Knife	A	A	O	A	O	O	O	O	C	B	C	D	F	C	O	H	E1	G

Ethnic Units	Map Numbers																												
	4	5	6	10	11	12	13	14	15	16	17	18	19	20	21	23	25	26	27	28	29	30	31	32	33	34	35	36	37	38
Nd45 Bohogue	E	O	O	O	O	B	A	B	O	O	B	O	A	O	O	D	A	A	O	A	A	AB	A	A	C	O	O	O	O	O
Nd46 Agaiduka	E	O	O	O	O	B	A	B	B	A	B	A	A	O	A	D	A	A	O	A	B	B	A	AB	O	O	O	O	O	O
Nd48 Gosiute	G	O	O	O	B	B	A	B	A	A	B	A	A	B	O	D	O	O	O	O	O	A	A	A	C	O	O	O	O	B
Nd52 Shivwits	G	O	O	O	B	B	A	B	A	O	B	O	A	B	O	D	O	O	O	O	O	AB	A	A	BC	O	O	O	O	B
Nd53 Kaibab	G	O	O	O	B	B	A	B	A	O	B	O	A	B	O	D	O	O	O	O	O	AB	A	A	C	O	O	O	O	B
Nd54 Chemehuevi	G	O	O	O	B	B	O	O	B	O	B	A	A	O	O	D	B	B	O	O	O	A	A	A	BC	A	A	O	B	O
Nd56 San Juan	G	O	O	O	B	B	A	B	A	A	O	A	A	B	O	D	O	O	B	O	O	AB	A	A	BC	O	O	O	O	B
Nd58 Uintah	E	O	O	O	B	B	A	O	B	A	O	O	A	B	O	D	O	A	O	O	O	AB	A	A	C	O	O	O	O	O
Nd62 Uncompahgre	E	O	O	O	B	O	A	B	A	A	O	O	A	B	O	D	O	O	B	O	O	AB	A	A	BC	O	O	O	O	O
Nd64 Wind River	D	O	O	O	O	O	A	B	O	O	B	O	A	O	O	D	O	A	B	O	B	AB	B	A	C	O	O	O	O	O
Nd65 Walapai	I	O	O	O	B	B	A	O	B	O	B	B	A	C	A	D	O	O	O	O	O	A	A	A	ABC	A	AC	O	A	O
Nd66 Yavapai	I	O	O	O	B	O	A	B	O	O	AB	O	A	O	A	D	O	O	O	O	O	A	B	A	ABC	A	AB	O	B	O
Nd67 Tolkepaya	I	O	O	O	O	O	A	B	O	O	O	O	A	O	O	D	O	O	O	O	O	A	B	A	ABC	A	AB	O	O	O
Ne1 Gros Ventre	D	O	B	O	O	O	A	B	A	O	A	B	O	O	O	D	O	O	O	O	B	O	O	A	O	O	O	O	O	O
Ne2 Kiowa-Apache	D	O	O	O	O	O	A	B	O	A	O	O	A	O	O	D	O	O	O	O	O	O	O	A	O	O	O	O	O	O
Ne3 Comanche	D	O	O	O	O	O	A	B	A	O	O	O	A	O	O	D	O	O	O	O	O	O	O	A	AC	O	O	O	O	O
Ne4 Crow	D	O	B	O	O	O	A	B	A	O	O	O	A	O	O	D	O	O	O	O	O	O	O	A	O	O	O	O	O	O
Ne5 Cheyenne	D	O	B	O	O	O	A	B	A	A	O	B	O	O	A	D	O	O	O	O	O	O	O	A	O	O	O	O	O	O
Ne6 Mandan	K	O	B	O	O	O	A	B	A	A	A	A	A	O	O	C	O	B	O	O	O	O	O	A	O	A	A	E	O	A
Ne7 Sarsi	D	O	O	O	O	O	O	B	A	A	A	A	A	C	O	D	A	A	O	O	O	O	O	A	O	O	O	O	O	O
Ne8 Teton	D	O	B	O	O	O	A	B	A	O	O	O	O	O	O	D	O	O	O	O	O	O	O	A	O	O	O	O	O	O
Ne9 Arapaho	D	O	A	O	B	O	A	B	A	A	A	O	A	B	O	D	O	O	O	O	O	O	O	C	O	O	O	O	O	O
Ne10 Arikara	K	O	B	O	B	O	A	B	A	A	O	B	O	O	O	D	O	B	O	O	B	O	O	A	O	A	A	E	O	A
Ne11 Assiniboin	D	O	B	O	B	O	A	B	A	O	A	O	A	C	O	D	O	O	O	O	O	O	O	A	O	O	O	O	O	O
Ne12 Blackfoot	D	O	B	O	O	O	A	B	A	A	A	B	A	O	O	D	O	B	O	O	O	O	O	A	O	O	O	O	O	O
Ne13 Blood	D	O	B	O	O	O	A	B	A	A	A	B	A	O	O	D	O	B	O	O	O	O	O	A	O	O	O	O	O	O
Ne14 Bungi	D	O	B	O	O	O	A	A	A	O	A	B	A	O	O	C	A	A	B	O	O	O	O	A	O	O	O	O	O	O
Ne15 Hidatsa	K	O	B	O	O	O	A	B	A	O	O	B	A	O	O	C	O	B	O	O	O	O	O	A	O	A	A	E	O	A
Ne16 Karankawa	B	O	O	O	O	O	A	O	O	O	O	O	A	O	O	A	C	B	B	O	O	A	O	A	AC	O	O	O	O	O
Ne17 Kiowa	D	O	O	O	O	O	A	B	A	A	O	O	A	O	O	D	O	O	O	O	O	O	O	A	O	O	O	O	O	O
Ne18 Piegan	D	O	B	O	O	O	A	B	A	A	A	B	A	O	O	D	O	B	O	O	O	O	O	A	O	O	O	O	O	O
Ne19 Plains Cree	D	O	B	O	B	O	A	AB	A	A	A	A	A	O	O	C	B	A	B	O	O	O	O	A	O	O	O	O	O	O
Ne20 Santee	J	O	B	O	B	O	A	B	B	O	O	O	O	O	O	B	O	A	B	O	A	D	B	A	O	A	A	E	O	A
Nf1 Ojibwa	C	O	B	O	O	O	O	A	A	O	A	B	O	A	A	B	A	A	A	A	A	D	B	A	O	O	O	O	O	O
Nf2 Winnebago	J	O	B	O	B	O	O	O	B	A	A	A	O	O	O	B	O	A	B	A	A	D	B	A	O	A	A	O	O	A

Ethnic Units	Map Numbers 39	40	41	42	43	44	45	46	47	48	49	50	51	52	53	54	55	56	57	58	59	60	61	62	63	64	65	67	68	69
Nd45 Bohogue	O	AB	A	B	A	B	AB	O	AB	O	C	B	O	A	A	B	O	A	A	O	O	A	B	G	B	O	O	O	B	O
Nd46 Agaiduka	O	AB	AB	O	A	B	AB	O	AB	O	C	B	O	A	A	B	A	A	A	O	O	A	B	G	B	B	O	B	B	O
Nd48 Gosiute	O	AB	A	B	A	AB	AB	D	A	O	O	B	O	A	A	B	O	A	A	O	O	A	B	O	B	O	O	C	B	O
Nd52 Shivwits	O	AB	A	O	A	B	AB	D	O	O	O	B	O	A	B	O	O	A	A	O	O	A	AB	AB	B	O	O	O	B	O
Nd53 Kaibab	O	B	O	O	A	O	AB	D	O	O	O	B	O	A	B	O	O	A	A	O	O	A	AB	O	B	O	O	O	B	O
Nd54 Chemehuevi	O	AB	A	O	A	O	A	O	A	A	B	B	D	A	B	O	O	A	A	B	C	A	O	BE	B	O	O	O	B	O
Nd56 San Juan	O	B	O	O	A	A	AB	O	O	O	O	O	O	A	A	O	O	A	AB	O	O	A	AB	E	AB	O	O	O	B	O
Nd58 Uintah	O	A	A	O	A	O	O	D	O	O	O	O	O	A	A	O	O	A	A	O	O	A	B	O	AB	O	O	C	B	O
Nd62 Uncompahgre	O	AB	A	O	A	A	B	D	O	O	C	O	O	A	A	O	O	A	AB	A	O	A	AB	G	AB	O	O	C	B	O
Nd64 Wind River	O	AB	A	O	A	B	AB	O	B	O	C	A	O	O	A	A	O	O	O	O	O	A	B	O	O	O	O	O	B	O
Nd65 Walapai	A	A	A	O	O	O	AB	D	A	A	O	B	O	A	B	O	O	A	AB	O	O	A	B	A	B	O	O	O	B	O
Nd66 Yavapai	AB	AB	A	O	A	O	AB	D	O	O	O	B	O	ABC	B	O	O	A	AB	O	O	A	O	E	O	O	O	O	B	O
Nd67 Tolkepaya	AB	AB	A	O	A	O	AB	D	O	A	O	B	O	ABC	B	O	O	A	AB	O	O	A	O	E	O	O	O	O	B	O
Ne1 Gros Ventre	O	AB	A	O	O	B	AB	O	B	O	C	A	O	O	O	O	O	O	B	O	O	O	B	O	B	O	O	O	C	O
Ne2 Kiowa-Apache	O	B	O	O	O	B	O	O	B	O	C	A	O	O	B	O	O	O	O	O	O	O	B	O	A	O	O	A	C	O
Ne3 Comanche	O	B	O	A	O	B	O	B	B	O	C	A	O	O	B	O	O	O	O	O	O	O	AB	B	B	O	O	O	C	A
Ne4 Crow	O	AB	B	O	O	B	A	O	B	O	C	AB	O	O	A	O	O	O	O	O	O	O	AB	O	AB	O	O	B	A	O
Ne5 Cheyenne	O	AB	A	O	O	B	O	O	B	O	C	A	O	O	B	O	O	O	O	O	O	O	B	O	AB	O	O	O	C	O
Ne6 Mandan	B	AB	A	O	O	O	O	A	O	A	C	O	A	O	O	O	O	B	A	A	O	A	AB	O	O	O	O	B	A	O
Ne7 Sarsi	O	AB	A	A	B	O	O	O	O	O	C	O	O	O	A	O	O	O	O	A	O	O	B	G	A	O	O	O	A	O
Ne8 Teton	O	B	O	O	O	B	O	O	B	O	C	AB	O	O	B	O	O	O	O	O	O	O	B	O	AB	O	O	O	C	O
Ne9 Arapaho	O	AB	A	O	O	B	O	O	B	O	C	A	O	O	A	O	O	O	O	O	O	A	B	O	AB	O	O	O	C	O
Ne10 Arikara	B	A	A	O	O	O	O	A	AB	A	C	AB	A	O	O	O	O	B	A	O	O	A	AB	O	O	O	O	B	A	O
Ne11 Assiniboin	O	AB	A	A	O	B	O	O	B	O	C	A	O	O	A	O	O	O	O	O	O	O	AB	O	AB	O	O	O	C	O
Ne12 Blackfoot	O	AB	A	O	O	B	AB	O	B	O	C	A	O	O	B	O	O	O	B	A	O	O	AB	O	AB	O	O	C	A	O
Ne13 Blood	O	AB	A	O	O	B	AB	O	B	O	C	A	O	O	B	O	O	O	B	A	O	O	AB	O	AB	O	O	C	A	O
Ne14 Bungi	O	B	A	O	B	O	O	O	B	O	O	A	O	O	A	O	O	O	O	A	O	O	AB	O	A	O	O	O	A	O
Ne15 Hidatsa	B	AB	A	O	O	B	O	A	O	A	C	O	A	O	O	O	O	B	A	A	O	A	AB	O	B	O	O	B	A	O
Ne16 Karankawa	O	A	A	O	O	O	A	O	O	A	O	B	O	O	B	B	O	O	A	O	O	A	A	C	O	O	O	O	B	A
Ne17 Kiowa	O	B	O	O	O	B	O	O	B	O	C	A	O	O	B	O	O	O	O	O	O	O	B	O	A	O	O	A	C	O
Ne18 Piegan	O	AB	A	O	O	B	AB	O	B	O	C	A	O	O	B	O	O	O	B	A	O	O	AB	O	AB	O	O	C	A	O
Ne19 Plains Cree	O	AB	AB	O	O	B	AB	O	B	O	C	A	O	O	A	O	O	O	A	A	F	O	AB	C	A	B	O	O	C	O
Ne20 Santee	B	AB	A	O	O	B	A	A	B	B	CB	AB	D	A	O	A	O	O	A	O	O	O	AB	G	A	O	A	A	A	O
Nf1 Ojibwa	O	AB	O	A	B	O	O	O	O	O	O	O	O	O	A	A	O	O	O	A	O	O	O	O	AB	A	B	O	O	O
Nf2 Winnebago	B	AB	A	O	O	O	B	A	O	B	O	O	B	O	A	A	O	O	A	O	O	O	A	C	A	O	B	A	A	O

Ethnic Units	Map Numbers																													
	70	71	72	73	74	75	76	77	78	79	80	81	82	83	84	87	88	89	90	92	93	94	95	96	97	98	99	100	101	102
Nd45 Bohogue	AB	B	0	0	0	0	0	0	A	D	C	0	0	0	AB	D	0	0	AB	0	F	0	B	0	AB	0	A	0	0	0
Nd46 Agaiduka	AB	AB	0	0	0	0	0	0	0	D	A	0	0	0	0	D	0	0	AB	0	F	0	B	B	AB	A	A	0	0	0
Nd48 Gosiute	AB	B	0	0	0	0	0	0	AB	0	A	0	0	0	0	0	0	0	0	0	F	B	B	B	B	0	0	0	0	0
Nd52 Shivwits	AB	B	B	0	0	A	0	C	AB	0	A	0	0	0	0	F	0	0	A	0	F	0	B	B	B	0	0	0	0	0
Nd53 Kaibab	AB	B	AB	0	0	A	0	0	AB	0	A	0	0	0	0	F	0	0	A	0	F	0	B	B	B	0	0	0	0	0
Nd54 Chemehuevi	B	B	0	0	B	A	0	0	AB	0	0	0	0	0	0	D	0	0	0	0	F	B	C	0	B	0	A	0	0	0
Nd56 San Juan	AB	AB	AB	0	0	A	0	0	AB	0	A	0	0	0	0	F	0	0	0	0	F	0	A	B	B	0	0	0	0	0
Nd58 Uintah	AB	B	0	0	0	0	0	0	A	D	0	0	0	0	0	0	0	0	0	0	F	0	B	B	AB	0	0	0	0	0
Nd62 Uncompahgre	AB	B	AB	0	0	0	0	0	A	D	A	0	0	0	AB	E	B	0	A	0	F	0	AB	B	AB	0	A	0	0	0
Nd64 Wind River	AB	B	0	0	0	0	0	0	0	D	0	0	0	0	AB	E	B	0	0	0	G	0	B	0	AB	0	0	0	0	0
Nd65 Walapai	AB	A	B	0	0	A	0	C	AB	0	0	0	0	0	0	F	0	0	A	0	F	0	AB	B	B	0	0	0	B	0
Nd66 Yavapai	B	0	0	0	0	A	0	C	A	0	0	0	0	0	0	0	0	0	0	0	M	0	0	0	B	0	A	0	B	0
Nd67 Tolkepaya	B	0	0	0	0	A	0	0	A	0	0	0	0	0	0	0	0	0	0	0	M	0	0	0	B	0	A	0	B	0
Ne1 Gros Ventre	A	B	0	0	0	0	0	0	0	D	0	D	0	0	B	E	B	0	0	0	G	0	A	0	A	0	0	0	0	0
Ne2 Kiowa-Apache	AB	B	A	0	0	0	B	B	0	D	0	0	0	0	AB	E	B	0	0	0	G	0	B	0	A	0	A	0	A	0
Ne3 Comanche	AB	AB	A	0	0	0	B	B	0	D	0	0	0	0	AB	E	B	0	0	0	G	0	B	0	A	0	0	0	0	0
Ne4 Crow	AB	B	A	0	0	0	0	0	0	D	0	D	0	0	AB	E	B	0	A	0	G	0	B	0	A	0	0	0	0	0
Ne5 Cheyenne	AB	B	A	0	0	0	B	0	0	D	0	0	0	0	AB	E	B	0	0	0	G	0	A	0	A	0	0	0	0	0
Ne6 Mandan	A	B	0	0	0	0	0	0	A	D	0	0	0	0	B	E	B	0	A	0	D	0	A	0	A	A	A	0	AB	A
Ne7 Sarsi	A	B	B	0	0	0	0	0	0	D	0	0	0	0	B	E	0	0	0	0	G	0	B	0	A	0	0	0	0	0
Ne8 Teton	AB	B	A	0	0	0	0	0	0	D	C	0	0	0	B	E	B	0	0	0	G	0	A	0	A	0	A	0	A	0
Ne9 Arapaho	AB	B	A	0	0	0	B	0	0	D	0	D	0	0	B	E	B	0	0	0	G	0	A	0	A	0	0	0	0	0
Ne10 Arikara	A	B	0	0	0	0	0	0	A	D	0	D	0	0	B	E	B	0	0	0	D	0	A	0	A	0	A	0	AB	A
Ne11 Assiniboin	A	B	B	0	0	0	0	0	0	D	C	0	0	0	AB	E	B	0	0	0	G	0	A	0	A	0	0	0	0	0
Ne12 Blackfoot	A	B	B	0	0	0	0	0	0	D	0	D	0	0	B	E	B	0	A	0	G	0	B	0	A	0	0	0	0	0
Ne13 Blood	A	B	B	0	0	0	0	0	0	D	0	D	0	0	B	E	B	0	A	0	G	0	B	0	A	0	0	0	0	0
Ne14 Bungi	0	B	0	0	0	0	0	0	B	D	C	0	0	0	B	E	B	0	0	0	G	0	C	0	A	0	0	0	0	0
Ne15 Hidatsa	A	B	0	0	0	0	0	0	A	D	0	0	0	0	AB	E	B	0	A	0	D	B	B	0	A	A	A	0	AB	A
Ne16 Karankawa	A	B	B	0	0	A	B	A	A	0	0	0	0	0	AB	C	0	B	0	0	M	0	0	0	AB	A	0	0	0	0
Ne17 Kiowa	AB	B	A	0	0	0	B	B	0	D	0	0	0	0	AB	E	B	0	0	0	G	0	A	0	A	0	A	0	A	0
Ne18 Piegan	A	B	B	0	0	0	0	0	0	D	0	D	0	0	B	E	B	0	A	0	G	0	B	0	A	0	0	0	0	0
Ne19 Plains Cree	A	B	0	0	0	0	0	0	0	D	C	0	0	0	AB	E	B	0	0	0	G	0	A	0	A	0	0	0	0	0
Ne20 Santee	A	B	0	0	0	0	0	0	0	D	0	0	0	0	B	B	B	AB	A	0	G	0	A	B	A	A	A	0	A	0
Nf1 Ojibwa	0	0	0	0	0	0	0	0	0	0	ABC	A	0	0	0	B	0	A	0	0	M	0	A	B	A	A	0	0	0	0
Nf2 Winnebago	A	B	0	0	0	0	0	0	0	0	C	0	0	0	0	B	0	AB	0	0	M	A	A	B	AB	A	0	0	0	0

Ethnic Units	Map Numbers																												
	104	106	107	108	109	110	111	112	113	114	115	116	117	118	120	121	122	124	125	127	128	130	131	132	133	134	135	136	137	138
Nd45 Bohogue	O	B	B	B	A	O	O	B	O	C	AB	O	O	O	E	AB	O	A	C	A	C	B	B	O	A	O	O	O	A	D
Nd46 Agaiduka	O	B	B	B	A	O	O	B	O	C	AB	O	A	O	E	AB	O	A	O	A	C	B	B	O	A	A	O	O	A	D
Nd48 Gosiute	O	A	B	B	A	O	O	C	B	C	A	O	O	O	E	AB	O	A	C	A	A	B	AB	O	A	A	O	O	A	D
Nd52 Shivwits	O	A	B	B	A	O	O	C	B	D	A	B	B	O	E	AB	O	O	C	C	A	B	AB	O	A	A	O	O	O	D
Nd53 Kaibab	O	AB	O	B	A	O	O	C	B	D	A	B	B	O	E	AB	O	O	O	O	O	B	AB	O	A	O	O	O	O	D
Nd54 Chemehuevi	O	O	O	B	A	O	O	O	B	O	A	A	O	O	E	AB	O	O	C	C	A	B	A	O	A	O	O	O	O	D
Nd56 San Juan	O	AB	B	B	A	O	O	C	B	O	A	B	B	O	E	AB	O	O	O	O	O	B	AB	O	A	A	O	O	O	D
Nd58 Uintah	O	B	B	B	O	O	A	B	O	C	A	O	O	O	E	AB	O	O	O	C	C	B	B	O	A	O	O	O	A	D
Nd62 Uncompahgre	B	B	B	B	O	O	A	B	B	C	A	O	O	O	E	AB	O	O	O	O	O	B	B	O	A	A	O	O	A	D
Nd64 Wind River	B	B	B	A	A	C	A	B	O	C	AB	O	O	O	A	O	O	O	O	O	O	B	B	O	A	O	O	O	A	D
Nd65 Walapai	O	A	B	B	A	O	O	C	B	D	A	B	B	O	E	AB	A	O	O	A	A	B	A	A	A	A	O	O	O	O
Nd66 Yavapai	O	O	B	B	A	O	O	C	O	D	A	B	B	O	E	AB	A	O	C	A	A	B	A	A	A	A	O	O	O	O
Nd67 Tolkepaya	O	O	B	B	A	O	O	C	O	D	A	B	B	O	E	AB	A	A	C	A	A	B	A	A	A	A	O	O	O	O
Ne1 Gros Ventre	B	B	B	A	A	C	A	B	D	C	AB	O	A	O	A	O	O	O	O	A	O	B	B	O	A	O	O	O	A	D
Ne2 Kiowa-Apache	B	B	B	A	O	C	A	B	D	C	AB	O	O	O	A	B	O	O	O	O	O	B	B	O	A	O	O	O	O	O
Ne3 Comanche	B	B	B	A	A	C	A	B	O	C	AB	O	O	O	A	B	O	O	O	O	O	B	B	O	A	O	O	O	A	D
Ne4 Crow	B	B	B	A	O	O	A	B	O	C	AB	O	O	O	A	O	O	O	O	O	O	B	B	O	A	A	O	O	A	D
Ne5 Cheyenne	B	B	B	A	O	A	A	B	O	C	AB	O	C	O	A	B	O	O	O	A	B	B	B	O	A	O	O	O	A	D
Ne6 Mandan	AB	B	B	A	A	A	A	B	D	C	A	O	O	O	A	B	A	O	O	A	B	O	B	A	A	O	O	O	A	D
Ne7 Sarsi	O	B	B	A	A	A	A	B	O	C	AB	O	A	O	A	O	O	O	O	A	B	B	B	A	O	A	O	O	O	D
Ne8 Teton	B	B	B	A	O	O	A	B	D	C	AB	O	O	O	A	B	O	O	O	O	O	B	B	O	A	O	O	O	A	D
Ne9 Arapaho	B	B	B	A	O	O	A	B	D	C	AB	O	O	O	A	B	O	O	O	A	O	B	B	O	A	A	O	O	O	D
Ne10 Arikara	AB	A	B	A	O	A	A	B	D	C	A	O	O	O	A	B	A	O	O	A	B	O	B	A	A	O	O	O	A	D
Ne11 Assiniboin	B	B	B	A	O	C	A	B	D	C	AB	O	C	O	A	O	O	O	O	A	O	B	B	A	A	O	O	O	A	D
Ne12 Blackfoot	B	B	B	A	O	C	A	B	D	C	AB	O	A	O	A	O	O	O	O	A	C	B	B	O	A	O	O	O	A	D
Ne13 Blood	B	B	B	A	O	C	A	B	D	C	AB	O	A	O	A	O	O	O	O	A	C	B	B	O	A	O	O	O	A	D
Ne14 Bungi	B	B	B	A	A	B	A	B	O	C	B	O	AC	O	A	O	O	A	O	A	C	B	B	O	A	A	O	O	O	D
Ne15 Hidatsa	AB	A	B	A	O	O	A	B	D	C	A	O	O	O	A	B	A	O	O	A	B	O	B	A	A	O	O	O	A	D
Ne16 Karankawa	O	B	O	B	O	O	O	O	D	O	O	O	O	B	E	O	O	O	O	A	A	B	B	O	A	O	O	O	O	O
Ne17 Kiowa	B	B	B	A	O	C	A	B	D	C	AB	O	O	O	A	B	O	O	O	O	O	B	B	O	A	O	O	O	O	O
Ne18 Piegan	B	B	B	A	O	C	A	B	D	C	AB	O	A	O	A	O	O	O	O	A	C	B	B	O	A	O	O	O	A	D
Ne19 Plains Cree	O	B	B	A	A	O	A	B	O	C	AB	O	AC	O	A	O	O	O	O	A	C	B	B	A	A	O	O	O	O	D
Ne20 Santee	B	B	B	A	O	O	A	B	D	C	B	O	C	O	A	O	O	O	O	A	BC	O	B	A	A	O	O	O	O	D
Nf1 Ojibwa	O	B	B	A	A	B	A	B	O	C	B	O	AC	O	B	O	O	O	A	O	O	B	B	A	A	A	O	O	O	O
Nf2 Winnebago	O	B	B	A	O	O	A	O	D	C	B	O	O	O	E	O	A	O	O	A	BC	O	B	A	A	O	O	O	O	O

Ethnic Units	Map Numbers																	
	139	140	141	142	143	144	145	146	152	154	156	160	161	162	164	165	166	167
Nd45 Bohogue	A	A	O	A	B	O	O	A	O	A	C	D	EF	A	O	H	E1	G
Nd46 Agaiduka	A	AB	O	A	B	O	A	A	O	A	C	D	EF	A	A	H	E1	G
Nd48 Gosiute	A	A	O	A	O	O	O	O	C	B	C	D	EF	B	O	H	E1	G
Nd52 Shivwits	AB	AB	O	A	O	O	O	O	O	B	C	A	F	B	O	H	E1	G
Nd53 Kaibab	A	AB	O	A	O	O	O	O	O	B	C	A	F	B	O	H	E1	G
Nd54 Chemehuevi	A	O	O	A	O	C	O	O	O	B	C	D	F	B	O	H	E1	G
Nd56 San Juan	A	AB	O	A	O	O	O	O	O	B	C	O	F	B	O	H	E	G
Nd58 Uintah	A	B	O	O	O	O	A	A	O	C	C	D	F	A	O	H	E1	G
Nd62 Uncompahgre	A	B	O	A	B	O	A	A	O	C	C	D	F	A	O	H	E1	G
Nd64 Wind River	O	O	O	O	B	O	A	A	O	C	C	C	F	A	O	H	E1	G
Nd65 Walapai	AB	AB	O	A	O	C	O	O	C	A	C	D	C	B	O	I	B4	E
Nd66 Yavapai	A	AC	O	A	O	C	O	O	O	C	C	D	C	B	ABC	I	B4	E
Nd67 Tolkepaya	A	AC	O	A	O	C	O	A	O	C	C	D	C	A	O	H	B4	E
Ne1 Gros Ventre	O	O	O	A	B	A	A	A	O	A	C	C	F	A	ABCDD		A4	C
Ne2 Kiowa-Apache	A	B	O	O	B	O	A	A	O	C	C	CD	F	A	AC	C	A1	B
Ne3 Comanche	A	B	O	A	B	O	A	A	O	B	C	C	F	A	O	H	E1	G
Ne4 Crow	O	B	O	O	B	A	A	A	O	A	B	C	A	A	AB	E	A9	D
Ne5 Cheyenne	A	B	O	O	BC	O	O	A	O	C	C	C	F	A	A	D	A4	C
Ne6 Mandan	O	O	O	O	BC	O	O	A	A	C	B	C	A	B	AC	E	A9	D
Ne7 Sarsi	A	B	O	A	B	O	O	O	O	A	C	A	F	A	A	C	A1	B
Ne8 Teton	A	B	O	O	BC	O	A	A	O	A	C	C	C	A	AC	E	A9	D
Ne9 Arapaho	O	B	O	O	BC	O	O	A	O	C	C	C	F	A	AC	D	A4	C
Ne10 Arikara	O	O	O	A	BC	O	O	A	O	C	C	C	A	B	O	E	A3	D
Ne11 Assiniboin	O	B	O	O	B	A	A	A	O	A	C	C	C	A	ABC	E	A9	D
Ne12 Blackfoot	O	B	O	A	B	O	A	A	O	A	C	C	F	A	A	D	A4	C
Ne13 Blood	O	B	O	A	B	O	A	A	O	A	C	C	F	A	A	D	A4	C
Ne14 Bungi	O	O	O	O	O	O	O	A	O	A	A	D	C	A	O	D	A4	C
Ne15 Hidatsa	O	O	O	O	BC	O	O	A	O	C	B	C	A	B	AB	E	A9	D
Ne16 Karankawa	A	C	O	O	O	O	O	A	O	A	C	O	O	A	O	H	E5	H
Ne17 Kiowa	A	B	O	O	B	O	A	A	O	B	C	C	F	A	AC	E	E	G
Ne18 Piegan	O	B	O	A	B	O	A	A	O	A	C	C	F	A	A	D	A4	C
Ne19 Plains Cree	O	C	O	O	O	O	O	A	C	A	C	D	C	A	AB	D	A4	C
Ne20 Santee	A	AB	O	O	BC	O	O	A	O	A	C	C	C	A	AB	E	A9	D
Nf1 Ojibwa	A	AB	O	A	C	O	O	A	C	A	A	D	C	A	O	D	A4	C
Nf2 Winnebago	O	O	O	O	BC	O	O	A	C	A	A	D	B	A	AC	D	A9	D

Ethnic Units	4	5	6	10	11	12	13	14	15	16	17	18	19	20	21	23	25	26	27	28	29	30	31	32	33	34	35	36	37	38
	Map Numbers																													
Nf3 Omaha	J	O	B	O	O	O	A	B	O	O	O	B	A	C	O	C	D	O	O	O	O	O	O	A	O	A	A	E	O	A
Nf4 Miami	K	O	B	O	B	O	A	O	B	O	O	O	O	O	O	C	O	A	B	O	O	O	O	A	O	A	A	O	O	A
Nf5 Wichita	K	O	O	O	O	O	A	B	A	O	O	O	A	O	O	D	O	O	O	O	O	O	O	A	O	A	A	O	O	A
Nf6 Pawnee	K	O	B	O	O	O	A	B	O	O	O	O	A	O	O	D	O	O	O	O	O	O	O	A	O	A	A	E	O	A
Nf7 Fox	J	O	B	O	O	O	A	O	O	O	O	O	O	A	O	B	O	A	B	O	A	D	B	A	O	A	A	O	O	A
Nf8 Hasinai	K	O	O	O	O	O	A	O	O	O	O	O	A	O	A	C	O	O	O	O	B	O	O	A	O	A	A	AE	O	A
Nf9 Menomini	F	O	B	O	B	O	O	O	B	A	A	B	O	A	A	B	A	A	A	A	A	D	B	A	O	A	A	F	O	A
Nf10 Iowa	J	O	B	O	B	O	A	O	O	O	O	O	O	O	O	D	O	O	B	O	O	O	O	A	O	A	A	E	O	A
Nf11 Oto	K	O	O	O	B	O	A	O	O	O	O	O	O	O	A	D	O	O	B	O	O	O	O	A	O	A	A	E	O	A
Nf12 Ponca	J	O	B	O	O	O	A	B	O	O	O	O	A	O	O	D	O	O	O	O	O	O	O	A	O	A	A	E	O	A
Nf13 Shawnee	J	O	O	O	B	O	O	O	B	O	O	O	A	O	O	C	B	A	B	O	O	O	O	A	O	A	A	ABEF	O	A
Nf14 Caddo	K	O	O	O	O	O	A	O	O	O	O	O	A	O	A	C	O	O	O	O	O	O	O	A	O	A	A	AE	O	A
Ng1 Huron	K	O	A	O	B	B	O	A	A	O	O	A	O	A	A	B	A	A	A	A	A	O	O	A	O	A	AB	A	O	A
Ng2 Seminole	K	O	O	O	B	O	A	O	O	A	O	B	A	C	AB	C	B	A	B	O	O	O	O	A	O	A	A	ABDE	O	A
Ng3 Creek	K	O	A	O	O	O	O	O	O	A	O	O	A	O	AB	C	BD	A	B	O	O	O	O	A	O	A	A	O	O	A
Ng4 Penobscot	C	O	B	O	O	O	O	A	B	O	A	A	A	A	AB	B	A	A	A	A	A	O	O	A	O	O	A	O	O	A
Ng5 Cherokee	K	O	O	O	O	O	O	O	O	A	O	B	A	C	B	C	BD	A	B	O	O	O	O	A	O	A	A	AEF	O	A
Ng6 Delaware	K	O	O	O	B	O	A	A	O	O	A	A	O	C	A	B	BD	A	B	O	A	O	O	A	O	A	A	BEF	O	A
Ng7 Natchez	K	O	B	O	O	O	A	O	O	O	O	O	A	C	A	C	B	B	B	O	B	O	O	A	O	A	A	O	O	A
Ng8 Timucua	K	O	O	O	B	O	A	O	O	O	O	B	A	O	B	B	B	A	B	O	B	O	O	A	O	A	A	ABDE	O	A
Ng9 Catawba	K	O	O	O	B	O	A	O	O	O	O	O	A	O	B	C	BD	A	B	O	O	O	O	A	O	A	A	A	O	A
Ng10 Iroquois	K	O	B	O	B	O	O	O	A	O	O	A	O	O	B	B	A	A	A	A	A	D	B	A	O	A	AB	ABE	O	A
Ng11 Yuchi	K	O	O	O	B	O	O	O	B	O	O	O	A	C	B	C	BD	A	B	O	B	O	O	A	O	A	A	O	O	A
Ng12 Choctaw	K	O	B	O	O	O	O	O	O	O	O	O	A	C	B	C	BD	O	B	O	O	O	O	A	O	A	A	O	O	A
Nh1 Chiricahua	F	A	O	O	B	O	A	O	A	O	O	B	A	B	A	D	O	O	O	O	O	AB	AB	A	ABC	A	A	O	O	O
Nh3 Navajo	K	A	O	O	B	O	A	B	A	A	B	A	A	B	A	D	O	O	O	O	O	AB	O	A	AC	A	ABC	AE	BC	O
Nh4 Zuni	K	A	B	O	B	O	A	O	A	A	B	B	A	C	A	D	O	O	O	O	O	AB	O	A	AC	AB	AC	AE	AC	O
Nh5 Maricopa	I	O	O	O	O	B	A	O	B	O	O	A	O	O	A	C	D	B	O	O	B	A	O	A	AC	AB	ABC	O	AB	O
Nh6 Taos	K	O	O	O	O	O	A	O	O	O	B	O	A	O	O	D	O	O	O	O	O	O	O	A	AC	A	ABC	O	AC	O
Nh7 Cochiti	K	A	O	O	B	O	A	O	A	O	AB	B	A	B	A	D	O	O	O	O	O	O	O	A	AC	AB	AB	O	A	O
Nh8 Jemez	K	A	O	O	O	O	A	O	O	A	B	O	A	O	A	D	O	O	O	O	O	O	O	A	AC	AB	ABC	O	ABC	O
Nh9 Picuris	K	O	O	O	O	O	A	O	O	O	B	O	A	O	O	D	O	O	O	O	O	O	O	A	AC	A	ABC	O	AC	O
Nh10 Isleta	K	A	O	O	O	O	A	O	O	O	B	O	A	O	O	D	O	O	O	O	O	O	O	A	AC	AB	A	O	A	O
Nh11 Tewa	K	A	O	O	O	O	A	O	O	A	B	B	A	B	A	D	O	B	O	O	O	O	O	A	AC	AB	ABC	O	ABC	O
Nh12 Santa Ana	K	A	O	O	B	O	A	O	A	O	AB	B	A	B	A	D	O	O	O	O	O	O	O	A	AC	AB	AB	O	A	O

Ethnic Units	Map Numbers 39	40	41	42	43	44	45	46	47	48	49	50	51	52	53	54	55	56	57	58	59	60	61	62	63	64	65	67	68	69
Nf3 Omaha	B	AB	A	A	O	O	O	A	B	A	O	A	A	O	B	O	O	O	A	O	O	A	AB	A	A	O	O	B	A	O
Nf4 Miami	B	A	A	O	O	O	B	O	O	O	O	O	O	O	A	O	O	O	A	O	O	A	O	O	A	O	O	A	A	O
Nf5 Wichita	B	A	A	O	O	B	O	O	B	A	C	A	A	O	B	O	O	O	A	O	O	A	B	O	AB	O	A	A	A	O
Nf6 Pawnee	B	A	A	O	O	O	O	A	B	A	C	A	A	O	B	O	O	O	A	O	O	A	B	O	O	O	O	B	A	O
Nf7 Fox	B	A	A	A	O	O	O	A	B	B	O	O	B	O	A	O	O	O	A	O	O	O	AB	O	AB	O	B	A	A	O
Nf8 Hasinai	B	A	A	O	O	O	O	C	O	A	O	O	A	O	A	A	O	O	A	A	E	A	B	O	O	O	A	A	A	O
Nf9 Menomini	B	A	A	AC	O	O	B	A	O	B	B	O	B	O	A	A	O	O	A	O	O	O	AB	CD	AB	O	B	A	C	O
Nf10 Iowa	B	AB	A	O	O	O	B	O	B	A	O	A	A	A	O	O	O	O	A	O	O	O	AB	O	A	O	O	A	A	O
Nf11 Oto	B	A	A	O	O	O	O	O	B	A	O	A	A	O	O	O	O	O	A	O	O	A	O	O	B	O	A	A	A	O
Nf12 Ponca	B	A	A	O	O	O	O	A	B	A	O	A	A	O	O	O	O	O	A	O	O	O	AB	O	A	O	O	B	A	O
Nf13 Shawnee	B	A	A	O	O	O	O	E	O	O	O	O	O	O	A	O	O	O	O	O	O	A	O	O	B	O	A	A	A	O
Nf14 Caddo	B	A	A	O	O	O	O	C	O	A	O	O	A	O	A	A	O	O	A	A	E	A	B	O	O	O	A	A	A	O
Ng1 Huron	B	AB	A	O	O	B	O	A	O	A	O	O	B	A	A	A	AB	O	A	O	O	O	A	O	B	O	B	A	A	O
Ng2 Seminole	B	A	A	O	O	O	O	C	O	A	O	O	A	O	A	A	O	O	O	A	E	A	A	E	AB	AB	A	A	A	C
Ng3 Creek	B	A	A	O	O	O	O	C	O	A	O	O	A	O	A	O	O	O	O	A	E	A	A	E	AB	AB	A	A	A	C
Ng4 Penobscot	A	A	O	C	B	O	AB	A	B	A	O	B	O	A	A	A	O	O	A	O	E	O	A	G	AB	A	O	A	A	O
Ng5 Cherokee	B	A	A	O	O	O	O	C	O	O	O	O	O	O	A	O	O	O	O	O	E	A	A	E	O	O	A	A	A	O
Ng6 Delaware	B	A	AB	O	O	O	AB	O	O	A	O	B	B	O	A	A	O	O	A	O	O	A	A	BCE	AB	A	A	A	A	O
Ng7 Natchez	B	A	A	O	O	O	O	C	O	A	O	O	A	O	A	A	O	B	O	O	E	A	O	O	O	O	A	A	A	C
Ng8 Timucua	B	A	A	O	O	O	O	C	O	A	O	O	O	O	A	A	O	O	O	A	E	A	A	O	O	O	A	A	A	O
Ng9 Catawba	B	A	A	O	O	O	O	C	O	A	O	O	A	A	A	A	O	O	O	O	E	A	A	E	O	O	B	A	A	O
Ng10 Iroquois	B	AB	A	C	O	O	B	A	A	A	O	B	B	A	A	A	AB	O	A	O	O	O	AB	CDEGB		O	A	A	A	O
Ng11 Yuchi	B	A	A	O	O	O	O	C	O	A	O	O	A	O	A	A	O	O	O	A	E	A	A	E	O	O	A	A	A	O
Ng12 Choctaw	B	A	A	O	O	O	O	E	O	A	O	O	A	O	A	O	O	O	O	A	E	A	AB	E	O	O	O	A	A	O
Nh1 Chiricahua	AB	A	A	O	O	O	AB	D	A	B	B	AB	D	B	B	O	O	AB	AB	B	O	A	B	BE	AB	O	O	O	B	A
Nh3 Navajo	A	A	A	O	O	O	AB	D	O	O	O	A	O	B	B	O	O	AB	AB	B	O	A	AB	ABE	AB	O	B	C	B	A
Nh4 Zuni	A	A	A	O	O	O	AB	O	O	O	O	AB	O	C	B	O	O	B	AB	B	A	A	A	A	A	O	B	C	B	A
Nh5 Maricopa	A	A	A	O	O	O	A	O	A	AB	B	B	D	ABC	B	B	O	B	A	B	C	A	A	AE	B	O	B	C	B	A
Nh6 Taos	A	A	A	O	O	O	AB	O	O	O	O	O	O	C	B	O	O	B	O	B	A	A	AB	O	A	O	B	C	B	A
Nh7 Cochiti	A	A	A	O	O	O	AB	D	A	O	O	B	O	C	B	O	O	B	O	B	A	A	A	O	A	O	B	C	B	A
Nh8 Jemez	A	A	A	O	O	O	AB	O	O	O	O	O	O	C	B	O	O	B	O	B	A	A	AB	O	AB	O	B	C	B	A
Nh9 Picuris	A	A	A	O	O	O	AB	O	O	O	O	O	O	C	B	O	O	B	O	B	A	A	AB	O	A	O	B	C	B	A
Nh10 Isleta	A	A	A	O	O	O	AB	O	O	O	O	O	O	C	B	O	O	B	O	B	A	A	O	O	O	O	B	C	B	A
Nh11 Tewa	A	A	A	O	O	O	AB	D	A	O	O	B	O	C	B	O	O	B	O	B	A	A	AB	O	AB	O	B	C	B	A
Nh12 Santa Ana	A	A	A	O	O	O	AB	D	A	O	O	B	O	C	B	O	O	B	O	B	A	A	A	O	A	O	B	C	B	A

Ethnic Units		Map Numbers																												
		70	71	72	73	74	75	76	77	78	79	80	81	82	83	84	87	88	89	90	92	93	94	95	96	97	98	99	100	101	102
Nf3	Omaha	A	B	O	O	O	O	O	B	O	D	O	O	O	O	B	E	B	O	O	O	D	O	AB	B	A	A	A	O	AB	A
Nf4	Miami	A	B	O	O	O	O	O	O	A	O	O	O	O	O	O	C	O	B	O	O	M	A	C	B	A	A	O	O	O	O
Nf5	Wichita	A	B	O	O	O	O	B	B	A	D	O	O	O	O	AB	E	B	O	O	O	K	O	A	O	AB	O	A	O	A	A
Nf6	Pawnee	A	B	O	O	O	O	B	B	A	D	O	O	O	O	B	E	B	O	O	O	D	O	A	O	A	O	A	O	AB	A
Nf7	Fox	A	B	O	O	O	O	B	O	O	O	O	O	O	O	O	B	O	AB	O	O	M	A	O	B	A	A	O	O	O	A
Nf8	Hasinai	A	B	B	O	O	O	B	O	A	O	O	O	O	O	O	F	O	O	A	O	K	O	C	O	AB	O	B	O	O	A
Nf9	Menomini	A	B	O	O	O	O	O	O	O	O	AC	O	O	O	O	B	O	AB	O	O	M	O	O	B	A	A	O	O	O	A
Nf10	Iowa	A	B	O	O	O	O	O	B	A	D	O	O	O	O	B	E	B	O	A	O	D	A	C	B	A	A	A	O	AB	A
Nf11	Oto	A	B	O	O	O	O	B	B	A	D	O	O	O	O	O	E	B	O	O	O	D	O	A	O	A	O	A	O	AB	A
Nf12	Ponca	A	B	O	O	O	O	B	B	O	D	O	O	O	O	B	E	B	O	O	O	D	O	A	O	A	A	A	O	AB	A
Nf13	Shawnee	A	B	O	O	O	O	O	B	A	O	O	O	O	O	O	C	O	AB	A	O	M	A	O	B	A	O	O	O	O	O
Nf14	Caddo	A	B	B	O	O	O	B	O	A	O	O	O	O	O	O	C	O	B	A	O	K	O	C	O	AB	O	B	O	O	A
Ng1	Huron	A	B	B	O	O	O	O	O	O	O	AC	A	O	O	O	B	O	A	O	O	N	A	O	B	O	O	O	O	O	A
Ng2	Seminole	A	B	B	O	O	O	O	A	A	C	O	O	O	O	O	C	AB	B	O	O	L	A	O	B	B	O	AB	O	AB	A
Ng3	Creek	A	B	B	O	O	O	O	A	A	C	O	O	O	O	O	C	AB	B	O	O	L	A	O	B	B	A	AB	O	AB	A
Ng4	Penobscot	A	B	B	O	O	O	O	O	O	O	ABC	AD	O	O	O	B	A	A	O	O	F	A	B	B	O	A	O	O	O	O
Ng5	Cherokee	A	B	B	O	A	O	O	A	A	O	O	O	O	O	O	C	B	AB	O	O	L	A	O	B	O	O	AB	O	O	A
Ng6	Delaware	A	B	B	O	O	O	B	O	A	O	O	O	O	O	O	C	O	AB	O	O	N	A	O	B	O	A	O	O	O	A
Ng7	Natchez	A	B	B	O	O	O	O	A	A	C	O	O	O	O	O	C	O	B	O	O	L	A	O	O	B	A	B	O	O	A
Ng8	Timucua	A	B	B	O	O	O	O	A	A	C	O	O	O	O	O	C	O	B	O	O	L	A	O	O	B	O	B	O	A	A
Ng9	Catawba	A	B	B	O	A	O	O	A	A	O	O	O	O	O	A	C	O	B	O	O	N	A	O	B	B	A	AB	O	O	A
Ng10	Iroquois	A	B	B	O	O	O	O	O	A	O	ABC	AB	O	O	O	B	B	A	O	O	N	A	A	B	O	O	O	O	O	A
Ng11	Yuchi	A	B	B	O	O	O	O	A	A	O	O	O	O	O	O	C	O	AB	O	O	L	A	O	B	B	O	O	O	O	A
Ng12	Choctaw	A	B	B	O	O	O	O	A	A	O	O	O	O	O	O	C	O	B	O	O	L	A	O	B	B	O	AB	O	AB	A
Nh1	Chiricahua	AB	A	B	AB	B	A	B	B	A	D	O	O	O	O	O	F	O	O	A	O	M	O	AB	B	AB	O	A	O	O	O
Nh3	Navajo	AB	B	B	O	O	A	O	C	A	O	O	O	O	O	O	O	O	O	O	O	F	O	A	B	B	O	A	O	B	O
Nh4	Zuni	B	AB	B	A	O	A	O	C	A	B	O	O	O	O	O	O	O	O	O	O	H	A	O	O	O	B	B	O	A	C
Nh5	Maricopa	B	A	O	B	B	A	O	C	A	B	O	O	O	O	O	D	O	O	AB	O	I	A	O	O	B	O	A	O	O	O
Nh6	Taos	AB	B	B	O	O	O	B	C	A	O	A	O	O	O	O	O	O	O	O	O	H	A	O	O	O	O	B	AB	A	C
Nh7	Cochiti	B	B	B	O	O	O	O	O	A	O	O	O	O	O	O	O	O	O	O	O	H	A	O	O	O	O	B	AB	A	C
Nh8	Jemez	AB	B	B	O	O	O	O	O	A	O	O	O	O	O	O	O	O	O	O	O	H	A	O	O	O	O	B	AB	A	C
Nh9	Picuris	AB	B	B	O	O	O	B	C	A	O	A	O	O	O	O	O	O	O	O	O	H	A	O	O	O	O	B	AB	A	C
Nh10	Isleta	B	AB	B	O	O	O	O	O	A	O	O	O	O	O	O	O	O	O	O	O	H	A	O	O	O	O	B	AB	A	C
Nh11	Tewa	AB	AB	B	O	O	O	O	O	A	O	A	O	O	O	O	F	O	O	A	O	H	A	O	O	O	O	B	AB	A	C
Nh12	Santa Ana	B	B	B	O	O	O	O	O	A	O	O	O	O	O	O	O	O	O	O	O	H	A	O	O	O	O	B	AB	A	C

Ethnic Units		104	106	107	108	109	110	111	112	113	114	115	116	117	118	120	121	122	124	125	127	128	130	131	132	133	134	135	136	137	138
Nf3	Omaha	B	A	B	A	O	B	A	B	D	C	AB	O	A	O	A	O	O	O	O	A	A	B	B	A	A	O	O	O	O	D
Nf4	Miami	A	B	B	A	O	C	O	B	D	C	B	O	O	O	E	B	A	O	B	A	B	O	B	A	O	O	O	O	O	O
Nf5	Wichita	A	A	B	A	O	O	A	B	D	C	A	O	O	O	A	O	A	O	O	A	A	B	B	A	A	O	O	O	O	O
Nf6	Pawnee	AB	A	B	A	O	A	A	B	D	C	AB	O	O	O	A	AB	A	O	O	A	BC	B	B	A	A	O	O	O	O	O
Nf7	Fox	O	B	B	A	O	O	A	B	D	C	B	O	O	O	E	B	A	O	AB	A	O	B	B	A	A	O	O	O	O	O
Nf8	Hasinai	A	A	O	B	B	A	O	B	D	C	B	O	O	B	E	O	A	O	O	A	A	B	AB	A	A	O	O	O	O	O
Nf9	Menomini	O	B	B	A	O	O	A	B	D	C	AB	O	O	O	B	B	A	O	AB	A	C	O	B	A	A	O	O	O	A	O
Nf10	Iowa	B	A	B	A	O	C	A	B	D	C	A	O	O	O	A	O	O	O	O	A	O	O	B	A	A	O	O	O	O	O
Nf11	Oto	B	A	B	A	O	C	A	O	D	C	O	O	O	O	A	O	O	O	O	A	O	O	B	A	A	O	O	O	O	O
Nf12	Ponca	B	A	B	A	O	O	A	B	D	C	B	O	O	O	A	O	O	O	O	A	A	O	B	A	A	O	O	O	O	O
Nf13	Shawnee	A	B	B	B	B	C	O	O	D	C	B	O	O	O	E	O	A	O	O	A	BC	O	B	A	O	O	O	O	O	B
Nf14	Caddo	A	A	B	B	B	A	O	B	D	C	B	O	O	B	E	O	A	O	O	A	A	B	B	A	A	O	O	O	O	O
Ng1	Huron	A	A	B	A	O	B	A	B	D	C	B	O	C	O	E	O	A	O	A	A	B	O	B	A	A	O	O	O	O	O
Ng2	Seminole	O	A	B	B	B	O	O	O	D	C	B	O	O	O	E	O	A	O	CD	A	A	B	B	A	A	O	O	O	O	B
Ng3	Creek	O	A	B	B	B	O	O	O	D	C	B	O	O	O	E	O	A	O	CD	A	A	B	B	A	A	O	O	O	O	B
Ng4	Penobscot	A	B	B	A	O	B	A	B	D	C	B	O	C	O	B	O	A	O	O	O	O	O	B	A	A	O	O	O	A	O
Ng5	Cherokee	O	A	B	B	B	A	O	O	D	C	B	O	O	O	E	O	A	B	D	A	A	O	B	A	A	O	O	O	O	B
Ng6	Delaware	A	A	B	B	B	B	A	O	D	C	B	O	O	O	E	O	A	O	O	A	A	O	B	A	A	O	O	O	O	B
Ng7	Natchez	A	A	B	B	B	A	O	B	D	C	B	O	O	B	E	O	A	O	B	A	A	B	O	A	A	A	O	O	O	B
Ng8	Timucua	A	A	B	B	B	B	O	O	O	C	B	O	O	O	E	O	A	O	O	A	A	O	O	A	O	O	O	O	O	O
Ng9	Catawba	O	A	B	B	B	A	O	O	D	C	B	O	O	B	E	O	A	O	O	A	A	O	A	A	O	O	O	O	O	B
Ng10	Iroquois	A	A	B	A	B	B	A	B	D	C	B	O	C	O	E	A	A	O	A	A	A	B	AB	A	A	A	O	O	O	B
Ng11	Yuchi	A	A	B	B	B	O	O	O	D	C	B	O	O	O	E	O	A	O	O	A	A	O	B	A	O	A	O	O	O	B
Ng12	Choctaw	A	A	B	B	B	A	O	O	D	C	B	O	O	B	E	O	A	O	O	A	A	O	B	A	A	O	O	O	O	B
Nh1	Chiricahua	O	AB	B	B	O	O	O	C	O	C	A	O	O	O	E	AB	O	O	O	A	A	B	B	A	A	A	O	O	O	CD
Nh3	Navajo	O	A	B	B	A	O	O	B	O	D	AB	AB	AB	O	E	AB	A	AB	D	A	A	B	A	A	A	A	O	O	O	CD
Nh4	Zuni	C	A	A	C	AB	O	A	C	O	O	A	O	O	O	D	AB	A	AB	D	A	A	B	A	A	A	A	O	O	O	D
Nh5	Maricopa	O	A	A	B	A	O	O	O	O	D	O	B	O	O	D	AB	O	B	D	A	A	B	A	A	A	A	O	O	O	C
Nh6	Taos	C	A	O	C	O	O	O	C	O	C	A	O	O	O	D	AB	A	B	D	A	A	B	A	A	A	O	O	O	O	D
Nh7	Cochiti	C	A	A	C	O	O	O	C	O	C	A	O	O	O	D	AB	A	AB	D	A	A	B	A	A	A	A	O	O	O	D
Nh8	Jemez	C	A	O	C	O	O	O	C	O	C	A	O	O	O	D	AB	A	B	D	A	A	B	A	A	A	A	O	O	O	D
Nh9	Picuris	C	A	O	C	O	O	O	C	O	C	A	O	O	O	D	AB	A	B	D	A	A	B	A	A	A	O	O	O	O	D
Nh10	Isleta	C	A	O	C	O	O	O	C	O	C	A	O	O	O	D	AB	A	B	D	A	A	B	A	A	A	A	O	O	O	D
Nh11	Tewa	C	A	O	C	O	O	O	C	O	C	A	O	O	O	D	AB	A	B	D	A	A	B	A	A	A	A	O	O	O	D
Nh12	Santa Ana	C	A	A	C	O	O	O	C	O	C	A	O	O	O	D	AB	O	AB	D	A	A	B	A	A	A	A	O	O	O	D

Map Numbers

Ethnic Units	Map Numbers																	
	139	140	141	142	143	144	145	146	152	154	156	160	161	162	164	165	166	167
Nf3 Omaha	A	B	O	O	BC	O	O	A	O	B	A	C	B	A	ABC	E	A9	D
Nf4 Miami	O	O	O	O	C	O	O	O	O	A	A	C	B	B	O	D	A9	C
Nf5 Wichita	A	B	O	O	B	O	A	A	O	C	C	A	F	B	ABCDJ		B2	D
Nf6 Pawnee	O	O	O	O	O	O	A	A	O	C	C	B	A	B	O	E	B2	D
Nf7 Fox	A	AB	O	O	C	O	O	A	O	A	A	D	B	A	O	D	A4	C
Nf8 Hasinai	O	O	O	O	O	O	A	A	O	C	O	C	F	B	ABCDJ		B2	D
Nf9 Menomini	A	AB	O	O	C	O	O	A	O	A	A	C	B	A	AB	D	A4	C
Nf10 Iowa	A	O	O	O	C	O	O	A	O	A	A	C	B	A	AC	E	A9	D
Nf11 Oto	O	O	O	O	BC	O	O	A	O	A	A	C	B	A	O	E	A9	D
Nf12 Ponca	O	O	O	O	BC	O	O	A	O	A	A	C	B	A	A	E	A9	D
Nf13 Shawnee	O	O	O	O	C	O	O	O	O	A	A	C	B	A	O	J	A4	C
Nf14 Caddo	O	O	O	O	O	O	A	A	O	C	O	C	C	B	ABCDJ		B2	D
Ng1 Huron	A	O	O	O	C	O	C	AB	O	C	B	C	C	B	O	D	B1	D
Ng2 Seminole	A	O	O	A	C	O	O	O	O	C	B	C	A	B	O	J	A7	C
Ng3 Creek	A	O	O	A	C	O	A	B	O	C	B	C	A	B	O	J	A7	C
Ng4 Penobscot	A	A	O	A	C	O	O	O	O	A	C	D	E	A	O	F	A4	C
Ng5 Cherokee	O	O	O	O	C	O	O	O	O	C	B	C	A	B	O	E	B1	D
Ng6 Delaware	O	O	O	A	C	O	O	AB	O	C	B	A	F	B	O	F	A4	C
Ng7 Natchez	O	O	O	O	C	O	O	AB	O	C	B	D	A	B	O	J	A8	C
Ng8 Timucua	O	O	O	O	C	O	O	O	O	C	B	C	A	B	O	J	E9	H
Ng9 Catawba	O	O	O	O	C	O	O	O	O	A	O	A	E	B	O	K	B	D
Ng10 Iroquois	A	B	O	O	C	O	AC	AB	O	C	B	C	C	B	O	D	B1	D
Ng11 Yuchi	A	O	O	O	C	O	O	O	O	A	B	B	A	B	O	J	B3	D
Ng12 Choctaw	O	O	O	O	C	O	O	A	O	C	B	C	A	B	AB	J	A7	C
Nh1 Chiricahua	A	AC	O	A	AB	O	A	A	O	C	C	D	F	C	AB	C	A1	B
Nh3 Navajo	A	AB	O	A	AB	O	A	AB	O	C	B	C	C	A	A	C	A1	B
Nh4 Zuni	A	AB	O	A	AB	C	AB	A	O	C	B	C	A	A	O	G	D6	F
Nh5 Maricopa	A	AB	O	A	O	C	O	A	O	A	A	D	C	B	O	I	B4	E
Nh6 Taos	AB	A	O	A	AB	O	AB	A	O	B	C	A	E	A	O	G	E	G
Nh7 Cochiti	A	A	O	A	AB	O	AB	A	O	C	B	C	F	A	O	G	E2	H
Nh8 Jemez	O	A	O	A	AB	O	AB	A	O	C	B	A	E	A	O	G	E	G
Nh9 Picuris	AB	A	O	A	AB	O	AB	A	O	B	C	A	E	A	O	G	E	G
Nh10 Isleta	O	A	O	A	AB	O	AB	A	O	B	C	A	F	A	O	G	E	G
Nh11 Tewa	AB	A	O	A	AB	O	AB	A	O	B	C	A	E	A	O	G	E	G
Nh12 Santa Ana	A	A	O	A	AB	O	AB	A	O	C	B	C	F	A	O	G	E2	H

Ethnic Units	Map Numbers 4	5	6	10	11	12	13	14	15	16	17	18	19	20	21	23	25	26	27	28	29	30	31	32	33	34	35	36	37	38
Nh13 Acoma	K	A	O	O	O	O	A	O	O	O	B	O	A	O	O	D	O	O	O	O	O	O	O	A	AC	AB	A	O	O	O
Nh14 Laguna	K	A	O	O	O	O	A	O	O	O	B	O	A	O	O	D	O	O	O	O	O	O	O	A	AC	AB	A	O	O	O
Nh15 Mescalero	F	A	O	O	B	O	A	O	A	O	O	B	A	B	A	D	O	O	O	O	O	B	B	A	ABC	A	A	O	O	O
Nh16 Jicarilla	D	A	O	O	O	B	A	B	A	A	B	B	A	B	A	D	O	O	O	O	O	B	O	A	AC	A	A	O	A	A
Nh17 W. Apache	F	A	O	O	B	O	A	B	B	A	AB	O	A	B	A	D	O	O	O	O	O	AB	AB	A	ABC	A	A	O	ABC	O
Nh18 Hopi	K	A	O	O	B	O	A	O	A	A	B	A	A	O	A	D	O	O	O	O	O	AB	O	A	AC	AB	A	A	ABC	O
Nh19 Cocopa	k	O	O	O	B	B	A	O	O	O	O	A	O	O	B	C	D	O	O	O	O	AC	B	A	ABC	AB	ABC	O	B	O
Nh20 Kamia	I	O	O	O	B	B	O	O	B	O	B	O	O	O	O	D	B	O	O	O	O	A	B	A	ABC	A	AB	O	O	O
Nh21 Mohave	K	O	O	O	B	B	O	O	B	O	O	A	O	O	O	C	D	B	O	O	O	AC	B	A	C	A	AC	O	B	O
Nh22 Yuma	K	O	O	O	O	B	O	O	O	O	O	A	O	O	O	C	B	B	O	O	O	AC	B	A	C	AB	ABC	O	BC	O
Nh23 Keweyipaya	I	O	O	O	B	O	A	B	O	O	O	O	A	O	O	D	O	O	O	O	O	A	B	A	ABC	A	AB	O	O	O
Nh24 Lipan	J	O	O	O	O	O	A	O	O	O	O	B	A	C	O	D	O	O	O	O	O	O	O	A	ABC	O	A	O	O	O
Nh25 Sia	K	A	O	O	B	O	A	O	A	O	AB	B	A	B	A	D	O	O	O	O	O	O	O	A	AC	AB	AB	O	A	O
Ni1 Tarahumara	K	A	O	O	O	O	A	O	A	O	B	A	O	O	AB	C	C	B	B	O	O	A	O	O	AC	AB	A	A	O	A
Ni2 Papago	I	O	O	O	B	O	A	B	O	O	B	B	A	B	A	D	O	O	O	A	B	A	B	A	ABC	AB	ABC	O	BC	A
Ni3 Huichol	K	O	O	O	O	O	O	O	A	O	O	B	O	O	AB	C	C	O	B	O	B	O	O	O	A	AB	A	O	O	A
Ni4 Seri	B	O	O	B	O	O	A	O	O	O	O	O	A	C	O	A	O	O	B	B	O	A	O	A	C	O	O	O	O	O
Ni5 Chichimec	G	A	O	O	O	B	A	O	O	A	B	B	B	O	A	D	O	O	O	O	O	O	O	A	A	A	A	O	O	O
Ni6 Pima	K	O	O	O	B	O	A	O	O	O	O	O	A	O	O	D	O	B	O	A	B	A	B	A	ABC	AB	ABC	O	AC	A
Ni7 Yaqui	K	O	O	O	B	O	A	O	O	O	O	A	A	O	AB	C	A	A	O	O	B	A	B	O	ABC	AB	AC	O	B	A
Nj1 Chinantec	K	A	O	O	O	O	A	O	O	O	O	O	O	O	O	C	O	O	B	B	O	O	O	O	O	AB	A	O	O	A
Nj2 Aztec	K	A	A	O	O	B	A	O	A	O	O	B	B	O	AB	C	C	B	B	O	B	O	O	O	O	AB	A	C	AC	A
Nj3 Popoluca	K	A	A	O	O	B	A	O	O	O	O	B	O	O	AB	C	C	B	B	O	B	O	O	O	O	AB	A	C	AC	A
Nj4 Totonac	K	A	O	O	O	O	A	O	A	O	O	A	O	O	AB	B	B	O	O	O	B	O	O	O	O	AB	A	O	AC	A
Nj5 Mazateco	K	A	O	O	O	O	A	O	O	O	O	O	O	O	O	C	O	O	B	O	O	O	O	O	O	AB	A	C	O	A
Nj6 Huave	B	A	O	O	O	O	O	O	O	O	O	B	O	O	B	A	A	O	B	O	O	O	O	O	O	AB	A	A	O	A
Nj7 Mixe	K	A	O	O	O	O	O	O	O	O	O	B	O	O	AB	C	O	O	B	O	O	O	O	O	O	O	A	O	A	A
Nj8 Tarasco	K	A	A	O	O	O	O	O	O	A	AB	A	B	C	A	C	A	O	B	O	B	O	O	O	O	AB	A	C	A	A
Nj9 Tlaxcalans	K	A	A	O	O	B	A	O	O	O	O	B	B	O	AB	C	C	B	B	O	B	O	O	O	O	AB	A	C	AC	A
Nj10 Zapotec	K	A	O	O	O	O	O	O	O	A	O	B	O	O	AB	C	C	A	B	O	O	O	O	O	O	AB	A	A	A	A
Sa3 Chorti	K	A	O	O	O	O	A	O	O	O	A	A	O	O	AB	C	A	B	O	O	B	O	O	O	O	AB	A	A	AC	A
Sa6 Yucatec Maya	K	A	A	O	B	O	A	O	O	A	A	A	O	C	A	C	C	B	B	A	B	O	O	O	O	AB	A	O	O	A
Sa8 Mam	K	O	O	O	B	O	O	O	O	O	O	O	O	O	O	C	O	O	O	O	O	A	B	A	O	AB	A	A	O	A
Sa10 Lacandon	K	A	O	O	B	O	O	O	O	O	O	O	O	C	O	C	C	O	B	B	B	O	O	O	O	AB	A	O	O	A
Sa13 Quiche	K	A	O	O	B	O	O	O	O	O	O	O	O	O	O	C	O	O	O	O	O	A	B	A	O	AB	A	A	B	A

Ethnic Units	Map Numbers 39	40	41	42	43	44	45	46	47	48	49	50	51	52	53	54	55	56	57	58	59	60	61	62	63	64	65	67	68	69
Nh13 Acoma	A	A	A	O	O	O	AB	D	O	O	O	O	O	C	B	O	O	B	O	B	A	A	O	O	O	O	B	C	B	A
Nh14 Laguna	A	A	A	O	O	O	AB	D	O	O	O	O	O	C	B	O	O	B	O	B	A	A	O	O	O	O	B	C	B	A
Nh15 Mescalero	AB	AB	A	O	O	O	AB	D	A	O	B	AB	O	B	B	O	O	AB	B	O	O	A	AB	BE	AB	O	B	O	B	A
Nh16 Jicarilla	AB	A	A	O	O	O	B	D	O	O	B	AB	O	B	B	O	O	B	O	O	O	A	B	B	AB	O	O	O	B	A
Nh17 W. Apache	AB	AB	A	O	A	O	AB	D	A	O	B	B	O	B	B	O	O	AB	AB	O	O	A	O	O	AB	O	B	O	B	A
Nh18 Hopi	A	A	A	O	O	O	AB	O	A	O	O	B	O	C	B	O	O	B	A	B	A	A	B	A	B	O	B	C	B	A
Nh19 Cocopa	AB	A	A	O	O	O	AB	O	O	A	B	B	A	ABC	B	B	O	B	AB	B	C	A	O	AE	B	O	O	O	B	A
Nh20 Kamia	O	A	A	O	O	O	AB	E	A	A	AB	B	D	AB	B	B	O	B	B	O	C	A	O	AF	B	O	O	B	B	O
Nh21 Mohave	AB	A	A	O	O	O	AB	O	A	A	B	B	A	B	B	B	O	B	A	B	C	A	O	A	O	O	O	O	AB	O
Nh22 Yuma	AB	A	A	O	O	O	B	O	O	A	B	B	D	B	B	B	O	AB	A	B	C	A	O	AE	B	O	O	D	B	O
Nh23 Keweyipaya	AB	AB	A	O	A	O	AB	D	O	A	O	B	O	ABC	B	O	O	A	AB	O	O	A	O	E	O	O	O	O	B	O
Nh24 Lipan	AB	B	O	O	O	O	AB	O	A	O	B	AB	O	O	A	O	O	AB	AB	O	O	O	AB	B	O	O	O	O	B	A
Nh25 Sia	A	A	A	O	O	O	AB	D	A	O	O	B	O	C	B	O	O	B	O	B	A	A	A	O	A	O	B	C	B	A
Ni1 Tarahumara	A	A	A	O	O	O	B	O	A	O	O	B	D	D	O	O	C	B	O	O	F	A	O	E	A	O	O	D	B	A
Ni2 Papago	A	A	A	O	O	O	AB	D	A	AB	B	B	D	ABC	B	O	O	AB	AB	B	C	A	O	AE	AB	O	B	D	B	A
Ni3 Huichol	A	A	A	O	O	O	B	O	A	O	O	B	O	E	O	O	C	B	O	O	C	A	O	E	O	O	B	A	A	A
Ni4 Seri	A	A	A	O	O	O	O	O	O	O	O	B	O	ABC	A	B	O	A	O	O	O	A	O	BC	O	O	O	O	O	O
Ni5 Chichimec	A	A	A	O	O	O	B	O	O	O	O	B	O	E	O	O	O	B	O	O	O	A	A	O	O	O	B	O	O	O
Ni6 Pima	A	A	A	O	O	O	AB	D	A	AB	B	AB	A	ABC	B	O	O	AB	AB	B	O	A	O	AE	AB	O	B	A	AB	A
Ni7 Yaqui	A	A	A	O	O	O	B	O	A	A	O	B	D	D	B	B	C	B	A	B	AF	A	A	E	O	O	B	A	AB	A
Nj1 Chinantec	A	AB	A	O	O	O	O	O	O	O	O	B	O	E	O	O	C	B	O	O	F	A	O	O	O	O	O	A	A	A
Nj2 Aztec	A	A	A	O	O	O	B	O	A	O	O	B	O	E	O	O	C	B	O	O	F	A	O	O	O	O	B	A	AB	ABC
Nj3 Popoluca	A	A	A	O	O	O	B	O	O	O	O	B	O	E	O	O	C	B	O	O	F	A	A	E	O	O	B	A	A	ABC
Nj4 Totonac	A	A	A	O	O	O	O	O	A	O	O	B	O	E	O	O	C	B	O	O	AF	A	A	E	O	O	O	A	A	AC
Nj5 Mazateco	A	A	A	O	O	O	O	O	O	O	O	B	O	E	O	O	C	B	O	O	F	A	O	O	O	O	O	A	A	A
Nj6 Huave	A	A	A	O	O	O	O	O	A	O	O	B	O	E	O	O	C	B	O	O	O	A	O	O	O	O	B	A	A	A
Nj7 Mixe	A	A	A	O	O	O	O	O	O	O	O	B	O	E	A	O	C	B	O	O	F	A	O	O	O	O	B	A	A	A
Nj8 Tarasco	A	A	A	O	O	O	O	O	A	O	O	B	O	E	O	O	C	B	O	O	F	A	O	O	O	O	B	A	A	A
Nj9 Tlaxcalans	A	A	A	O	O	O	B	O	O	O	O	B	O	E	O	O	C	B	O	O	F	A	A	E	O	O	B	A	A	ABC
Nj10 Zapotec	A	A	A	O	O	O	A	O	A	O	O	B	O	E	O	O	C	B	O	O	O	A	O	O	O	O	B	A	A	A
Sa3 Chorti	A	A	A	O	O	O	O	O	B	O	O	B	B	E	A	O	C	B	O	O	AF	A	O	O	O	O	B	A	A	A
Sa6 Yucatec Maya	A	A	A	O	O	O	AB	O	A	O	O	B	O	BE	A	A	C	B	O	O	AF	A	A	E	O	O	B	A	A	A
Sa8 Mam	A	A	A	O	O	O	AB	O	A	O	O	B	O	E	A	O	C	B	O	O	O	A	A	O	O	O	O	A	A	A
Sa10 Lacandon	A	A	A	O	O	O	O	O	O	O	O	B	O	E	A	A	O	B	O	O	O	A	A	O	O	O	O	A	A	A
Sa13 Quiche	A	A	A	O	O	O	AB	O	A	O	O	B	O	E	A	O	C	B	O	O	O	A	A	O	O	O	O	A	A	A

Ethnic Units	Map Numbers 70	71	72	73	74	75	76	77	78	79	80	81	82	83	84	87	88	89	90	92	93	94	95	96	97	98	99	100	101	102
Nh13 Acoma	B	B	B	O	O	O	O	O	A	O	O	O	O	O	O	O	O	O	O	O	H	A	O	O	O	B	B	O	A	C
Nh14 Laguna	B	B	B	O	O	O	O	O	A	O	O	O	O	O	O	O	O	O	O	O	H	A	O	O	O	B	B	O	A	C
Nh15 Mescalero	A	O	B	AB	B	A	AB	B	A	D	O	O	O	O	AB	F	O	O	A	O	F	O	A	B	AB	O	A	O	O	O
Nh16 Jicarilla	AB	B	B	A	O	A	O	O	A	D	O	O	O	O	AB	F	O	O	A	O	G	O	A	O	A	O	O	O	O	O
Nh17 W. Apache	AB	A	B	AB	O	A	O	C	A	O	O	O	O	O	O	F	O	O	A	O	M	A	B	B	AB	O	A	O	B	O
Nh18 Hopi	B	AB	B	O	O	O	O	C	A	O	O	O	O	O	O	O	O	O	O	O	H	A	A	O	B	B	B	O	A	C
Nh19 Cocopa	B	A	O	O	B	A	O	C	AB	B	O	O	O	O	O	D	O	O	AB	O	E	A	O	O	B	O	A	O	O	O
Nh20 Kamia	B	AB	B	O	O	O	O	C	AB	B	O	O	O	O	O	D	O	O	B	O	M	AB	O	O	B	O	A	O	O	O
Nh21 Mohave	B	O	B	O	B	O	O	C	AB	O	O	O	O	O	O	D	O	O	AB	O	E	A	O	O	B	O	A	O	O	O
Nh22 Yuma	B	A	B	O	B	O	O	C	AB	B	O	O	O	O	O	D	O	O	AB	O	E	AB	O	O	B	O	A	O	O	O
Nh23 Keweyipaya	B	O	O	O	O	A	O	O	A	O	O	O	O	O	O	D	O	O	O	O	M	O	O	O	B	O	A	O	B	O
Nh24 Lipan	AB	A	B	O	O	A	AB	B	O	D	O	O	O	O	AB	E	B	O	O	O	F	O	A	O	AB	O	O	O	O	O
Nh25 Sia	B	B	B	O	O	O	O	O	A	O	O	O	O	O	O	O	O	O	O	O	H	A	O	O	O	O	B	AB	A	C
Ni1 Tarahumara	B	A	O	A	C	A	B	B	A	O	O	O	O	O	O	D	O	O	B	A	H	A	O	O	B	B	B	AB	O	A
Ni2 Papago	B	A	O	AB	B	A	O	O	AB	O	O	O	O	O	O	O	O	O	O	O	M	A	O	O	B	O	A	O	O	O
Ni3 Huichol	B	A	B	A	C	A	O	O	A	B	O	O	O	O	O	O	O	O	O	O	J	A	O	O	B	B	O	A	O	O
Ni4 Seri	B	O	O	AB	B	O	O	O	AB	O	O	O	O	O	O	D	O	O	B	A	M	A	O	O	B	O	O	O	O	O
Ni5 Chichimec	O	O	O	AB	B	A	B	O	B	O	O	O	O	O	O	O	O	O	O	O	L	A	O	O	AB	B	O	O	O	O
Ni6 Pima	B	A	O	AB	BC	A	B	C	AB	O	O	O	O	O	O	F	O	O	A	O	I	A	AB	O	B	O	A	O	O	O
Ni7 Yaqui	B	A	B	AB	BC	A	O	O	AB	B	O	O	O	O	O	C	O	B	AB	B	H	A	O	O	B	A	B	O	O	O
Nj1 Chinantec	B	A	B	A	C	A	O	E	B	O	O	O	O	O	O	O	O	O	B	O	J	A	O	O	B	B	B	O	O	A
Nj2 Aztec	AB	AB	B	AB	C	A	B	CDE	B	C	O	O	O	O	O	C	O	B	O	O	H	A	O	O	B	B	B	AB	C	A
Nj3 Popoluca	AB	AB	B	A	C	A	B	CDE	B	C	O	O	O	O	O	C	O	B	O	O	H	A	O	O	B	B	B	AB	O	A
Nj4 Totonac	AB	A	B	A	O	O	O	O	A	O	O	O	O	O	O	C	O	B	O	O	L	A	O	O	B	B	B	O	O	A
Nj5 Mazateco	B	A	B	A	C	A	O	E	B	O	O	O	O	O	O	O	O	O	O	O	J	A	O	O	B	B	B	O	O	A
Nj6 Huave	B	A	B	O	O	A	O	O	B	O	O	O	O	O	O	C	O	B	B	O	J	A	O	O	B	O	B	A	O	AC
Nj7 Mixe	B	A	O	A	O	O	O	D	A	O	O	O	O	O	O	O	O	O	B	O	J	A	O	O	B	O	B	A	O	O
Nj8 Tarasco	AB	AB	B	A	C	A	B	O	A	C	O	O	O	O	O	C	O	B	B	O	J	A	O	O	B	B	B	A	O	A
Nj9 Tlaxcalans	AB	AB	B	AB	C	A	B	CDE	B	C	O	O	O	O	O	C	O	B	O	O	H	A	O	O	B	B	B	AB	O	A
Nj10 Zapotec	B	A	B	A	O	O	O	DE	AB	O	O	O	O	O	O	D	O	O	B	O	J	A	O	O	B	B	B	A	C	AC
Sa3 Chorti	A	A	B	O	C	O	O	O	AB	O	O	O	O	O	O	C	O	B	O	O	J	A	O	O	B	B	B	O	C	O
Sa6 Yucatec Maya	B	A	O	A	C	O	O	O	AB	O	O	O	O	O	O	C	O	B	O	O	J	AB	O	O	B	B	B	O	C	C
Sa8 Mam	B	A	O	O	O	O	O	O	O	O	O	O	O	O	O	O	O	O	O	O	J	A	O	O	B	O	B	O	O	O
Sa10 Lacandon	B	A	O	O	C	O	O	O	O	O	O	O	O	O	O	C	O	B	O	O	L	A	O	O	B	O	B	O	C	O
Sa13 Quiche	B	A	O	O	O	O	O	O	O	O	O	O	O	O	O	O	O	O	O	O	J	A	O	O	B	O	B	O	O	O

Ethnic Units	Map Numbers																													
	104	106	107	108	109	110	111	112	113	114	115	116	117	118	120	12_	122	124	125	127	128	130	131	132	133	134	135	136	137	138
Nh13 Acoma	C	A	A	C	O	O	O	C	O	O	A	O	O	O	D	AB	O	B	D	A	A	B	A	A	A	O	O	O	O	D
Nh14 Laguna	C	A	A	C	O	O	O	C	O	O	A	O	O	O	D	AB	O	B	D	A	A	B	A	A	A	O	O	O	O	D
Nh15 Mescalero	O	AB	B	C	A	O	O	C	O	C	AB	O	O	O	E	AB	O	O	O	A	O	B	B	A	A	O	O	O	O	D
Nh16 Jicarilla	O	B	B	A	O	O	O	B	O	C	AB	O	O	O	A	B	O	O	O	A	A	B	B	O	A	A	O	O	O	D
Nh17 W. Apache	O	AB	B	B	A	O	O	C	O	C	A	AB	A	O	E	AB	A	O	O	A	A	B	A	A	A	A	O	O	O	CD
Nh18 Hopi	C	A	A	C	A	O	A	C	O	C	A	B	O	O	D	AB	A	AB	D	A	A	B	A	A	A	O	O	O	O	D
Nh19 Cocopa	O	A	O	B	A	O	O	O	O	O	O	O	O	O	D	AB	O	O	B	A	A	B	A	O	A	O	O	O	O	O
Nh20 Kamia	O	A	O	B	AB	O	O	O	O	O	O	A	O	O	E	AB	O	O	C	A	A	B	A	O	A	A	O	O	O	O
Nh21 Mohave	O	A	O	B	A	O	O	O	O	O	A	O	O	O	D	AB	O	O	B	A	A	B	AB	A	A	A	O	O	O	O
Nh22 Yuma	O	A	O	B	A	O	O	O	O	O	O	A	O	O	D	AB	A	O	C	A	A	B	A	A	A	A	O	O	O	O
Nh23 Keweyipaya	O	O	B	B	A	O	O	C	O	D	A	B	B	O	E	AB	A	A	C	A	A	B	A	A	A	A	O	O	O	O
Nh24 Lipan	O	B	B	A	O	O	O	B	O	C	A	O	O	O	A	A	A	O	O	A	O	B	B	A	A	O	O	O	O	D
Nh25 Sia	C	A	A	C	O	O	O	C	O	C	A	O	O	O	D	AB	A	AB	D	A	A	B	A	A	A	A	O	O	O	D
Ni1 Tarahumara	O	A	O	C	O	O	O	O	O	O	O	AB	O	O	D	O	A	AB	D	A	A	O	O	O	A	A	O	O	O	O
Ni2 Papago	O	A	O	C	A	O	O	O	O	O	A	AB	O	O	E	AB	A	AB	D	A	A	B	A	O	A	A	O	O	O	O
Ni3 Huichol	O	A	O	C	O	B	O	E	O	O	O	AB	O	O	D	O	A	AB	D	A	A	O	O	O	A	O	O	O	O	O
Ni4 Seri	O	A	O	B	B	B	O	O	O	O	O	A	O	O	E	B	A	AB	D	A	A	O	O	O	A	A	O	O	O	O
Ni5 Chichimec	O	A	B	B	O	O	O	E	O	O	O	AB	O	O	E	O	A	B	D	A	A	O	B	O	A	O	O	O	O	O
Ni6 Pima	O	A	O	C	A	O	O	O	O	D	A	AB	O	O	D	B	A	AB	CD	A	A	B	A	O	A	O	O	O	O	O
Ni7 Yaqui	O	A	O	C	A	O	O	O	O	O	O	A	O	O	D	A	A	B	D	A	AB	O	A	O	A	O	O	O	O	O
Nj1 Chinantec	O	A	B	C	O	O	O	O	O	O	O	AB	O	O	D	O	A	B	D	A	AC	O	O	B	A	O	O	O	O	A
Nj2 Aztec	AD	A	B	C	AB	B	BC	D	O	O	O	AB	O	B	D	O	A	B	D	A	AC	O	A	B	A	O	O	O	O	A
Nj3 Popoluca	AD	A	B	C	AB	B	C	O	O	O	O	AB	O	B	D	O	A	B	D	A	AC	O	A	B	A	O	O	O	O	A
Nj4 Totonac	AD	A	B	C	O	O	O	E	O	O	O	AB	O	O	D	B	A	B	D	A	AB	O	O	B	A	O	O	O	O	O
Nj5 Mazateco	O	A	B	C	O	O	O	D	O	O	O	AB	O	O	D	O	A	B	D	A	AC	O	O	B	A	A	O	O	O	A
Nj6 Huave	O	A	O	C	B	O	O	D	O	O	O	AB	O	O	D	O	A	B	D	A	AC	O	O	B	A	O	O	O	O	A
Nj7 Mixe	O	A	B	C	O	O	O	D	O	O	O	A	O	O	D	O	A	B	D	A	AB	O	O	B	A	O	O	O	O	A
Nj8 Tarasco	D	A	B	C	B	B	C	D	O	O	O	A	O	B	D	O	A	B	D	A	AC	O	O	B	A	O	O	O	O	A
Nj9 Tlaxcalans	AD	A	AB	C	AB	B	C	O	O	O	O	AB	O	B	D	O	A	B	D	A	AC	O	A	B	A	O	O	O	O	A
Nj10 Zapotec	D	A	B	C	B	O	O	D	O	O	O	AB	O	O	D	O	A	B	D	A	AB	O	O	B	A	A	O	O	O	AB
Sa3 Chorti	O	A	O	C	O	O	O	O	O	O	O	AB	O	O	D	O	A	AB	D	A	A	O	O	B	A	O	O	O	O	A
Sa6 Yucatec Maya	AD	A	B	C	O	O	BC	D	D	O	O	A	O	B	D	B	A	AB	D	A	AB	O	O	B	A	O	O	O	O	A
Sa8 Mam	O	A	B	C	O	O	O	D	O	O	O	AB	O	B	D	O	A	B	D	A	AC	O	O	B	A	O	A	O	O	A
Sa10 Lacandon	O	A	AB	C	O	O	BC	D	O	O	O	A	O	O	D	O	A	AB	D	A	B	O	O	O	A	O	O	O	O	A
Sa13 Quiche	O	A	B	C	O	O	O	D	O	O	O	AB	O	O	D	O	A	B	D	A	AC	O	O	B	A	O	A	O	O	A

Ethnic Units	Map Numbers																
	139	140	141	142	143	144	145	146	152	154	156	160	161	162	164	165	166	167
Nh13 Acoma	O	AC	O	A	AB	O	AB	A	O	C	B	C	A	A	O	G	E2	H
Nh14 Laguna	O	AC	O	A	AB	O	AB	A	O	C	B	C	A	A	O	G	E2	H
Nh15 Mescalero	AB	AC	O	A	B	O	A	A	O	C	C	D	F	C	A	C	A1	B
Nh16 Jicarilla	AB	AB	O	A	B	O	A	A	O	C	C	C	C	A	AC	C	A1	B
Nh17 W. Apache	AB	C	O	A	B	O	A	A	O	C	B	D	C	C	A	C	A1	B
Nh18 Hopi	AB	AB	O	A	A	O	AB	A	O	C	B	C	A	A	O	G	E1	G
Nh19 Cocopa	AB	AB	O	A	O	C	O	A	O	A	A	D	C	C	O	I	B4	E
Nh20 Kamia	AB	O	O	A	A	C	O	A	O	A	A	D	C	C	O	I	B4	E
Nh21 Mohave	AB	AB	O	A	A	C	O	A	O	A	A	D	F	C	O	I	B4	E
Nh22 Yuma	AB	B	O	A	O	C	O	A	O	A	A	D	C	C	O	I	B4	E
Nh23 Keweyipaya	A	AC	O	A	O	C	O	O	O	C	C	D	C	B	O	I	B4	E
Nh24 Lipan	A	AC	O	A	B	O	A	A	O	C	C	D	F	A	O	C	A1	B
Nh25 Sia	A	A	O	A	AB	O	AB	A	O	C	B	C	A	A	O	G	E2	H
Ni1 Tarahumara	A	AB	A	A	O	O	O	O	O	A	C	D	F	A	O	G	E1	G
Ni2 Papago	A	A	O	A	O	C	O	A	O	A	C	D	F	A	O	I	E1	G
Ni3 Huichol	O	O	O	A	O	O	O	B	O	A	C	O	F	A	O	G	E1	G
Ni4 Seri	B	C	A	A	O	C	A	A	O	A	C	O	F	A	ABC	I	B5	E
Ni5 Chichimec	O	B	O	A	O	O	O	O	O	B	C	A	F	A	O	G	F1	I
Ni6 Pima	A	AB	O	A	O	C	O	A	O	A	C	D	C	A	O	I	E1	G
Ni7 Yaqui	A	AC	O	O	O	C	O	A	O	A	C	D	F	A	O	I	E1	G
Nj1 Chinantec	O	O	A	O	A	D	O	O	O	A	C	A	F	A	O	L	F3	I
Nj2 Aztec	B	B	A	A	A	D	ABC	AB	O	A	C	A	F	A	O	L	E1	G
Nj3 Popoluca	B	B	A	A	A	D	ABC	AB	O	A	C	A	F	A	O	L	D7	F
Nj4 Totonac	O	O	A	O	A	D	B	AB	O	A	C	A	F	A	O	L	D8	F
Nj5 Mazateco	O	O	A	O	A	D	O	O	O	A	C	A	F	A	O	L	F2	I
Nj6 Huave	O	O	A	A	A	D	A	A	O	A	C	A	F	A	O	M	D9	F
Nj7 Mixe	O	O	A	O	O	D	O	O	O	A	C	A	F	A	O	M	D7	F
Nj8 Tarasco	O	O	A	A	O	D	BC	A	O	A	C	A	D	A	O	G	F	H
Nj9 Tlaxcalans	B	B	A	A	A	D	ABC	AB	O	A	C	A	F	A	O	L	E1	G
Nj10 Zapotec	O	O	A	A	A	D	A	A	O	A	C	D	F	A	O	M	F4	I
Sa3 Chorti	O	O	A	O	O	O	O	O	O	B	C	A	F	A	O	M	F5	F
Sa6 Yucatec Maya	O	O	A	A	A	D	B	AB	C	A	A	C	F	A	O	M	F5	F
Sa8 Mam	A	A	A	O	O	D	B	O	O	A	A	D	F	A	O	M	F5	F
Sa10 Lacandon	A	A	A	O	O	O	B	O	C	A	A	O	D	A	O	M	F5	F
Sa13 Quiche	A	A	A	O	O	D	B	O	O	A	A	O	F	A	O	M	F5	F

BIBLIOGRAPHY

BY ETHNIC UNIT

Achomawi: Dixon, 1908; Garth, 1953; Gifford, 1922; Kniffen, 1928; Kroeber, 1925*a*; Voegelin, 1942.
Acoma: Curtis, 1930(16); Eggan, 1950; White, 1930, 1943.
Agaiduka: Stewart, 1939, 1941.
Aleut: Jochelson, 1933.
Alkatcho: Morice, 1893; Ray, 1942.
Alsea: Barnett, 1937; Drucker, 1939.
Angmagsalik: Holm, 1911; Thalbitzer, 1912, 1941.
Arapaho: Eggan, 1955; Kroeber, 1902–1907.
Arikara: Curtis, 1930(5); Ewers, 1950; Macgowan, 1942.
Assiniboin: Curtis, 1930(3); Denig, 1930; Ewers, 1952; Lowie, 1910; Riggs, 1893; Rodnick, 1938.
Atsugewi: Dixon, 1908; Garth, 1953; Kroeber, 1925*a;* Voegelin, 1942.
Attawapiskat: Honigmann, 1956.
Aztec: Lumholtz, 1902.
Baffinland: Boas, 1888, 1901–1907.
Beaver: Goddard, 1916.
Bellabella: Curtis, 1930(10); Drucker, 1950.
Bellacoola: Drucker, 1950; Jorgensen, 1969; McIlwraith, 1948.
Blackfoot: Curtis, 1930(6); Ewers, 1945*a*, 1945*b*, 1955, 1958; Wissler, 1910, 1912.
Blood: Ewers, 1958; Steward, 1934.
Bohogue: Lowie, 1908; Steward, 1938, 1943.
Bungi: Howard, 1965*a;* Skinner, 1914*a;* 1914*b*.
Caddo: Parsons, 1941; Spier, 1924; Swanton, 1942, 1946.
Cahuilla: Drucker, 1937; Gifford, 1922; Hooper, 1920; Kroeber, 1908, 1925*a;* Strong, 1929*a*.
Caribou Eskimo: Birket-Smith, 1929.
Carrier: Morice, 1893; Ray, 1942.
Catawba: Lawson, 1860; Speck, 1935*a*, 1938, 1946; Speck and Schaeffer, 1942; Swanton, 1946.
Chemeheuvi: Lowie, 1924; Stewart, 1942.
Cherokee: Bartram, 1853; Gilbert, 1943, 1955; Mooney, 1932; Speck, 1920.
Cheyenne: Grinnell, 1923; Hoebel, 1960; Jablow, 1951.
Chichimec: Driver and Driver, 1963.
Chilcotin: Morice, 1893; Ray, 1942.
Chimariko: Dixon, 1910; Driver, 1939; Kroeber, 1925*a*.
Chinantec: Lumholtz, 1902; Starr, 1901; Weitlaner, 1940.
Chinook: Drucker, 1965; Ray, 1938, 1942.
Chipewyan: Birket-Smith, 1930; Curtis, 1930(18).
Chippewa: Densmore, 1929; Jenks, 1898; Kinietz, 1940, 1947.
Chiracahua: Castetter and Opler, 1936; Gifford, 1940; Opler, 1941, 1955.
Choctaw: Swanton, 1931, 1946.
Chorti: Delgado, 1963; Tozzer, 1907; Wisdom, 1940.
Chugach: Curtis, 1930(20); Nelson, 1899.
Chumash: Harrington, 1942; Kroeber, 1925*a*.
Coast Yuki: Essene, 1942; Gifford, 1939; Kroeber, 1925*a*.
Cochiti: Dumorest, 1919; Gifford, 1940; Goldfrank, 1927; Lange, 1959.
Cocopa: Gifford, 1933.
Cœur D'Alene: Jorgensen, 1969; Ray, 1942; Teit, 1930.
Comanche: Curtis, 1930(19); Hoebel, 1939; Secoy, 1951; Shimkin, 1940; Wallace and Hoebel, 1952.
Comox: Barnett, 1939, 1955; Jorgensen, 1969.
Coos: Barnett, 1937; Jacobs, 1939.
Copper Eskimo: Jenness, 1922, 1946.
Cowichan: Barnett, 1939, 1955; Jorgensen, 1969.
Creek: Bartram, 1853, 1958; Speck, 1907; Swanton, 1925, 1946.
Crow: Ewers, 1953; Lowie, 1912, 1922, 1956*a*.
Cupeno: Drucker, 1937; Kroeber, 1908, 1925*a;* Strong, 1929*a;* Underhill, 1941.
Delaware: Harrington, 1913; Herman, 1950; Kinietz, 1946; MacLeod, 1922.
Dieguено: Drucker, 1937, 1941; Spier, 1923; Waterman, 1910.
Dogrib: Osgood, 1931.
Eastern Cree: Skinner, 1911.
Eastern Mono: Aginsky, 1943; Driver, 1937; Steward, 1933.
Eastern Ojibwa: Bloomfield, 1957.
Eastern Pomo: Barrett, 1952; Essene, 1942; Gifford and Kroeber, 1937; Krober and Barrett, 1960; Loeb, 1926; Stewart, 1943.
Eyak: Birket-Smith and de Laguna, 1938.
Flathead: Jorgensen, 1969; Ray, 1942; Teit, 1930; Turney-High, 1937.
Fox: Jones, 1939; Michelson, 1927–1930.
Gabrielino: Harrington, 1942; Johnston, 1955–1956.
Gosiute: Steward, 1943.
Greenlandeea: Birket-Smith, 1924.
Gros Ventre: Flannery, 1953; Kroeber, 1907.
Haida: Drucker, 1950; Murdock, 1934*a*; Swanton, 1909.
Haisla: Drucker, 1950; Olson, 1940.
Hasinai: Griffiith, 1954; Swanton, 1946.
Havasupai: Spier, 1928.
Hidatsa: Lowie, 1915, 1917*b;* Will and Hyde, 1917; Wilson, 1917, 1928, 1934.
Hopi: Beaglehole, 1937; Curtis, 1930(12); Eggan, 1950; Gifford, 1940; Hough, 1915; Titiev, 1944.
Huave: Starr, 1901.
Huchnom: Essene, 1942; Foster, 1944.
Huichol: Klineberg, 1934; Lumholtz, 1902.
Hukundika: Steward, 1943.
Hupa: Driver, 1939; Goddard, 1903; Kroeber and Gifford, 1949.
Huron: Kinietz, 1940; Sagard-Théodat, 1939; Speck, 1911.
Iglulik: Mathiassen, 1928.
Ingalik: Osgood, 1940.
Iowa: Skinner, 1926.
Iroquois: Lyford, 1943; Morgan, 1901; Noon, 1949; Parker, 1910; Speck, 1945; Waugh, 1916.
Isleta: Parsons, 1930.
Jemez: Parsons, 1925.
Jicarilla: Gifford, 1940; Opler, 1936, 1943, 1946.
Kaibab: Kelly, 1934; Lowie, 1924; Stewart, 1942.
Kalispel: Ray, 1942; Teit, 1930.
Kamia: Gifford, 1931; Kroeber, 1920.
Karankawa: Gatschet, 1891; Newcomb, 1956; Schaedel, 1949.
Karok: Driver, 1939; Harrington, 1932; Kelly, 1936; Kroeber, 1925*a;* Kroeber and Gifford, 1949; O'Neale, 1932.
Kaska: Honigmann, 1949, 1954; Teit, 1956.
Katikitegon: Jenks, 1898; Kinietz, 1940.
Kawaiisu: Driver, 1937; Zigmond, 1938.
Keweyipaya: Gifford, 1936.
Kidutokado: Kelly, 1932; Stewart, 1939, 1941.
Kiliwa: Drucker, 1941; Meigs, 1939.
Kiowa: Lowie, 1923, 1953, 1956*b;* Mooney, 1896; Richardson, 1940.
Kiowa-Apache: Brant, 1949, 1953; McAllister, 1955.
Klahuse: Barnett, 1939, 1955; Jorgensen, 1969.
Klallam: Gunther, 1927.
Klamath: Barrett, 1910; Spier, 1930; Voegelin, 1942.
Klikitat: Ray, 1942.
Kutchin: Osgood, 1936.

Kutenai: Ray, 1942; Turney-High, 1941.
Kuyuidokado: Stewart, 1939, 1941.
Kwakiutl: Boas, 1925; Codere, 1950; Drucker, 1950.
Labrador: Hawkes, 1916; Turner, 1894 .
Lacandon: Tozzer, 1907.
Laguna: Curtis, 1930(161); Eggan, 1959; Parsons, 1918.
Lake Miwok: Kroeber, 1925*a*.
Lake Yokuts: Driver, 1937; Gayton, 1948*a;* Kroeber, 1925*a;* Latta, 1949.
Lassik: Baumhoff, 1958; Driver, 1939; Essene, 1942.
Lillooet: Ray, 1942; Teit, 1906.
Lipan: Gifford, 1940; Opler, 1940; Sjoberg, 1953.
Luiseno: Drucker, 1937; Sparkman, 1908; Strong, 1929*a*.
Lummi: Stern, 1934; Suttles, 1954.
Maidu: Dixon, 1905; Kroeber and Barrett, 1960; Voegelin, 1942.
Makah: Colson, 1953; Swan, 1868.
Mam: Coe and Flannery, 1967; Delgado, 1963; Tozzer, 1907.
Mandan: Bowers, 1950; Lowie, 1917*a;* Will and Spinden, 1906; Will and Hyde, 1917.
Maricopa: Spier, 1933.
Mattole: Baumhoff, 1958; Essene, 1942; Nomland, 1938.
Mazateco: Lumholtz, 1902; Starr, 1901.
Menomini: Hoffman, 1893; Skinner, 1913, 1921.
Mescalero: Castetter and Opler, 1936; Curtis, 1930(1); Gifford, 1940.
Miami: Kinietz, 1940; Trowbridge, 1938.
Micmac: Denys, 1908; LeClercq, 1910; Speck, 1915*a*.
Miwok: Aginsky, 1943; Barrett and Gifford, 1933; Gifford, 1955.
Mixe: Beals, 1945; Schneider, 1930; Starr, 1901.
Modoc: Barrett, 1910; Voegelin, 1942.
Mohave: Kroeber, 1925*a;* Wallace, 1955.
Monachi: Aginsky, 1943; Driver, 1937; Gayton, 1948*b;* Gifford, 1932*b*.
Montagnais: Lane, 1952; Leacock, 1954; Lips, 1947*b;* Turner, 1894.
Nabesna: McKennan, 1959.
Naskapi: Lips, 1947*a;* 1947*b;* Speck, 1935*b;* Strong, 1929*b*, 1930; Turner, 1894.
Natchez: Swanton, 1911.
Navajo: Amsden, 1949; Gifford, 1940; Haile, 1954; Hill, 1938; Kluckholn and Leighton, 1946; Kluckholn *et al.*, 1971.
Nez Perce: Spinden, 1908.
Nipigon: Cameron, 1890; Skinner, 1911.
Nisenan: Beals, 1933; Kroeber, 1925*b;* Voegelin, 1942.
Nomlaki: Goldschmidt, 1951; Kroeber, 1932; Voegelin, 1942.
Nootka: Drucker, 1951, 1965; Rosman and Rubel, 1971.
Northern Pomo: Barrett, 1952; Essene, 1942; Gifford and Kroeber, 1937; Kroeber and Barrett, 1960; Loeb, 1926; Stewart, 1943.
Northern Salteaux: Hallowell, 1938; Skinner, 1911.
Nunamiut: Nelson, 1899; Murdock, 1892; Spencer, 1959.
Nunivak: Nelson, 1899.
Ojibwa: Jenks, 1898; Jenness, 1935; Kinietz, 1940; Landes, 1937.
Omaha: Dorsey, 1882; Fletcher and La Flesche, 1906.
Oto: Whitman, 1937.
Ottawa: Kinietz, 1940; Perrot, 1911.
Panamint: Driver, 1937; Steward, 1938, 1941.
Papago: Castetter and Bell, 1942; Drucker, 1941; Hoover, 1935; Underhill, 1939.
Patwin: Kroeber, 1932; McKern, 1922; Voegelin, 1942.
Pawnee: Hyde, 1951; Lesser, 1933.
Pekangekum: Janks, 1898.
Penobscot: Speck, 1940; Vetromile, 1866.
Picuris: Curtis, 1930(26); Parsons, 1939.
Piegan: Ewers, 1958; Wissler, 1910.
Pima: Castetter and Bell, 1942; DiPeso, 1953, 1956; Russell, 1908.
Plains Cree: Mandelbaum, 1940.
Polar Eskimo: Rasmussen, 1908; Steensby, 1910.
Ponca: Howard, 1965*b;* McGee, 1894.
Popoluca: Foster, 1940.
Potawatomi: Ritzenthaler, 1953; Skinner, 1924–1927.
Puyallup: Haeberlin, 1930; Smith, 1940.
Quiche: Coe and Flannery, 1967; Delgado, 1963; Rodas and Rodas, 1940; Tozzer, 1907.
Quileute: Pettit, 1950.
Quinault: Olson, 1936.
Rainy River: Skinner, 1911.
Salinan: Harrington, 1942; Mason, 1912.
San Juan: Gifford, 1940; Parsons, 1929.
Sanpoil: Ray, 1932, 1942.
Santa Ana: Gifford, 1940; White, 1942.
Santee: Riggs, 1893; Skinner, 1919; Wallis, 1947; Winchell, 1911.
Sarsi: Curtis, 1930(18); Jenness, 1938.
Satudene: Osgood, 1931.
Sekani: Jenness, 1937.
Seminole: MacCauley, 1884; Swanton, 1946.
Seri: Kroeber, 1931*b;* McGee, 1898.
Serrano: Benedict, 1924; Drucker, 1937; Strong, 1929.
Shasta: Dixon, 1907; Holt, 1946; Kroeber and Barrett, 1960; Voegelin, 1942.
Shawnee: Trowbridge, 1939; Voegelin, 1941; Voegelin and Neumann, 1948.
Shivwitz: Kelly, 1934; Stewart, 1942.
Shuswap: Ray, 1942; Teit, 1909.
Sia: Curtis, 1930(16); Gifford, 1940; White, 1944, 1945.
Sinkaietk Spier, *et al.*, 1938; Teit, 1930.
Sinkyone: Baumhoff, 1958; Essene, 1942; Nomland, 1935, 1938.
Siuslaw: Barnett, 1937.
Slave: Honigmann, 1946.
Southern Pomo: Barrett, 1952; Essene, 1942; Gifford and Kroeber, 1937; Kroeber and Barrett, 1960; Loeb, 1926; Stewart, 1943.
Southern Ute: Opler, 1940; Stewart, 1942.
Spring Valley: Steward, 1941.
Squamish: Barnett, 1939, 1955.
Stalo: Duff, 1953.
Tahltan: Emmons, 1911.
Takelma: Sapir, 1907.
Tanaina: Osgood, 1937.
Taos: Parsons, 1936.
Tarahumara: Bennett and Zingg, 1935; Lumholtz, 1902; Passin, 1943.
Tarasco: Beals, 1946; Starr, 1901.
Tareumiut: Murdock, 1892; Spencer, 1959.
Tenino: Murdock, 1938, 1958; Ray, 1942.
Teton: Ewers, 1938.
Tewa: Eggan, 1950; Gifford, 1940; Parsons, 1929.
Thompson: Ray, 1942; Teit, 1900.
Tillamook: Barnett, 1937; Boas, 1923.
Timucua: Swanton, 1916, 1922, 1946.
Tlaxcalans: Lumholtz, 1902.
Tlingit: Drucker, 1950; Krause, 1956; Laguna, 1960; Rosman and Rubel, 1971.
Tolkepayai: Gifford, 1932*a*.
Tolowa: Barnett, 1937; Driver, 1939; Drucker, 1936; DuBois, 1932.
Totonac: Kelly and Palern, 1952; Starr, 1901.
Tsimshian: Drucker, 1950; Garfield, 1939; Garfield *et al.*, 1951.
Tubatulabal: Driver, 1937; Gifford, 1917; Voegelin, 1938.
Tututni: Barnett, 1937.
Twana: Eells, 1877; Elmendorf, 1960.
Uintah: Lowie, 1924; Opler, 1940.
Umatilla: Ray, 1942.
Uncompaghre: Stewart, 1942.
Wadakokado: Stewart, 1939, 1941.
Walapai: Drucker, 1941; Kroeber, 1935.
Wappo: Driver, 1936.

Washo: Barrett, 1917; Downs, 1966; Lowie, 1939; Stewart, 1941.
Wenatchi: Ray, 1942; Teit, 1928.
Western Apache: Gifford, 1940; Goodwin, 1942; Kaut, 1957.
White Knife: Harris, 1940; Lowie, 1908; Steward, 1938, 1941, 1943.
Wichita: Douglas, 1932; Schmitt and Schmitt, 1952; Spier, 1924.
Wind River: Lowie, 1924; Shimkin, 1947.
Winnebago: Radin, 1916, 1950.
Wintu: DuBois, 1935; Voegelin, 1942.
Wishram: Spier and Sapir, 1930.
Wiyot: Driver, 1939; Kroeber and Gifford, 1949; Loud, 1918.
Wukchumni: Gayton, 1945, 1948*a*, 1948*b*; Kroeber, 1925*a*; Latta, 1949.
Yana: Gifford and Klimek, 1936; Sapir and Spier, 1943; Waterman, 1918.
Yaqui: Holden *et al.*, 1936; Spicer, 1940.
Yavapai: Gifford, 1932*a*, 1936.
Yokuts: Driver, 1937; Gayton, 1945, 1948*a*, 1948*b*; Kroeber, 1925*a*; Latta, 1949.
Yucatec Maya: Coe, 1966; Tozzer, 1907.
Yuchi: Speck, 1909.
Yuki: Essene, 1942; Foster, 1944; Gifford, 1939.
Yuma: Castetter and Bell, 1951; Drucker, 1937; Forde, 1931.
Yurok: Driver, 1939; Heizer and Mills, 1952; Kroeber, 1925; Kroeber and Gifford, 1949; Waterman and Kroeber, 1938.
Zapotec: Lumholtz, 1902; Schneider, 1930.
Zuni: Eggan, 1950; Gifford, 1940; Kroeber, 1917*a*; Stevenson, 1904.

BY AUTHOR

Key to Bibliographical Abbreviations:

A — *Anthropos.* Mödling/Wien.
AA — *American Anthropologist.* Menasha.
AAm — *Acta Americana.* Mexico.
AAn — *American Antiquity.* Salt Lake City.
ABCM — *Anthropology in British Columbia Memoirs.* Victoria.
AIA — *Archaeological Institute of America.* New York.
AMNHLS — *American Museum of Natural History, Guide Leaflet Series.* New York.
An — *Anthropologica.* Ottawa.
APAM — *Anthropological Papers of the American Museum of Natural History.* New York.
APSDM — *Anthropological Papers of the South Dakota Museum.* Vermillion.
AQ — *Anthropological Quarterly.* Washington.
AR — *Anthropological Records.* Berkeley.
ARBAE — *Annual Report of the Bureau of American Ethnology.* Washington.
ARSI — *Annual Reports of the Board of Regents of the Smithsonian Institution.* Washington.

B — *Beaver.* Winnipeg.
BAE-R — *Bureau of American Ethnology-Reports.* Washington.
BAMNH — *Bulletin of the American Museum of Natural History.* New York.
BBAE — *Bulletins of the Bureau of American Ethnology.* Washington.
BCDM — *Bulletins of the Canada Department of Mines, National Museum of Canada.* Ottawa.
BCHQ — *British Columbia Historical Quarterly.* Vancouver.
BCIS — *Bulletin of the Cranbrook Institute of Science.* Detroit.
BCNO — *Les Bourgeois de la Compagnie du Nord Ouest.* Quebec.
BGGST — *Bulletin of the United States Geological and Geographical Survey of the Territories.* Washington.
BMHS — *Bulletin of the Missouri Historical Society.* St. Louis.
BPMCM — *Bulletins of the Public Museum of the City of Milwaukee.* Milwaukee.

CA — *Current Anthropology.* Chicago.
CNAE — *Contributions to North American Ethnology.* Washington.
CUAS — *Catholic University of America Anthropological Series.* Washington.
CUCA — *Columbia University Contributions to Anthropology.* New York.

DAMLS — *Denver Art Museum Indian Leaflet Series.* Denver.

E — *Ethnohistory.* Bloomington.

FA — *Florida Anthropologist.* Gainesville.

GSA — *General Series in Anthropology.* Menasha.

HMAI — *Handbook of Middle American Indians.* Austin.

IA — *Ibero-Americana.* Berkeley.
I-AS — *Inter-American Studies.* Albuquerque.
ICA — *Proceedings of the International Congress of Americanists.*
IH — *Indian Handcrafts.* Lawrence.
IJAL — *International Journal of American Linguistics.* New York.
ILC — *Indian Life and Customs Pamphlets.* Lawrence.
INM — *Indian Notes and Monographs, Museum of the American Indian, Heye Foundation.* New York.
IPGH — *Instituto Panamericano de Geografia e Historia.* Mexico.
IUPAL — *Indiana University Publications in Anthropology and Linguistics.* Bloomington.
ITUMV — *The Indian Tribes of the Upper Mississippi Valley*, ed. E. H. Blair. Cleveland.

JNYBG — *Journal of the New York Botanical Garden.* New York.
JSAP — *Journal de la Société de Américanistes.* Paris.

M — *Masterkey.* Los Angeles.
MA — *Minnesota Archeologist.* St. Paul.
MAAA — *Memoirs of the American Anthropological Association.* Menasha.
MAES — *Monographs of the American Ethnological Society.* New York.
MAFLS — *Memoirs of the American Folk-Lore Society.* Boston.
MAMNH — *Memoirs of the American Museum of Natural History.* New York.
MAn — *Mexico Antiguo.* Mexico.
MAPS — *Memoirs of the American Philosophical Society.* Philadelphia.
MCDM — *Memoirs of the Canada Department of Mines, Geological Survey.* Ottawa.
MG — *Meddelelser om Grønland.* Copenhagen.
MIJAL — *Memoirs of the International Journal of American Linguistics.* Bloomington.
MPR — *Miscellanea Paul Rivet Octogenario Dicata.* Mexico.

NYSMB — *New York State Museum Bulletin.* Albany.

OCMA — *Occasional Contributions from the Museum of Anthropology of the University of Michigan.* Ann Arbor.

PA — *Pennsylvania Archeologist.* Milton.

PAES	*Publications of the American Ethnological Society.* New York.
PAF	*Publications of the Amerind Foundation.* Dragoon.
PAPS	*Proceedings of the American Philosophical Society.* Philadelphia.
PCS	*Publications of the Champlain Society.* Toronto.
PDANS	*Proceedings of the Davenport Academy of Natural Sciences.* Davenport.
PDS	*Philological and Documentary Studies of the Middle American Research Institute.* New Orleans.
PHAPF	*Publications of the Frederick Webb Hodge Anniversary Publication Fund.* Los Angeles.
PKAS	*Publications of the Kroeber Anthropological Society.* Berkeley.
PMA	*Papers of the Michigan Academy of Sciencies, Arts and Letters.* New York.
PMP	*Peabody Museum Papers.* Cambridge.
PPAS	*Publications of the Philadelphia Anthropological Society.* Philadelphia.
PPSC	*Proceedings of the (Fifth) Pacific Science Congress.* Toronto.
PRCA	*Publications of the Indiana University Research Center in Anthropology, Folklore, and Linguistics.* Bloomington.
PRS	*Prehistory Research Series, Indiana Historical Society.* Indianapolis.
RCAE	*Report of the Canadian Arctic Expedition.* Ottawa.
RFTE	*Report of the Fifth Tule Expedition.* Copenhagen.
RUSNM	*Report of the United States National Museum.* Washington.
SCA	*Smithsonian Contributions to Anthropology.* Washington.
SCK	*Smithsonian Contributions to Knowledge.* Washington.
SI-AR	*Smithsonian Institution—Annual Reports.* Washington.
SIISA	*Smithsonian Institution, Institute of Social Anthropology.* Washington.
SJA	*Southwestern Journal of Anthropology.* Albuquerque.
SMP	*Southwest Museum Papers.* Los Angeles.
TAES	*Transactions of the American Ethnological Society.* New York.
TAPS	*Transactions of the American Philosophical Society.* Philadelphia.
TCI	*Transactions of the (Royal) Canadian Institute.* Toronto.
TTCB	*Texas Tech College Bulletin.* Lubbock.
UAAP	*Anthropological Papers of the University of Alaska.* Fairbanks.
UCP	*University of California Publications in American Archeology and Ethnology.* Berkeley.
UCPG	*University of California Publications in Geography.* Berkeley.
UMSSS	*University of Minnesota Studies in the Social Sciences.* Minneapolis.
UNMB	*University of New Mexico Bulletin, Anthropological Series.* Albuquerque.
UNMBB	*University of New Mexico Bulletin, Biological Series.* Albuquerque.
UNMPA	*University of New Mexico Publications in Anthropology.* Albuquerque.
UOSA	*University of Oregon Monographs. Studies in Anthropology.* Eugene.
UPMAP	*University of Pennsylvania Museum Anthropological Publications.* Philadelphia.
UWPA	*University of Washington Publications in Anthropology.* Seattle.
VFPA	*Viking Fund Publications in Anthropology.* New York.
YUPA	*Yale University Publications in Anthropology.* New Haven.

ADAIR, J. 1775. *The History of the American Indians.* (London), pp. 1–464.

AGINSKY, B. W. 1943. "Central Sierra." AR **8**: pp. 393–468.

AMSDEN, C. A. 1949. *Navaho Weaving* (Albuquerque), pp. 1–263.

BALGERT, J. 1864. "An Account of the Aboriginal Inhabitants of the California Peninsula." ARSI: pp. 378–399.

BANDI, HANS-GEORG. 1969. *Eskimo Prehistory* (College, Alaska), pp. 1–226.

BARNETT, H. G. 1937. *"Oregon Coast."* AR **1**: pp. 155–204.

—— 1939. "Gulf of Georgia Salish." AR **1**: pp. 221–295.

—— 1955. "The Coast Salish of British Columbia." UOSA **4**: pp. 1–333.

BARRETT, S. A. 1908. "The Ethno-Geography of the Pomo and Neighboring Indians." UCP **6**: pp 1–245.

—— 1910. "The Material Culture of the Klamath Lake and Modoc Indians." UCP **5**: pp. 239–260.

—— 1917. "The Washo Indians." BPMCM **2**: pp. 1–52.

—— 1952. "Material Aspects of Pomo Culture." BPMCM **20**: pp. 1–508.

BARRETT, S. A., and E. W. GIFFORD. 1933. "Miwok Material Culture." BPMCM **2**: pp. 117–376.

BARTRAM, W. 1853. "Observations on the Creek and Cherokee Indians." TAES **3**: pp 1–81.

—— 1958. *The Travels of William Bartram, Naturalists' Edition* (New Haven), pp. 1–788.

BAUMHOFF, M. A. 1958. "California Athapaskan Groups." AR **16**: pp. 157–237.

BEAGLEHOLE, E. 1937. "Notes on Hopi Economic Life." YUPA **15**: pp. 1–88.

BEALS, R. L. 1932. "The Comparative Ethnology of Northern Mexico." IA **2**: pp. 93–225.

—— 1933. "Ethnology of the Nisenan." UCP **31**: pp. 335–410.

—— 1945. "Ethnology of the Western Mixe." UCP **42**: pp. 1–176.

—— 1946. "Cheran: A Sierra Tarascan Village." SIISA **2**: pp. 1–235.

BENEDICT, R. 1924. "A Brief Sketch of Serrano Culture." AA **26**: pp. 366–392.

BENNETT, W. C. and R. M. ZINGG. 1935. *The Tarahumara* (Chicago), pp. 1–412.

BIRKET-SMITH, K. 1924. "Ethnography of the Egesmind District." MG **66**: pp. 1–484.

—— 1929. "The Caribou Eskimos." RFTE **5**, 1–2: pp. 1–725.

—— 1930. "Contributions to Chipewyan Ethnology." RFTE **5**, 3: pp. 1–114.

—— 1945. "Ethnographical Collections from the Northwest Passage." RFTE **6**, 2: pp. 218–288.

—— 1959. *The Eskimos* (London), pp. 1–262.

—— 1971. *Eskimos* (New York), pp. 1–288.

BIRKET-SMITH, K., and F. DE LAGUNA. 1938. *The Eyak Indians of the Copper River Delta* (Copenhagen), pp. 1–591.

BLOOMFIELD, L. 1957. *Eastern Ojibwa* (Ann Arbor), pp. 1–282.

BOAS, FRANZ. 1887. "The Study of Geography." *Science* **9**: pp. 639–647.

—— 1888. "The Central Eskimo." ARBAE **6**: pp. 390–669.

—— 1901–1907. "The Eskimo of Baffin Land and Hudson Bay." BAMNH **15**: pp. 1–570.

—— 1923. "Notes on the Tillamook." JCP **20**: pp. 3–16.
—— 1925. "Contributions to the Ethnology of the Kwakiutl." CUCA **3**: pp. 1–357.
BOWERS, A. W. 1950. *Mandan Social and Ceremonial Organization* (Chicago), pp. 1–512.
BRANT, C. S. 1949. "The Cultural Position of the Kiowa-Apache." SJA **5**: pp. 56–61.
—— 1953. "Kiowa Apache Culture History." SJA **9**: pp. 195–202.
BYERS, DOUGLAS S., ed. 1967–1972. *The Prehistory of the Tehuacan Valley* (4 v., Austin).
CAMERON, D. 1890. "The Nipigon Country." BCNO **2**: pp. 231–265.
CASTETTER, E. F., and W. H. BELL. 1942. "Pima and Papago Indian Agriculture." I-AS **1**: pp. 1–245.
—— 1951. *Yuman Indian Agriculture* (Albuquerque), pp. 1–288.
CASTETTER, E. F., and M. E. OPLER. 1936. "The Ethnobiology of the Chiricahua and Mescalero Apache." UNMBB **4**, 5: pp. 3–63.
CHANCE, N. A. 1966. *The Eskimo of North Alaska* (New York), pp. 1–107.
CODERE, H. 1950. "Fighting with Property." MAES **18**: 1–143.
COE, M. D. 1966. *The Maya* (New York), pp. 1–252.
COE, M. D., and K. V. FLANNERY. 1967. "Early Cultures and Human Ecology in South Coastal Guatemala." SCA **3**: pp. 1–136.
COLLINS, HENRY B., J. 1940. "Outlinc of Eskimo Prchistory." Pp. 533–592 in *Essays in Historical Anthropology of North America*. Smithsonian Miscellaneous Collections **100**: pp. 1–600.
COLSON, E. 1953. *The Makah Indians* (Minneapolis), pp. 1–324.
COULT, A. D., and R. W. HABENSTEIN. 1965. *Cross Tabulations of Murdock's World Ethnographic Sample* (Columbia, Missouri), pp. 1–547.
CRAMÈR, H. 1946. *Mathematical Methods of Statistics* (Princeton), pp. 1–575.
CURTIS, E. S. 1930. *The North American Indian* (20 v., Norwood).
DAVIDSON, D. S., 1926. "The Family Hunting Territories of the Grand Lake Victoria Indians." ICA 22, 2: pp. 69–95.
—— 1937. "Snowshoes." MAPS **6**: 1–207.
DELGADO, HILDA SCHMIDT DE. n.d. "Aboriginal Guatemalan Handweaving and Costume." Ph.D. Dissertation, Indiana University, 1963.
DENIG, E. T. 1930. "Indian Tribes of the Upper Missouri." **J. N. B. Hewitt, ed. ARBAE 46: pp. 375–628.**
DENSMORE, F. 1929. "Chippewa Customs." BBAE **86**: pp. 1–204.
DENYS, N. 1908. "The Description and Natural History of the Coasts of North America." W. F. Ganong ed. PCS **2**: pp. 399–452, 572–606.
DIPESO, C. C. 1953. "The Sobaipuri Indians of the Upper San Pedro River Valley, Southeastern Arizona." PAF **12**: pp. 1–285.
—— 1956. "The Upper Pima of San Cayetano del Tumacacori." PAF **7**: pp. 1–613.
DIXON, R. B. 1905. "The Northern Maidu." BAMNH **17**: pp. 119–346.
—— 1907. "The Shasta." BAMNH **17**: pp. 381–498.
—— 1908. "Notes on the Achomawi and Atsugewi Indians." AA **10**: pp. 208–220.
—— 1910. "The Chimariko Indians and Language." UCP **5**: pp. 295–380.
—— 1928. *The Building of Cultures* (New York), pp. 1–312.
DORSEY, J. O. 1882. "Omaha Sociology." ARBAE **3**: pp. 205–370.
DOUGLAS, F. H. 1932. "The Grass House of the Wichita and Caddo." DAMLS **42**: pp. 1–4.
DOWNS, J. F. 1966. *The Two Worlds of the Washo* (New York), pp. 1–113.
DRIVER, H. E. 1936. "Wappo Ethnography." UCP **36**: pp. 179–220.
—— 1937. "Southern Sierra Nevada." AR **1**: pp. 53–154.
—— 1939. "Northwest California." AR **1**: pp. 297–433.
—— 1941. "Girls' Puberty Rites in Western North America." AR **6**: pp. 21–90.
—— 1956. "An Integration of Functional, Evolutionary, and Historical Theory by Means of Correlations." IUPAL **12**: pp. 1–28.
—— 1957. "Estimation of Intensity of Land Use from Ethnobiology." E **4**: pp. 174–197.
—— 1961. *Indians of North America* (Chicago), pp. 1–668.
—— 1966. "Geographical-Historical Versus Psycho-Functional Explanations of Kin Avoidances." CA **7**: pp. 131–160.
—— 1967. "Comment on 'Why Exceptions' by Andre Köbben." CA **8**: p. 21.
—— 1969. *Indians of North America.* (2nd ed., Chicago), pp. 1–632.
—— 1970. "Statistical Refutation of Comparative Functional-Causal Models." SJA **26**: pp. 25–31.
—— n.d. "Culture Groups and Language Groups in Native North America." In Kinkade, M. Dale., Oswald Werner, and Kenneth Hale, eds., *In Honor of Carl Voegelin* (The Hague).
DRIVER, H. E., and A. L. KROEBER. 1932. "Quantitative Expression of Cultural Relationships." UCP **31**: pp. 211–256.
DRIVER, H. E., and WILLIAM C. MASSEY. 1957. "Comparative Studies of North American Indians." TAPS **47**: pp. 165–456.
DRIVER, H. E., and W. DRIVER. 1963. "Ethnography and Acculturation of the Chichimec-Jonaz of Northeast Mexico." IJAL **29**(2): pp. 1–265.
DRIVER, H. E. and P. SANDAY. 1966. "Factors and Clusters of Kin Avoidances and Related Variables." CA **7**: pp. 169–176.
DRIVER, H. E., JAMES A. KENNY, HERSCHEL C. HUDSON, and ORA MAY ENGLE. 1972. "Statistical Classification of North American Indian Ethnic Units." *Ethnology* **11**: pp. 311–339.
DRIVER, H. E., and J. L. COFFIN. n.d. "The Culture Area Concept." In *Handbook of North American Indians* **1**, W. C. Sturtevant, ed. Smithsonian Institution, Washington, D. C.
DRUCKER, P. 1936. "The Tolowa and Their Southwest Oregon Kin." UCP **36**: pp. 221–300.
—— 1937. "Southern California." AR **1**: pp. 1–52.
—— 1939. "Contributions to Alsea Ethnography." UCP **35**: pp. 81–102.
—— 1941. "Yuman-Piman." AR **6**: pp. 91–230.
—— 1950. "Northwest Coast." AR **9**: pp. 157–294.
—— 1951. "The Northern and Central Nootkan Tribes." BBAE **144**: pp. 1–490.
—— 1955. *Indians of the Northwest Coast* (New York), pp. 1–208.
—— 1965. *Cultures of the North Pacific Coast* (San Francisco), pp. 1–243.
DUBOIS, C. 1932. "Tolowa Notes." AA **34**: pp. 248–262.
—— 1935. "Wintu Ethnography." UCP **36**: pp. 1–148.
DUFF, W. 1953. "The Upper Stalo Indians of the Fraser Valley, British Columbia." ABCM **1**: pp. 1–135.
DUMAREST, N. 1919. "Notes on Cochiti." MAAA **6**: pp. 137–237.
DUMOND, D. E. 1969. "Toward a Prehistory of the Na-Dene." AA **71**: pp. 857–863.

EELLS, M. 1877. "Twana Indians of the Skokomish Reservation." BGGST **3**: pp. 57–114.
EGGAN, F. 1950. *Social Organization of the Western Pueblos* (Chicago), pp. 1–373.
—— 1955. "The Cheyenne and Arapaho Kinship System." In: *Social Anthropology of North American Tribes*, Fred Eggan, ed. (Chicago), pp. 35–98.
Elmendorf, W. W. 1960. *The Structure of Twana Culture* (Pullman), pp. 1–576.
—— 1965. "Linguistic and Geographical Relations in the Northern Plateau Area." SJA **21**: pp. 63–78.
Emmons, G. T. 1911. "The Tahltan Indians." JPMAP **4**: pp. 1–120.
ESSENE, F. 1942. *"Round Valley."* AR **8**: pp. 1–97.
EWERS, J. C. 1938. *Teton Dakota Ethnology and History* (Berkeley), pp. 1–108.
—— 1945*a*. "Blackfeet Crafts." IH **9**: pp. 1–66.
—— 1954*b*. "The Case for Blackfoot Pottery." AA **47**: pp. 289–299.
—— 1950. "Edwin T. Denig's 'Of the Arickaras'." BMHS **6**: pp. 189–215.
—— 1952. "Edwin T. Denig's 'Of the Assiniboine'." BMHS **8**: pp. 121–150.
—— 1953. "'Of the Crow Nation,' by Edwin Thompson Denig." BBAE **151**: pp. 1–74.
—— 1955. "The Horse in Blackfoot Indian Culture." BBAE **159**: pp. 1–390.
—— 1958. *The Blackfeet* (Norman), pp. 1–366.
FLANNERY, K. V., A. V. T. KIRKBY, M. J. KIRKBY, A. W. WILLIAMS. 1967. "Farming Systems and Political Growth in Ancient Oaxaca." *Science* **158**: pp. 445–454.
FLANNERY, R. 1939. "An Analysis of Coastal Algonquian Culture." CUAS **7**: pp. 1–219.
—— 1953. "The Gros Ventres of Montana: Part I, Social Life." CUAS **15**: pp. 1–234.
FLETCHER, A. C., and F. LA FLESCHE. 1906. "The Omaha Tribe." ARBAE **27**: pp. 17–654.
FORDE, C. D. 1931. "Ethnography of the Yuma Indians." UCP **28**: pp. 83–278.
FOSTER, G. M. 1940. "Notes on the Popoluca of Veracruz." IPGH **51**: pp. 1–41.
—— 1944. "A Summary of Yuki Culture." AR **5**: pp. 155–244.
Garfield, V. E. 1939. "Tsimshian Clan and Society." UWPA **7**: pp. 167–349.
GARFIELD, V. E. *et al.* 1951. "The Tsimshian: Their Arts and Music." PAES **18**: pp. 1–302.
GARTH, T. R. 1953. "Atsugewi Ethnography." AR **14**: pp. 123–212.
GATSCHET, A. S. 1891. "The Karankawa Indians." PMP **1**(2): pp. 5–103.
GAYTON, A. H. 1929. "Yokuts and Western Mono Pottery-Making." UCP **24**: pp. 239–251.
—— 1945. "Yokuts and Western Mono Social Organization." AA **47**: pp. 409–426.
—— 1948*a*. "Tulare Lake, Southern Valley, and Central Foothills Yokuts." AR **10**: pp. 1–140.
—— 1948*b*. "Northern Foothills Yokuts and Western Mono." AR **10**: pp. 143–302.
GIFFORD, E. W. 1917. "Tubatulabal and Kawaiisu Kinship Terms." UCP **12**: pp. 219–248.
—— 1922. "Californian Kinship Terminologies." UCP **18**: pp. 1–285.
—— 1926*a*. "Miwok Lineages and the Political Unit in Aboriginal California." AA **28**: pp. 389–401.
—— 1926*b*. "Clear Lake Pomo Society." UCP **18**: pp. 287–390.
—— 1928. "Pottery-making in the Southwest." UCP **23**: pp. 253–273.
—— 1931. "The Kamia of Imperial Valley." BBAE **97**: pp. 1–88.
—— 1932*a*. "The Southeastern Yavapai." UCP **29**: pp. 177–252.
—— 1932*b*. "The Northfork Mono." UCP **31**: pp. 15–65.
—— 1933. "The Cocopa." UCP **31**: pp. 257–334.
—— 1936. "Northeastern and Western Yavapai." UCP **34**: 247–354.
—— 1939. "The Coast Yuki." A **34**: pp. 292–375.
—— 1940. "Apache-Pueblo." AR **4**: pp. 1–207.
—— 1944. "Miwok Lineages." AA **46**: pp. 376–381.
—— 1955. "Central Miwok Ceremonies." AR **14**: pp. 261–318.
GIFFORD, E. W., and R. H. LOWIE. 1928. "Notes on the Akwa'ala Indians." UCP **23**: pp. 339–352.
GIFFORD, E. W., and S. KLIMEK. 1936. "Southern Yana." UCP **37**: pp. 71–100.
GIFFORD, E. W., and A. L. KROEBER. 1937. "Pomo." UCP **27**: pp. 117–254.
GILBERT, W. H. 1943. "The Eastern Cherokees." BBAE **133**: pp. 169–414.
—— 1955. "Eastern Cherokee Social Organization." Pp. 285–340 in *Social Anthropology of North American Tribes*, Fred Eggan, Ed. (Chicago), pp. 1–574.
GODDARD, P. E. 1903. "Life and Culture of the Hupa." UCP **1**: pp. 1–88.
—— 1916. "The Beaver Indians." APAM **10**: pp. 201–293.
GOLDFRANK, E. S. 1927. "The Social and Ceremonial Organization of Cochiti." MAAA **33**: pp. 1–129.
GOLDSCHMIDT, W. 1951. "Nomlaki Ethnography." UCP **42**: pp. 303–443.
GOODWIN, G. 1942. *The Social Organization of the Western Apache* (Chicago), pp. 1–791.
GRIFFITH, W. J. 1954. "The Hasinai Indians of East Texas as seen by Europeans 1687–1772." PDS **2**: pp. 43–165.
GRINNELL, G. B. 1923. *The Cheyenne Indians* (2 v., New Haven).
GRIZZLE, JAMES E. 1967. "Continuity Correction in the Chi-square Test for 2×2 Tables." *American Statistician* **21**: pp. 28–32.
GUNTHER, E. 1927. "Klallam Ethnography." UWPA **1**: pp. 171–314.
—— 1928. "A Further Analysis of the First Salmon Ceremony." UWPA **2**: pp. 129–173.
GUTHE, C. E. 1925. *Pueblo Pottery Making* (New Haven), pp. 1–88.
HAEBERLIN, H. K. 1930. "The Indians of Puget Sound." UWPA **4**: pp. 1–83.
HAILE, B. 1954. "Property Concepts of the Navaho Indians." CUAS **17**: pp. 1–64.
HALLOWELL, A. I. 1926. "Bear Ceremonialism in the Northern Hemisphere." AA **28**: pp. 1–175.
—— 1928. "Was Cross-Cousin Marriage Practiced by the North-Central Algonkian?" ICA **23**: pp. 519–544.
—— 1938. "Notes on the Material Cultures of the Island Lake Salteaux." JSAP n.s. **30**: pp. 129–140.
Handbook of Middle American Indians. See Wauchope, R. Sometimes cited HMAI.
HARRINGTON, J. P. 1932. "Tobacco among the Karuk Indians." BBAE **94**: pp. 1–284.
—— 1942. "Central California Coast." AR **7**: pp. 1–46 .
HARRINGTON, M. R. 1913. "A Preliminary Sketch of Lenape Culture." AA **15**: pp. 208–235.
HARRIS, J. S. 1940. "The White Knife Shoshoni of Nevada." Pp. 39–118 in *Acculturation in Seven American Indian Tribes*, Ralph Linton, ed. (New York), pp. 1–520.
HAWKES, M. W. 1916. "The Labrador Eskimo." MCDM **91**: pp. 1–165.
HEIZER, R. F. 1942. "Ancient Grooved Clubs and Modern Rabbit Sticks." AAn **8**: pp. 41–56.
—— 1943. "Aconite Poison Whaling in Asia and America." BBAE **133**: pp. 415–468.

—— 1953. "Aboriginal Fish Poisons." BBAE **151**: pp. 225–284.

HEIZER, R. F., *et al.* 1951. *The California Indians: A Source Book* (Berkeley), pp. 1–487.

HEIZER, R. F., and J. E. MILLS. 1952. *The Four Ages of Tsurai* (Berkeley), pp. 1–207.

HELM, J., ed. 1968. *Essays on the Problem of Tribe* (Seattle), pp. 1–227.

HELM, J., and N. O. LURIE. 1961. *The Subsistence Economy of the Dogrib Indians of Lac la Martre in the Mackenzie District of the N.W.T.* (Ottawa), pp. 1–119.

HERMAN, N. W. 1950. "A Reconstruction of Aboriginal Delaware Culture from Contemporary Sources." PKAS **1**: pp. 45–77.

HILL, W. W. 1938. "The Agricultural and Hunting Methods of the Navaho Indians." YUPA **18**: pp. 1–194.

HOEBEL, E. A. 1939. "Comanche and Hekandika Shoshone Relationship Systems." AA **41**: pp. 440–457.

—— 1960. *The Cheyennes* (New York), pp. 1–103.

HOFFMAN, W. J. 1893. "The Menomini Indians." ARBAE **14**: pp. 11–328.

HOLDEN, W. C., *et al.* 1936. "Studies of the Yaqui Indians of Sonora, Mexico." TTCB **12**, 1: pp. 1–142.

HOLM, G. 1911. "Ethnological Sketch of the Angmagsalik Eskimo." MG **39**: pp. 1–147.

HOLT, C. 1946. "Shasta Ethnography." AR **3**: pp. 299–349.

HONIGMANN, J. J. 1946. "Ethnography and Acculturation of the Fort Nelson Slave." YUPA **33**: pp. 1–169.

—— 1949. "Culture and Ethos of Kaska Society." YUPA **40**: pp. 1–368.

—— 1954. "The Kaska Indians." YUPA **51**: pp. 1–163.

—— 1956. "The Attawapiskat Swampy Cree." UAAP **5**, 1: pp. 23–82.

HOOPER, L. 1920. "The Cahuilla Indians." UCP **16**: pp. 316–380.

HOOVER, J. W. 1935. "Generic Descent of the Papago Villages." AA **37**: pp. 257–264.

HOUGH, W. 1915. *The Hopi Indians* (Cedar Rapids), pp. 1–265.

HOWARD, J. H. 1957. "The Mescal Bean Cult of the Central and Southern Plains: an Ancestor of the Peyote Cult?" AA **59**: pp. 75–87.

—— 1965*a*. "The Plains-Ojibwa or Bungi." APSDM **1**: pp. 1–165.

—— 1965*b*. "The Ponca Tribe." BBAE **195**: pp. 1–191.

HOWE, C. B. 1968. *Ancient Tribes of the Klamath Country* (Portland), pp. 1–252.

HOWLEY, J. P. 1915. *The Beothucks or Red Indians* (Cambridge), pp. 1–345.

HYDE, G. E. 1951. *Pawnee Indians* (Denver), pp. 1–318.

JABLOW, J. 1951. "The Cheyenne in Plains Indian Trade Relations, 1795–1840." MAES **19**: pp. 1–110.

JACOBS, M. 1939. "Coos Narrative and Ethnologic Texts." UWPA **8**: pp. 1–125.

—— 1945. "Santiam Kalapuya Ethnologic Texts." UWPA **11**: pp. 3–81.

JENKINS, W. H. 1939. "Notes on the Hunting Economy of the Abitibi Indians." CUAS **9**: pp. 1–31.

JENKS, A. E. 1898. "The Wild Rice Gatherers of the Upper Lakes." ARBAE **19**: pp. 1013–1137.

JENNESS, D. 1922. "The Life of the Copper Eskimo." RCAE **12**: pp. 1–277.

—— 1935. "The Ojibwa Indians of Parry Island." BCDM **78**: pp. 1–115.

—— 1937. "The Sekani Indians of British Columbia." BCDM **84**: pp. 1–82.

—— 1938. "The Sarcee Indians of Alberta." BCDM **90**: pp. 1–98.

—— 1946. "Material Culture of the Copper Eskimo." RCAE **16**: pp. 1–148.

JENNINGS, J. 1957. "Danger Cave." *Memoirs of the Society for American Archaeology* **14**: pp. 1–328.

—— 1968. *Prehistory of North America* (New York), pp. 1–391.

JOCHELSON, W. 1933. "History, Ethnology, and Anthropology of the Aleut." Carnegie Institute of Washington **432**: pp. 1–91.

JOHNSON, O. W. 1969. *Flathead and Kootenay* (Glendale), pp. 1–392.

JOHNSTON, B. J. 1955–1956. "The Gabrielino Indians of Southern California." M **29**: pp. 180–191; **30**: pp. 6–21, 44–56, 76–89, 125–132, 146–156.

JONES, W. 1939. "Ethnography of the Fox Indians." BBAE **125**: pp. 1–156.

JORGENSEN, J. G. 1969. "Salish Language and Culture." *Indiana University Language Science Monographs* **3**: pp. 1–173.

KAUT, C. R. 1957. "The Western Apache Clan System." UNMPA **9**: pp. 1–99.

KELLAR, JAMES H. 1955. "The Atlatl in North America." *Prehistory Research Series of the Indiana Historical Society* **3**: pp. 281–352.

KELLY, I. T. 1932. "Ethnography of the Surprise Valley Paiute." UCP **31**: pp. 67–210.

—— 1934. "Southern Paiute Bands." AA **36**: pp. 548–560.

—— 1936. "The Carver's Art of the Indians of Northwestern California." UCP **24**: pp. 343–360.

KELLY, I. T., and A. PALERM. 1952. "The Tajin Totonac. Part I: History, Subsistence, Shelter, and Technology." SIISA **14**: pp. 1–384.

KENNEDY, M. S. 1961. *The Assiniboines* (Norman), pp. 1–209.

KENT, K. P. 1957. "The Cultivation and Weaving of Cotton in the Prehistoric Southwestern United States." TAPS **47**: pp. 457–732.

KINIETZ, W. V. 1940. "The Indian Tribes of the Western Great Lakes." OCMA **10**: pp. 1–329.

—— 1946. "Delaware Culture Chronology." PRS **3**: pp. 1–143.

—— 1947. "Chippewa Village." BCIS **25**: pp. 1–259.

KIRCHHOFF, P. 1954. "Gatherers and Farmers in the Greater Southwest: a Problem in Classification." AA **56**: pp. 529–550.

KLIMEK, S. 1935. "The Structure of California Indian Culture." UCP **37**: pp. 1–70.

KLINEBERG, O. 1934. "Notes on the Huichol." AA **36**: pp. 446–460.

KLUCKHOHN, C., and D. C. LEIGHTON. 1946. *The Navaho* (Cambridge), pp. 1–258.

KLUCKHOHN, C., W. W. HILL, and L. W. KLUCKHOHN. 1971. *Navaho Material Culture* (Cambridge), pp. 1–488.

KNIFFEN, F. B. 1928. "Achomawi Geography." UCP **23**: pp. 297–332.

KNOWLES, N. 1940. "The Torture of Captives by the Indians of North America." PAPS **82**: pp. 151–225.

KÖBBEN, A. J. F. 1967. "Why Exceptions? The Logic of Cross-Cultural Analysis." CA **8**: pp. 3–34.

KRAUSE, A. 1956. *The Tlingit Indians,* translated by Erna Gunther (Seattle), pp. 1–325.

KROEBER, A. L. 1902–1907. "The Arapaho." BAMNH **18**: pp. 1–229, 279–454.

—— 1907. "Ethnology of the Gros Ventre." APAM **1**: pp. 145–281.

—— 1908. "Ethnography of the Cahuilla Indians." UCP **8**: pp. 29–68.

—— 1917*a*. "Zuni Kin and Clan." APAM **18**: pp. 39–206.

—— 1917*b*. "The Tribes of the Pacific Coast of North America." Pp. 385–401 in *Proceedings of the 19th Session of the International Congress of Americanists* (Washington), pp. 1–649.

—— 1920. "Yuman Tribes of the Lower Colorado." UCP **16**: pp. 475–485.

—— 1925*a*. "Handbook of the Indians of California." BBAE **78**: pp. 1–995.
—— 1925*b*. "The Valley Nisenan." UCP **24**: pp. 253–290.
—— 1931*a*. "The Culture-Area and Age-Area Concepts of Clark Wissler." Pp. 248–265 in Stuart A. Rice, ed., *Methods in Social Science* (Chicago), pp. 1–882.
—— 1931*b*. "The Seri." SWMP **6**: pp. 1–60.
—— 1932. "The Patwin and Their Neighbors." UCP **29**: pp. 253–364.
—— 1935. "Walapai Ethnography." MAAA **42**: pp. 1–293.
—— 1939. *Cultural and Natural Areas of Native North America* (Berkeley), pp. 1–242.
—— 1940. "Statistical Analysis." AR **4**: pp. 198–204.
Kroeber, A. L., and E. W. Gifford. 1949. "World Renewal: A Cult System of Native Northwest California." AR **8**: pp. 1–155.
Kroeber, A. L., and S. A. Barrett. 1960. "Fishing among the Indians of Northwestern California." AR **21**: pp. 1–210.
LaBarre, W. 1959. *The Peyote Cult* (Hamden), pp. 1–188.
Laguna, F. de. 1956. "Chugach Prehistory." UWPA **13**: pp. 1–308.
—— 1960. "The Story of a Tlingit Community." BBAE **172**: pp. 1–264.
Landberg, L. C. W. 1965. "The Chumash Indians of Southern California." SMP **19**: pp. 1–158.
Landes, R. 1937. "Ojibwa Sociology." CUCA **29**: pp. 1–144.
Lane, K. S. 1952. "The Montagnais Indians, 1600–1640." PKAS **7**: pp. 1–62.
Lange, C. H. 1959. *Cochiti* (Austin), pp. 1–642.
Lantis, M. 1946. "The Social Culture of the Nunivak Eskimo." TAPS **35**: pp. 153–323.
Latta, F. F. 1949. *Handbook of Yokuts Indians* (Oildale), pp. 1–300.
Lawson, J. 1860. *The History of Carolina* (Raleigh), pp. 1–390.
Leacock, E. 1954. "The Montagnais Hunting Territory and the Fur Trade." MAAA **78**: pp. 1–71.
LeClercq, G. 1910. "New Relations of Gaspesia," W. F. Ganong, ed. PCS **5**: pp. 1–452.
Leechman, D. 1957. "The Trappers." B **288**, 3: pp. 24–31.
Lesser, A. 1933. "The Pawnee Ghost Dance Hand Game." CUCA **16**: pp. 1–337.
Lewis, T. H. 1891. "Boulder Outline Figures in the Dakotas, Surveyed in the Summer of 1890." AA **4**: pp. 19–24.
Lewontin, R. C., and J. Felsenstein. 1965. "The Robustness of Homogeneity in Tests in 2 × N Tables." *Biometrics* **21**: pp. 19–33.
Lips, J. E. 1947*a*. "Naskapi Law." TAPS **37**: pp. 379–492.
—— 1947*b*. "Notes on Montagnais-Naskapi Economy." *Ethnos* **12**: pp. 1–78.
Llewellyn, K. N., and E. A. Hoebel. 1941. *The Cheyenne Way* (Norman), pp. 1–360.
Loeb, E. M. 1926. "Pomo Folkways." UCP **19**: pp. 149–405.
Loud, L. L. 1918. "Ethnogeography and Archaeology of the Wiyot Territory." UCP **14**: pp. 221–436.
Lowie, R. H. 1908. "The Northern Shoshone." APAM **2**: pp. 169–306.
—— 1910. "The Assiniboine." APAM **4**: pp. 1–270.
—— 1912. "Social Life of the Crow Indians." APAM **9**: pp. 179–248.
—— 1915. "The Kinship Systems of the Crow and Hidatsa." ICA **19**: pp. 340–343.
—— 1917*a*. "Social Life of the Mandan." APAM **21**: pp. 7–16.
—— 1917*b* "Social Life of the Hidatsa." APAM **21**: pp. 17–52.
—— 1920. *Primitive Society* (New York), pp. 1–463.
—— 1922. "The Material Culture of the Crow Indians." APAM **21**: pp. 201–270.
—— 1923. "A Note on Kiowa Kinship Terms and Usages." AA **25**: pp. 279–281.
—— 1924. "Notes on Shoshonean Ethnography." APAM **20**: pp. 185–314.
—— 1939. "Ethnographic Notes on the Washo." UCP **36**: pp. 301–352.
—— 1953. "Alleged Kiowa-Crow Affinities." SJA **9**: pp. 357–368.
—— 1954. *Indians of the Plains* (New York), pp. 1–222.
—— 1956*a*. *The Crow Indians* (New York), pp. 1–350.
—— 1956*b*. "Notes on the Kiowa Indians." *Tribus* **415**: pp. 131–138.
Lumholtz, C. 1902. *Unknown Mexico* (2 v., New York).
Lyford, C. A. 1943. "Iroquois Crafts." IH **6**: pp. 1–97.
McAllister, J. G. 1955. "Kiowa-Apache Social Organization." Pp. 99–172 in *Social Anthropology of North American Tribes,* Fred Eggan, ed. (Chicago), pp. 1–574.
McGee, W. J. 1894. "The Siouan Indians." ARBAE **15**: pp. 157–204.
—— 1898. "The Seri Indians." ARBAE **17**: pp. 9–298.
McIlwraith, T. F. 1948. *The Bella Coola Indians* (2 v., Toronto).
McKennan, R. A. 1959. "The Upper Tanana Indians." YUPA **55**: pp. 1–223.
McKern, W. C. 1922. "Functional Families of the Patwin." UCP **13**: pp. 235–258.
MacLeod, W. C. 1922. "The Family Hunting Territory and Lenape Political Organization." AA **24**: pp. 448–463.
McNett, Jr. 1968. "Drawing Random Samples in Cross-Cultural Studies: A Suggested Method." AA **70**: pp. 50–55.
MacCauley, C. 1884. "The Seminole Indians of Florida." ARBAE **5**: pp. 469–531.
Macgowan, E. S. 1942. "The Arikara Indians." MA **8**: pp. 83–122.
Mandelbaum, D. G. 1940. "The Plains Cree." APAM **37**: pp. 155–316.
Mason, J. A. 1912. "The Ethnology of the Salinan Indians." UCP **10**: pp. 97–240.
Mason, O. T. 1891. "Aboriginal Skin-Dressing." RUSNM for 1889: pp. 553–589.
—— 1894. "North American Bows, Arrows, and Quivers." SI-AR for 1893: pp. 631–679.
—— 1896. "Primitive Travel and Transportation." RUSNM for 1893–1894: pp. 237–593.
—— 1899. "Amerindian Arrow Feathering." AA **1**: pp. 583–585.
—— 1901. "Aboriginal American Harpoons." RUSNM for 1899–1900: pp. 191–304.
—— 1904. "Aboriginal American Basketry." RUSNM for 1901–1902: pp. 171–548.
Mathiassen, T. 1928. "Material Culture of the Iglulik Eskimos." RFTE 6, 1: pp. 1–242.
Meigs, P. 1939. "The Kiliwa Indians of Lower California." IA **15**: pp. 1–114.
Michelson, T. 1927–1930. "Contributions to Fox Ethnology." BBAE **85**: pp. 1–162; **95**: pp. 1–183.
Mooney, J. 1896. "Calendar History of the Kiowa Indians." ARBAE **17**: pp. 141–447.
—— 1932. "The Swimmer Manuscript." F. M. Olbrechts, ed. BBAE **99**: pp. 1–319.
Morgan, L. H. 1901. *League of the Ho-Dé-No-Sau-Nee or Iroquois,* H. M. Lloyd, ed. (2 v., New York).
Morice, A. G. 1893. "Notes Archaeological, Industrial, and Sociological on the Western Dénés." TCI **4**: pp. 1–222.
Murdock, J. 1892. "Ethnological Results of the Point Barrow Expedition." ARBAE **9**: pp. 3–441.
Murdock, G. P. 1934*a*. "Kinship and Social Behavior among the Haida." AA **36**: pp. 355–385.
—— 1934*b*. *Our Primitive Contemporaries* (New York), pp. 1–614.

—— 1938. "Notes on the Tenino, Molala, and Paiute of Oregon." AA **40**: pp. 395–402.
—— 1949. *Social Structure* (New York), pp. 1–387.
—— 1957. "World Ethnographic Sample." AA **59**: pp. 664–687.
—— 1958. "Social Organization of the Tenino." MPR **1**: pp. 299–315.
—— 1967. *Ethnographic Atlas* (Pittsburgh), pp. 1–128.
—— 1968. "World Sampling Provinces." *Ethnology* **7**: pp. 305–326.
Murdock, G. P., C. S. Ford, A. E. Hudson, R. Kennedy, L. W. Simmons, J. W. M. Whiting. 1961. *Outline of Cultural Materials* (New Haven), pp. 1–164.
Murdock, G. P., and D. R. White. 1969. "Standard Cross-Cultural Sample." Ethnology **8**: pp. 329–369.
Naroll, R. 1964. "On Ethnic Unit Classification." CA **5**: pp. 283–312.
—— 1970. "Cross-Cultural Sampling." Pp. 889–926 in *A Handbook of Method in Cultural Anthropology,* Naroll and Cohen, eds. (New York), pp. 1–1017.
Nelson, E. W. 1899. "The Eskimo about Bering Strait." ARBAE **18**: pp. 3–518.
Neumann, G. n.d. Varieties of American Indians. (15 physical varieties mapped from the Arctic to Panama).
Newcomb, W. W. 1956. "A Reappraisal of the 'Cultural Sink' of Texas." SJA **12**: pp. 145–153.
Nomland, G. A. 1935. "Sinkyone Notes." UCP **36**: pp. 149–178.
—— 1938. "Bear River Ethnography." AR **2**: pp. 91–123.
Noon, J. A. 1949. "Law and Government of the Grand River Iroquois." VFPA **12**: pp. 1–186.
Oakes, M. 1951. *Beyond the Windy Place: Life in the Guatemalan Highlands* (New York), pp. 1–338.
Olson, R. L. 1927. "Adze, Canoe, and House Types of the Northwest Coast." UWPA **2**: pp. 1–38.
—— 1936. "The Quinault Indians." UWPA **6**: pp. 1–190.
—— 1940. "The Social Organization of the Haisla." AR **2**: pp. 169–200.
—— 1967. "Social Structure and Social Life of the Tlingit in Alaska." AR **26**: pp. 1–123.
O'Neale, L. M. 1932. "Yurok-Karok Basket Weavers." UCP **32**: pp. 1–184.
Opler, M. E. 1936. "A Summary of Jicarilla Apache Culture." AA **38**: pp. 202–223.
—— 1940. "Myths and Legends of the Lipan Apache Indians." MAFLS **36**: pp. 1–296.
—— 1941. *An Apache Life-way* (Chicago), pp. 1–500.
—— 1943. "The Character and Derivation of Jicarilla Holiness Rites." UNMB **4**, 3: pp. 1–98.
—— 1946. "Childhood and Youth in Jicarilla Apache Society." PHAPF **5**: pp. 1–170.
—— 1955. "An Outline of Chiricahua Apache Social Organization." Pp. 173–242 in *Social Anthropology of North American Tribes,* Fred Eggan, ed. (Chicago), pp. 1–574.
Opler, M. K. 1940. "The Southern Ute of Colorado." Pp. 119–206 in *Acculturation in Seven American Indian Tribes,* Ralph Linton, ed. (New York), pp. 1–520.
Osgood, C. 1931. "The Ethnography of the Great Bear Lake Indians." BCDM **70**: pp. 31–92.
—— 1936. "Contributions to the Ethnography of the Kutchin." YUPA **14**: pp. 1–189.
—— 1937. "The Ethnography of the Tanaina." YUPA **16**: pp. 1–229.
—— 1940. "Ingalik Material Culture." YUPA **22**: pp. 1–500.
Ostermann, H., ed. 1942. "The MacKenzie Eskimo." (After K. Rasmussen's Posthumous Notes). RFTE **10**, 2: pp. 1–166.
Oswalt, Wendell. 1953. "Northeast Asian and Alaskan Pottery Relationships." SJA **9**: pp. 395–407.
Parker, A. C. 1910. "Iroquois Uses of Maize and Other Food Plants." NYSMB **144**: pp. 5–119.
Parsons, E. C. 1918. "Notes on Acoma and Laguna." AA **20**: pp. 162–186.
—— 1925. *The Pueblo of Jemez* (New Haven), pp. 1–141.
—— 1929. "The Social Organization of the Tewa of New Mexico." MAAA **36**: pp. 1–309.
—— 1930. "Isleta." ARBAE **47**: pp. 193–466.
—— 1936. "Taos Pueblo." GSA **2**: pp. 1–120.
—— 1939. "Picuris." AA **41**: pp. 206–222.
—— 1941. "Notes on the Caddo." MAAA **57**: pp. 1–76.
Passin, H. 1943. "The Place of Kinship in Tarahumara Social Organization." AAm **1**: pp. 344–359, 469–495.
Pettit, G. A. 1950. "The Quileute of La Push, 1775–1945." AR **14**: pp. 1–120.
Perrot, N. 1911. "Memoir on the Manners, Customs, and Religion of the Savages of North America." ITUMV **1**: pp. 25–272.
Powers, W. E. 1950. "Polar Eskimos of Greenland and Their Environment." *Journal of Geography* **49**: pp. 186–193.
Radin, P. 1916. "The Winnebago Tribe." ARBAE **37**: pp. 33–550.
—— 1950. "Winnebago Culture as Described by Themselves." MJAL **3**: pp. 1–78.
Rasmussen, K. 1908. *The People of the Polar North* (London), pp. 1–358.
—— 1931. "The Netsilik Eskimos." RFTE **8**: pp. 1–542.
Ray, V. F. 1932. "The Sanpoil and Nespelem." UWPA **5**: pp. 1–237.
—— 1938. "Lower Chinook Ethnographic Notes." UWPA **7**: 29–165.
—— 1942. "Plateau." AR **8**: pp. 99–257.
—— 1963. *Primitive Pragmatists, The Modoc Indians of Northern California* (Seattle), pp. 1–237.
Reichard, G. A. 1928. "Social Life of the Navajo Indians." CUCA **7**: pp. 1–239.
Richardson, J. 1940. "Law and Status among the Kiowa Indians." MAES **1**: pp. 1–136.
Riggs, S. R. 1893. "Dakota Grammar, Texts and Ethnography." CNAE **9**: pp. 1–232.
Riley, C. L. 1952. "The Blowgun in the New World." SJA **8**: pp. 297–319.
Ritzenthaler, R. E. 1953. "The Potawatomi Indians of Wisconsin." BPMCM **19**: pp. 99–174.
Rodas N., Flavio, Ovido Rodas Corzo, and Laurence F. Hawkins. 1940. *Chichicastenango. The Kiche Indians. Their History and Culture* (Guatemala), pp. 1–155.
Rodnick, D. 1938. *The Fort Belknap Assiniboine of Montana* (New Haven), pp. 1–125.
Rosman, A., and P. G. Rubel. 1971. *Feasting with Mine Enemy* (New York), pp. 1–221.
Russell, F. 1908. "The Pima Indians." ARBAE **26**: pp. 3–390.
Sagard-Théodat, G. 1939. "The Long Journey to the Country of the Hurons," G. M. Wrong, ed. PCS **25**: pp. 1–411.
Sapir, E. 1907. "Notes on the Takelma Indians." AA **9**: pp. 251–275.
Sapir, E., and L. Spier. 1943. "Notes on the Culture of the Yana." AR **3**: pp. 239–297.
Sapir, E., and M. Swadesh. 1955. "Native Accounts of Nootka Ethnography." PRCA **1**: pp. 1–457.
Schaedel, R. P. 1949. "The Karankawa of the Texas Gulf Coast." SJA **5**: pp. 117–137.
Schmitt, K., and I. A. Schmitt. 1952. *Wichita Kinship. Past and Present* (Norman), pp. 1–82.
Schneider, O. 1930. "The Settlements of the Tzapotec and Mije Indians, State of Oaxaca, Mexico." UCPG **4**: pp. 1–184.

Secoy, F. R. 1951. "The Identity of the 'Paduca.'" AA **53**: pp. 525–542.

Shimkin, D. B. 1940. "Shoshone-Comanche Origins and Migrations." PPSC **6**(4): pp. 17–25.

—— 1947. "Wind River Shoshone Ethnogeography. AR **5**: pp. 245–288.

Sjoberg, A. F. 1953. "Lipan Apache Culture in Historical Perspective." SJA **9**: pp. 76–98.

Skeller, E. 1954. "Anthropological and Ophthalmological Studies on the Angmagssalik Eskimos." MG **107**, 2: pp. 1–231.

Skinner, A. 1911. "Notes on the Eastern Cree and Northern Saulteaux." APAM **9**: pp. 1–177.

—— 1913. "Social Life and Ceremonial Bundles of the Menomini Indians." APAM **8**: pp. 1–165.

—— 1914*a*. "The Cultural Position of the Plains Ojibwa." AA **16**: pp. 314–318.

—— 1914*b*. "Political and Ceremonial Organization of the Plains Ojibwa." APAM **11**: pp. 475–511.

—— 1919. "A Sketch of Eastern Dakota Ethnology." AA **21**: pp. 164–174.

—— 1921. "Material Culture of the Menomini." INM n.s. **20**: pp. 1–478.

—— 1923–1925. "Observations on the Ethnology of the Sauk Indians." BPMCM **5**: pp. 1–180.

—— 1924–1927. "The Mascoutens or Prairie Potawatomi Indians." BPMCM **6**: pp. 1–411.

—— 1926. "Ethnology of the Ioway Indians." BPMCM **5**: pp. 181–354.

Sleight, F. W. 1953. "Kunti, a Food Staple of Florida Indians." FA **6**: pp. 46–52.

Slotkin, J. S. 1955. "Peyotism, 1521–1891." AA **57**: pp. 202–230.

Small, J. G. 1921. "Seminole Bread." JNYBG 22: pp. 121–137.

Smith, C. Earle, Jr., and Richard S. MacNeish. 1964. "Antiquity of American Polyploid Cotton." *Science* **143**: pp. 675–676.

Smith, M. W. 1940. "The Puyallup-Nisqually." CUCA **32**: pp. 1–336.

Soustelle, J. 1937. "La Culture Materielle des Indiens Lacandons." JSAP **19**: pp. 1–95.

Sparkman, P. S. 1908. "The Culture of the Luiseno Indians." UCP **8**: pp. 187–234.

Speck, F. G. 1907. "The Creek Indians of Taskigi Town." MAAA **2**: pp. 99–164.

—— 1909. "Ethnology of the Yuchi Indians." UPMAP **1**: pp. 1–154.

—— 1911. "Notes on the Material Culture of the Huron." AA **13**: pp. 208–228.

—— 1915*a*. "The Family Hunting Band as the Basis of Algonkian Social Organization." AA **17**: pp. 289–305.

—— 1915*b*. "Family Hunting Territories and Social Life of Various Algonkian Bands of the Ottawa Valley." MCDM **70**: pp. 1–10.

—— 1920. "Decorative Art and Basketry of the Cherokee." BPMCM **2**: pp. 53–86.

—— 1935*a*. "Siouan Tribes of the Carolinas." AA **37**: pp. 201–225.

—— 1935*b*. *Naskapi* (Norman), pp. 1–236.

—— 1938. "The Question of Matrilineal Descent in the Southeastern Siouan Area." AA **40**: pp. 1–12.

—— 1940. *Penobscot Man* (Philadelphia), pp. 1–325.

—— 1945. "The Iroquois." BCIS **23**: pp. 1–94.

—— 1946. "Catawba Hunting, Trapping, and Fishing." PPAS **2**: pp. 1–33.

Speck, F. G., and C. E. Schaeffer. 1942. "Catawba Kinship and Social Organization." AA **44**: pp. 555–575.

Spencer, R. F. 1959. "The North Alaska Eskimo." BBAE **171**: pp. 1–469.

Spencer, R. F., and E. Johnson. 1960. *Atlas for Anthropology* (Dubuque, Iowa), pp. 1–61.

Spencer, R. F., and J. Jennings. 1965. *The Native Americans* (New York), pp. 1–539.

Spicer, E. H. 1940. *Pascua: a Yaqui Village in Arizona* (Chicago), pp. 1–319.

Spier, L. 1923. "Southern Diegueno Customs." UCP **20**: pp. 297–358.

—— 1924. "Wichita and Caddo Relationship Terms." AA **26**: pp. 258–263.

—— 1928. "Havasupai Ethnography." APAM **29**: pp. 83–392.

—— 1930. "Klamath Ethnography." UCP **30**: pp. 1–338.

—— 1933. *Yuman Tribes of the Gila River* (Chicago), pp. 1–433.

Spier, L., and E. Sapir. 1930. "Wishram Ethnography." UWPA **3**: pp. 151–300.

Spier, L., *et al.* 1938. "The Sinkaietk or Southern Okanagon of Washington." GSA **6**: pp. 1–262.

Spinden, H. J. 1908. "The Nez Perce Indians." MAAA **2**: pp. 165–274.

Starr, F. 1901. "Notes upon the Ethnography of Southern Mexico." PDANS **8**: pp. 102–198.

Steensby, H. P. 1910. "Contributions to the Ethnology and Anthropogeography of the Polar Eskimos." MG **34**: pp. 253–405.

Stephens, W., and Roy D'Andrade. 1962. "Kin Avoidance." Pp. 124–150, 213–226 in *The Oedipus Complex*, by W. Stephens (Glencoe), pp. 1–273.

Stern, B. J. 1934. "The Lummi Indians of Northwest Washington." CUCA **17**: pp. 1–127.

Stern, T. 1966. *The Klamath Tribe* (Seattle), pp. 1–356.

Stevenson, M. C. 1904. "The Zuni Indians." ARBAE **23**: pp. 13–608.

Steward, J. H. 1933. "Ethnography of the Owens Valley Paiute." UCP **33**: pp. 233–350.

—— 1934. *The Blackfoot* (Berkeley), pp. 1–92.

—— 1937. "Ecological Aspects of Southwestern Society." Anthropos **32**: pp. 87–104.

—— 1938. "Basin-Plateau Aboriginal Socio-Political Groups." BBAE **120**: pp. 1–346.

—— 1941. "Nevada Shoshone." AR **4**: pp. 209–359.

—— 1943. "Northern and Gosiute Shoshoni." AR **8**: pp. 203–392.

Stewart, K. M. 1947. "Mohave Hunting." M **21**: pp. 80–84.

—— 1957. "Mohave Fishing." M **31**: pp. 198–203.

Stewart, O. C. 1939. "The Northern Paiute Bands." AR **2**: pp. 127–149.

—— 1941. "Northern Paiute." AR **4**: pp. 361–446.

—— 1942. "Ute-Southern Paiute." AR **6**: pp. 231–355.

—— 1943. "Notes on Pomo Ethnography." UCP **40**: pp. 29–62.

Strong, W. D. 1929*a*. "Aboriginal Society in Southern California." UCP **26**: pp. 5–328.

—— 1929*b*. "Cross-Cousin Marriage and the Culture of the Northeastern Algonkian." AA **31**: pp. 277–288.

—— 1930. "A Stone Age Culture from Northern Labrador." AA **32**: pp. 126–144.

Sturtevant, Wm. C. 1960. "The Significance of Ethnological Similarities Between Southeastern North America and the Antilles." YUPA **64**: pp. 1–58.

Sturtevant, Wm. C., ed. n.d. *Handbook of North American Indians* (Washington).

Suttles, W. 1954. "Post-contact Culture Changes among the Lummi Indians." BCHQ **18**: pp. 29–102.

Swadesh, M. 1950. "Salish Internal Relationships." IJAL **16**: pp. 157–167.

—— 1962. "Linguistic Relations Across Bering Strait." AA **64**: pp. 1262–1291.

SWAN, J. G. 1868. "The Indians of Cape Flattery." SCK **16**, 220: pp. 1–106.

SWANTON, J. R. 1909. "Contributions to the Ethnology of the Haida." MAMNH **8**: pp. 1–300.

—— 1911. "Indian Tribes of the Lower Mississippi Valley and Adjacent Coast of the Gulf of Mexico." BBAE **43**: pp. 1–274.

—— 1916. "Terms of Relationship in Timucua." Pp. 451–463 in *Holmes Anniversary Volume* (Washington), pp. 1–499.

—— 1922. "Early History of the Creek Indians and Their Neighbors." BBAE **73**: pp. 207–286.

—— 1925. "Social Organization and Social Usages of the Indians of the Creek Confederacy." ARBAE **42**: pp. 23–472.

—— 1927. "Social and Religious Beliefs and Usages of the Chickasaw Indians." ARBAE **44**: pp. 169–273.

—— 1931. "Source Material for the Social and Ceremonial Life of the Choctaw Indians." BBAE **103**: pp. 1–282.

—— 1942. "Source Material on the History and Ethnology of the Caddo Indians." BBAE **132**: pp. 1–332.

—— 1946. "Indians of the Southeastern United States." BBAE **137**: pp. 11–832.

TANNER, V. 1947. *Newfoundland-Labrador* (2 v., Cambridge).

TAYLOR, W. W. 1961. "Archaeology and Language in Western North America." AAn **27**: pp. 71–81.

TEIT, J. A. 1900. "The Thompson Indians." MAMNH **2**: pp. 163–392.

—— 1906. "The Lillooet Indians." MAMNH **4**: pp. 193–300.

—— 1909. "The Shuswap." MAMNH **4**: pp. 447–758.

—— 1928. "The Middle Columbia Salish." UWPA **2**: pp. 83–128.

—— 1930. "The Salishan Tribes of the Western Plateau." ARBAE **45**: pp. 1–396.

—— 1956. "Field Notes on the Tahltan and Kaska Indians, 1912–1915." An **3**: pp. 39–171.

TEIT, J. A., H. K. HAEBERLIN, and H. ROBERTS. 1924. "Coiled Basketry in British Columbia and Surrounding Region." ARBAE **41**: pp. 119–484.

THALBITZER, W. 1912. "Ethnographical Collections from East Greenland." MG **39**: pp. 319–755.

—— 1941. "The Ammassalik Eskimo." MG **53**: pp. 435–481.

TITIEV, M. 1944. "Old Oraibi." PMP **22**: pp. 1–277.

TOOKER, E. 1964. "An Ethnography of the Huron Indians, 1615–1649." BBAE **190**: pp. 1–183.

TOZZER, A. M. 1907. *A Comparative Study of the Mayas and the Lacandones* (New York), pp. 1–195.

TRIGGER, B. G. 1969. *The Huron: Farmers of the North* (New York), pp. 1–129.

TROIKE, RUDOLPH C. 1962. "The Origins of Plains Mescalism." AA **64**: pp. 946–963.

TROWBRIDGE, C. C. 1938. "Meearmeear Traditions," W. V. Kinietz, ed. OCMA **7**: pp. 1–91.

—— 1939. "Shawnee Traditions." W. V. Kinietz and E. W. Voegelin, eds. OCMA **9**: pp. 1–71.

TURNER, L. M. 1894. Ethnology of the Ungava District. ARBAE **11**: pp. 159–350.

TURNEY-HIGH, H. H. 1937. "The Flathead Indians of Montana." MAAA **48**: pp. 1–161.

—— 1941. "Ethnography of the Kutenai." MAAA **56**: 1–202.

UNDERHILL, R. M. 1939. "Social Organization of the Papago Indians." CUCA **30**: pp. 1–280.

—— 1941. "Indians of Southern California." ILC **2**: pp. 1–73.

VETROMILE, E. 1866. *The Abnakis and Their History.* (New York), pp. 1–171.

VOEGELIN, C. F., and F. M. VOEGELIN. 1966. *Map of North American Indian Languages* (Seattle).

VOEGELIN, E. W. 1938. "Tubatulabal Ethnography." AR **2**: pp. 1–84.

—— 1941. "The Place of Agriculture in the Subsistence Economy of the Shawnee." PMA **24**: pp. 513–520.

—— 1942. "Northeast California." AR **7**: pp. 47–251.

VOEGELIN, E. W., and G. K. NEUMANN. 1948. "Shawnee Pots and Pottery Making." PA **18**: pp. 3–12.

WALLACE, A. F. C. 1947. "Woman, Land, and Society." PA **17**: pp. 1–35.

WALLACE, E., and E. A. HOEBEL. 1952. *The Comanches* (Norman), pp. 1–400.

WALLACE, W. J. 1955. "Mohave Fishing Equipment and Methods." AQ **3**: pp. 87–94.

WALLIS, W. D. 1947. "The Canadian Dakota." APAM **41**: pp. 1–225.

WATERMAN, T. T. 1910. "Religious Practices of the Diegueno Indians." UCP **8**: pp. 271–358.

—— 1918. "The Yana Indians." UCP **13**: pp. 35–70.

WATERMAN, T. T., and A. L. KROEBER. 1938. "The Kepel Fish Dam." UCP **35**: pp. 49–80.

WAUCHOPE, R., general ed. 1964–1973. *Handbook of Middle American Indians* (13 v., Austin). Sometimes cited HMAI.

WAUGH, F. W. 1916. "Iroquois Foods and Food Preparation." MCDM **86**: pp. 1–235.

WEDEL, W. 1961. *Prehistoric Man on the Great Plains* (Norman), pp. 1–355.

WEITLANER, R. J. 1940. "Notes on Chinantec Ethnography." MAn **5**: pp. 161–175.

WHITE, L. A. 1930. "The Acoma Indians." ARBAE **47**: pp. 17–192.

—— 1932. "The Pueblo of San Felipe." MAAA **38**: pp. 1–69.

—— 1935. "The Pueblo of Santo Domingo." MAAA **43**: pp. 1–210.

—— 1942. "The Pueblo of Santa Ana." MAAA **60**: pp. 1–360.

—— 1943. "New Material from Acoma." BBAE **136**: pp. 301–359.

—— 1944. "Notes on the Ethnobotany of the Keres." PMA **30**: pp. 557–568.

—— 1945. "Notes on the Ethnozoology of the Keresan Pueblo Indians." PMA **31**: pp. 223–246.

WHITMAN, W. 1937. "The Oto." CUCA **28**: pp. 1–32.

—— 1940. "The San Ildefonso of New Mexico." Pp. 390–462 in *Acculturation in Seven American Indian Tribes,* Ralph Linton, ed. (New York), pp. 1–520.

—— 1947. "The Pueblo Indians of San Ildefonso." CUCA **34**: pp. 1–164.

WILL, G. F., and H. J. SPINDEN. 1906. The Mandans. PMP **3**: pp. 81–219.

WILL, G. F., and G. E. HYDE. 1917. *Corn Among the Indians of the Upper Missouri* (St. Louis), pp. 1–317.

WILLEY, G. R. 1966. *An Introduction to American Archaeology. Volume One: North and Middle America* (Englewood Cliffs), pp. 1–526.

WILSON, G. L. 1917. "Agriculture of the Hidatsa Indians." UMSSS **4**: pp. 1–129.

—— 1924. "The Horse and the Dog in Hidatsa Culture." APAM **15**: pp. 127–311.

—— 1928. "Hidatsa Eagle Trapping." APAM **30**: pp. 99–245.

—— 1934. "The Hidatsa Earthlodge." APAM **33**: pp. 341–420.

WINCHELL, N. H. 1911. *The Aborigines of Minnesota* (St. Paul), pp. 1–761.

WISDOM, C. 1940. *The Chorti Indians of Guatemala* (Chicago), pp. 1–504.

WISSLER, C. 1908. "Types of Dwellings and Their Distribution in Central North America." Pp. 477–487 in *Proceedings from the 16th International Congress of Americanists* (2 v., Vienna).

—— 1910. "Material Culture of the Blackfoot Indians." APAM **5**: pp. 1–175.

—— 1912. "The Social Life of the Blackfoot Indians." APAM **7**: pp. 1–64.

—— 1914. "The Influence of the Horse in the Development of Plains Culture." AA **16**: pp. 1–25.

—— 1916. "Costumes of the Plains Indians." APAM **17**: pp. 39–91.

—— 1926. "Indian Costumes in the United States." AMNHLS **63**: pp. 1–32.

—— 1941. *North American Indians of the Plains* (New York), pp. 1–172.

WORMINGTON, H. M. 1957. *Ancient Man in North America* (Denver), pp. 1–322.

ZIGMOND, M. L. 1938. "Kawaiisu Territory." AA **40**: pp. 634–638.

MEMOIRS

OF THE

AMERICAN PHILOSOPHICAL SOCIETY

Gardening Ants, the Attines. NEAL A. WEBER.
Vol. 92. xviii, 146 pp., 192 figs., 1972. $8.00.

A Commentary on the Dresden Codex: A Maya Hieroglyphic Book. J. ERIC S. THOMPSON.
Vol. 93. x, 156 pp., 25 pls. (in color), 1972. $25.00.

New and Full Moons 1001 B. C. to A. D. 1651. HERMAN H. GOLDSTINE.
Vol. 94. viii, 221 pp., 1973. $5.00.

The Diary of Elihu Hubbard Smith (1771–1798). Edited by JAMES E. CRONIN.
Vol. 95. xvi, 481 pp., 1 fig., 1973. $15.00.

Roman Construction in Italy from Nerva through the Antonines. MARION E. BLAKE and DORIS TAYLOR BISHOP.
Vol. 96. xx, 328 pp., 36 pls., 17 plans, 1973. $15.00.

The Life of Arthur Young, 1741–1820. JOHN G. GAZLEY.
Vol. 97. xviii, 727 pp., 23 figs., 1973. $10.00.

Medical Men at the Siege of Boston, April, 1775–April, 1776: Problems of the Massachusetts and Continental Armies. PHILIP CASH.
Vol. 98. xiv, 185 pp., 11 figs., 1973. Paper. $3.00.

Crucial American Elections. ARTHUR S. LINK *et al.*
Vol. 99. x, 77 pp., 1973. $3.00.

John Beckley: Zealous Partisan in a Nation Divided. EDMUND BERKELEY and DOROTHY SMITH BERKELEY.
Vol. 100. xvi, 312 pp., 6 figs., 1973. $6.00.

Peter Tudebode: Historia de Hierosolymitano Itinere. JOHN HUGH HILL and LAURITA L. HILL.
Vol. 101. xii, 137 pp., 2 maps, 1974. $5.00.

Benjamin Franklin's Philadelphia Printing: A Descriptive Bibliography. C. WILLIAM MILLER.
Vol. 102. xc, 583 pp., illus., 1974. $40.00.

The Anschluss Movement in Austria and Germany, 1918–1919, and the Paris Peace Conference. ALFRED D. LOW.
Vol. 103. xiv, 495 pp., 4 figs., 4 maps, 1974. Paper. $8.00.

Studies in Pre-Vesalian Anatomy: Biography, Translations, Documents. L. R. LIND.
Vol. 104. xiv, 344 pp., 54 figs., 1975. $18.00.

A Kind of Power: The Shakespeare–Dickens Analogy. ALFRED B. HARBAGE. **Jayne Lectures for 1974.**
Vol. 105. x, 78 pp., 1975. $4.00.

A Venetian Family and Its Fortune, 1500–1900: The Donà and the Conservation of Their Wealth. JAMES C. DAVIS.
Vol. 106. xvi, 189 pp., 18 figs., 1975. $6.50.

Academica: Plato, Philip of Opus, and the Pseudo-Platonic Epinomis. LEONARDO TARÁN.
Vol. 107. viii, 417 pp., 1975. $20.00.

TRANSACTIONS

OF THE

AMERICAN PHILOSOPHICAL SOCIETY

Tepexi el Viejo: A Postclassic Fortified Site in the Mixteca-Puebla Region of Mexico. SHIRLEY GORENSTEIN.
Vol. 63, pt. 1, 75 pp., 30 figs., 4 maps, 1973. $3.50.

Theodore Roosevelt and His English Correspondents: A Special Relationship of Friends. DAVID H. BURTON.
Vol. 63, pt. 2, 70 pp., 1973. $3.00.

Origin and Evolution of the Elephantidae. VINCENT J. MAGLIO.
Vol. 63, pt. 3, 149 pp., 50 figs., 19 pls., 1973. $8.00.

The Austro-Slav Revival: A Study of Nineteenth-century Literary Foundations. STANLEY B. KIMBALL.
Vol. 63, pt. 4, 83 pp., 1 map, 1973. $3.50.

Plains Cree: A Grammatical Study. H. CHRISTOPH WOLFART.
Vol. 63, pt. 5, 65 pp., 1973. $4.00.

Arms Across the Border: United States Aid to Juárez During the French Intervention in Mexico. ROBERT RYAL MILLER.
Vol. 63, pt. 6, 68 pp. 9 figs., 1973. $2.50.

F. A. Smitt, Marine Bryozoa, and the Introduction of Darwin into Sweden. THOMAS J. M. SCHOPF and EDWARD L. BASSETT.
Vol. 63, pt. 7, 30 pp., 1 fig., 1973. $2.50.

The "Real Expedición Marítima de la Vacuna" in New Spain and Guatemala. MICHAEL M. SMITH.
Vol. 64, pt. 1, 74 pp., 1974. $4.00.

Bellièvre, Sully, and the Assembly of Notables of 1596. J. RUSSELL MAJOR.
Vol. 64, pt. 2, 34 pp., 1974. $2.00.

The Sacred Officials of the Eleusinian Mysteries. KEVIN CLINTON.
Vol. 64, pt. 3, 143 pp., 17 figs., 1974. $12.00.

Mappae Clavicula: A Little Key to the World of Medieval Techniques. CYRIL STANLEY SMITH and JOHN G. HAWTHORNE.
Vol. 64, pt. 4, 128 pp., 1 fig. (color), 40 pls., 1974. $7.00.

Benjamin Rush: Philosopher of the Revolution. DONALD J. D'ELIA.
Vol. 64, pt. 5, 113 pp., 1974. $5.00.

Ritual Structure and Language Structure of the Todas. MURRAY B. EMENEAU.
Vol. 64, pt. 6, 103 pp., 1974. $6.00.

Gears from the Greeks: The Antikythera Mechanism—A Calendar Computer from *ca.* 80 B.C. DEREK DE SOLLA PRICE.
Vol. 64, pt. 7, 70 pp., 45 figs., 1974. $5.00.

The Imperial Library in Southern Sung China, 1127–1279: A Study of the Organization and Operation of the Scholarly Agencies of the Central Government. JOHN H. WINKELMAN.
Vol. 64, pt. 8, 61 pp., 8 figs., 1974. $5.00.

The Czechoslovak Heresy and Schism: The Emergence of a National Czechoslovak Church. LUDVIK NEMEC.
Vol. 65, pt. 1, 78 pp., 1975. $6.00.

Distractions of Peace During War: The Lloyd George Government's Reactions to Woodrow Wilson, December, 1916–November, 1918. STERLING J. KERNEK.
Vol. 65, pt. 2, 117 pp., 1975. $6.00.